MISTRZOSTWA EUROPY
W PIŁCE NOŻNEJ

MISTRZOSTWA EUROPY
W PIŁCE NOŻNEJ

ALEKSANDRA GODEK

Statystyki meczowe podano według literatury źródłowej wymienionej na końcu książki.
Zastosowano oryginalną pisownię imion i nazwisk bądź zgodną z polskimi zasadami transkrypcji.
Nazwy stadionów podano zgodnie z ich oryginalną pisownią, obowiązującą
w okresie danych rozgrywek.

GRUPA WYDAWNICZA
PUBLICAT S.A.

Papilon
książki dla dzieci:
baśnie i bajki, klasyka
polskiej poezji, wiersze
i opowiadania, powieści,
książki edukacyjne,
nauka języków obcych

Publicat
poradniki i książki
popularnonaukowe:
kulinaria, zdrowie, uroda,
dom i ogród, hobby,
literatura krajoznawcza,
edukacja

Elipsa
albumy tematyczne:
malarstwo, historia,
krajobrazy i przyroda,
albumy popularnonaukowe

Wydawnictwo Dolnośląskie
literatura młodzieżowa,
kryminał i sensacja,
historia, biografie,
literatura podróżnicza

Książnica
literatura kobieca
i obyczajowa, beletrystyka
historyczna, literatura
młodzieżowa, thriller
i horror, fantastyka,
beletrystyka w wydaniu
kieszonkowym

www.NajlepszyPrezent.pl
TWOJA KSIĘGARNIA INTERNETOWA

Wydawca oświadcza, iż dołożył należytej staranności celem poszanowania
praw autorskich twórców poszczególnych ilustracji (fotografii),
z uwzględnieniem możliwości dozwolonego użytku publicznego
oraz zasady prezentacji nazwisk i dzieł w końcowej części publikacji.
W razie jakichkolwiek uwag prosimy o kontakt z działem
gromadzenia zbiorów wydawnictwa.

Na okładce wykorzystano zdjęcia z agencji BE&W
z wyjątkiem ilustracji przedstawiającej piłkę – Hakan GERMAN/Istockphoto
Redakcja: TERKA – Patrycja Zarawska
Korekta: TERKA – Teresa Dziemińska
Układ graficzny i skład komputerowy: TERKA – Remigiusz Dąbrowski
Projekt okładki – Hubert Grajczak
Edycja fotografii – Marek Nitschke

Tekst © Aleksandra Godek
All other rights © Publicat S.A. MMXII
All rights reserved
ISBN 978-83-245-1937-8

Publicat S.A.
61-003 Poznań, ul. Chlebowa 24
tel. 61 652 92 52, fax 61 652 92 00
e-mail: publicat@publicat.pl
www.publicat.pl

Spis treści

Wstęp 7

I Puchar Narodów Europy (nieoficjalne Mistrzostwa Europy)
    1958–1960 12

II Puchar Narodów Europy (nieoficjalne Mistrzostwa Europy)
    1962–1964 16

Mistrzostwa Europy 1966–1968 22

Mistrzostwa Europy 1970–1972 30

Mistrzostwa Europy 1974–1976 38

Mistrzostwa Europy 1978–1980 46

Mistrzostwa Europy 1982–1984 57

Mistrzostwa Europy 1986–1988 68

Mistrzostwa Europy 1990–1992 80

Mistrzostwa Europy 1994–1996 92

Mistrzostwa Europy 1998–2000 112

Mistrzostwa Europy 2002–2004 133

Mistrzostwa Europy 2006–2008 153

Mistrzostwa Europy 2010–2012 174

Droga biało-czerwonych w eliminacjach ME 186

Bibliografia 207

WSTĘP

Za kolebkę współczesnego futbolu uznaje się Anglię, której zawdzięczamy rozwój i formalizację zasad gry. Odkrycia archeologiczne w Tebach i malowidła w Beni Hassan świadczą o tym, że piłka nożna znana była już w starożytnym Egipcie. Więcej o ćwiczeniach doskonalących technikę gry w III i II w. p.n.e. mówią podręczniki wojskowe. Trening polegał na wkopywaniu skórzanej piłki wypełnionej pierzem i włosiem do bramki o szerokości zaledwie 30–40 cm. W trudniejszej odmianie chodziło o to, by uniemożliwić graczowi oddanie strzału na bramkę, gdy broniąc się przed atakiem przeciwników, wykorzystywał stopy, klatkę piersiową, plecy i ramiona. Używanie rąk było zabronione. Umiejętności piłkarskie współczesnych gwiazd futbolu nie są więc wynikiem – jak się powszechnie uważa – najnowszych metod treningowych.

Inna, mniej widowiskowa forma gry, pochodząca z Dalekiego Wschodu, to uprawiane do dziś japońskie *kemari*. Gra ta pozbawiona była elementów rywalizacji. Zawodnicy nie walczyli o piłkę, lecz podawali ją między sobą tak, by nie dotknęła ziemi. Rzymska odmiana gry nosiła nazwę *harpastum*. W grze na prostokątnym boisku, z oznakowanymi liniami granicznymi i środkowymi, brali udział zawodnicy dwóch drużyn. Mimo że Rzymianie uprawiali tę grę w Anglii, trudno ją uznać za poprzedniczkę nowożytnej odmiany. Podobnie było z *hurlingiem* – odmianą hokeja – popularnym do dziś w Kornwalii i Irlandii. W powstaniu i ukształtowaniu tych wariantów znaczącą rolę odegrały Anglia i Szkocja. Zamki szkockie w Dorset i Scone stanowiły miejsce corocznej rywalizacji, która odbywała się we wtorek przed środą popielcową. Liczba graczy była nieograniczona, a przepisy nieprecyzyjne.

Futbol, jaki uprawiano na Wyspach Brytyjskich, miał wiele odmian lokalnych i regionalnych, które z czasem modyfikowano. Angielska gra w piłkę nożną różniła się od wszystkich wcześniejszych form: była chaotyczna, spontaniczna i często przybierała postać ostrej rywalizacji między wsiami i małymi miasteczkami. W grze dopuszczano do kopania oraz innych sposobów przekazywania piłki. Nie było to wcale łatwe z uwagi na wielkość i rozmiar piłki. Orędownikiem zmian i standaryzacji stał się w 1823 r. William Webb Ellis, który prawdopodobnie dał początek dzisiejszemu rugby. Ale ten rodzaj futbolu rozszedł się ostatecznie z piłką nożną, kiedy 14-osobowy Komitet Uniwersytetu w Cambridge (1823 r.) zakazał używania w grze rąk. Zdefiniowano wówczas faule jako podstawianie nogi i kopanie. Standardy dotyczące rozmiarów i ciężaru piłki ustalono w 1863 r. W tym samym roku, podczas spotkania drużyn z Londynu i Sheffield, postanowiono również, że mecz powinien trwać półtorej godziny.

W powstawaniu piłki nożnej poślednią rolę odegrały zwyczaje pogańskie, do których należały m.in. spotkania żonatych z kawalerami oraz analogiczne wśród kobiet: panien i mężatek. Niezależnie od form, jakie gra przybrała w początkach jej powstania, jedno jest pewne

Wstęp

– piłka nożna istniała w **Anglii** od tysięcy lat, toteż nie bez powodu kraj ten zwany jest **ojczyzną futbolu**. Mimo licznych ograniczeń, zakazów i kar sport ten cieszył się wielkim entuzjazmem. W okresie wojny stuletniej Anglii z Francją piłkę nożną uważano za przestępstwo, gdyż ten sposób spędzania czasu odciągał poddanych od doskonalenia się w sztuce wojennej, jaką było np. łucznictwo, które z kolei odgrywało ważną rolę w strategii bojowej średniowiecza. Wszyscy XV-wieczni królowie szkoccy zakazywali gry w piłkę nożną, stosując kary i wydając dekrety, na ogół nieznajdujące zastosowania w życiu. Popularność piłki była wśród ludu zbyt silna, by powstrzymać jej rozwój. Zamiłowanie do futbolu uwidoczniło się również w czasach elżbietańskich, a bodźcem motywującym ten proces stała się przypuszczalnie jej nowa odmiana – *calcio* (wł. kopnięcie piłki). Pochodzące z renesansowych Włoch *calcio* było bardziej uporządkowane od angielskiej odmiany, którą cechowała twarda, prosta gra. Tak czy inaczej popularność piłki nożnej systematycznie rosła.

Od samego początku w propagowaniu piłki nożnej wielką rolę odgrywały angielskie środowiska uniwersyteckie.

Kiedy w XVII w. uniwersytet Cambridge wprowadził piłkę nożną do zajęć szkolnych, nawet najwięksi krytycy tej dyscypliny musieli zrewidować swoje poglądy, a każda szkoła chcąc nie chcąc, dostosowała reguły gry do warunków, w jakich odbywały się mecze. Środowisko uniwersyteckie odegrało istotną rolę w propagowaniu piłki nożnej. Za przełomową uznaje się datę 24 października 1857 r. – dzień, w którym powstał pierwszy na świecie klub piłkarski, istniejący do dziś Sheffield Club. 26 października 1863 r. założono pierwszy na świecie związek piłkarski – **The Football Association** (FA). Starania sekretarza Charlesa Alcocka doprowadziły do rozgrywek między Anglią i Szkocją. Pierwszy Puchar Związku Piłki Nożnej w sezonie 1871/72 przypadł w udziale drużynie Wanderers Londyn. Do rywalizacji przystąpiły wszystkie kluby, akceptując w ten sposób wprowadzone przez związek zasady gry stanowiące podstawy piłki nożnej na świecie. Alcock zachęcał również innymi metodami. FA nagradzał zwycięzców sumą 20 funtów, co przyczyniło się do usankcjonowania futbolu zawodowego (1855 r.). Od czasu powstania The Football Association drużyny liczą po 11 graczy i tylko bramkarz może chwytać piłkę rękoma. Rzut rożny z punktu przecięcia linii autu z linią końcową boiska został wprowadzony w 1872 r., chociaż klub z Sheffield stosował go już cztery lata wcześniej. Wraz z modyfikacjami zasad i przepisów gry zmieniał się strój piłkarzy. Początkowo jedyną cechą wyróżniającą graczy był kolor skarpetek i czapek; numerację strojów wprowadzono dopiero w 1933 r.

Na przełomie XIX i XX w. zaczęły masowo powstawać krajowe związki piłkarskie, a działacze pracowali nad koncepcją rywalizacji międzynarodowej. W programie igrzysk

Wstęp

olimpijskich piłka nożna pojawiła się w Paryżu (1900 r.) jako dyscyplina nieoficjalna, ale już podczas igrzysk w Londynie (1908 r.) po raz pierwszy została zaliczona do form sportowej rywalizacji młodzieży świata. Debiut żeńskiej piłki nożnej nastąpił w Atlancie (IO 1996 r.). Podczas **założycielskiego zebrania FIFA** (Fédération Internationale de Football Association, Międzynarodowa Federacja Piłki Nożnej), 23 maja 1904 r. w Paryżu, Holender Carl Anton Wilhelm Hirschmann wysunął ideę światowej rywalizacji najlepszych zespołów narodowych (10 lat później zaproponował, by igrzyska olimpijskie uznać za oficjalne mistrzostwa świata). Znalazło się jednak wielu przeciwników tego pomysłu. Najgorliwszym propagatorem spotkań najlepszych drużyn świata był Francuz **Jules Rimet**, który w 1921 r. został wybrany przewodniczącym FIFA i piastował tę funkcję nieprzerwanie do 1954 r. Pod koniec 1926 r. specjalna komisja opracowała projekt regulaminu rozgrywek. Na Kongresie FIFA w Amsterdamie 28 maja 1928 r. przedstawiono projekt rozgrywek, według którego mistrzostwa miały się odbywać co cztery lata w latach parzystych między igrzyskami olimpijskimi. Pierwsze **mistrzostwa świata** odbyły się w Urugwaju w 1930 r.

O ile z wprowadzeniem rozgrywek najlepszych reprezentacji narodowych świata poradzono sobie szybko, o tyle idea mistrzostw Starego Kontynentu latami nie mogła się doczekać realizacji. W 1919 r. sekretarzem generalnym francuskiej federacji piłkarskiej został wybrany **Henri Delaunay** i pełnił swe obowiązki nieprzerwanie przez 36 lat. Był inicjatorem piłkarskiej imprezy uznawanej od 1968 r. za oficjalne Mistrzostwa Europy. Delaunay od początku podejmował próby usamodzielnienia się w kwestii oddzielnych rozgrywek, torpedował je jednak Jules Rimet, cieszący się niezachwianą, wysoką pozycją na piłkarskim rynku świata. W 1927 r. Delaunay przedstawił FIFA plan organizacji mistrzostw Europy, znajdując sprzymierzeńca w osobie Włocha Ottorino Barassiego. Niestety, nadal na przeszkodzie stały silna osobowość i stanowisko Rimeta. Projekt odrzucono, m.in. dlatego że federacja brytyjska – będąca w konflikcie z FIFA – mogłaby zaaprobować tę ideę. Zarząd FIFA kierowany był żelazną ręką, a jego przewodniczącego Rimeta uhonoro-

Henri Delaunay (1883–1955), sekretarz generalny francuskiej federacji piłkarskiej, inicjator imprezy, która dała początek oficjalnym Mistrzostwom Europy.

wano tytułem prezesa światowej federacji. Tak ugruntowana pozycja i uznanie zasług czynionych dla rozwoju piłki nożnej na świecie sprzyjały Rimetowi i skutecznie hamowały inicjatywę odrębności piłkarstwa europejskiego.

W 1951 r. **Ottorino Barassi** wystąpił publicznie z projektem organizacji **mistrzostw Europy**, informując opinię, że FIFA rozpatrzy tę propozycję. W 1952 r. władze FIFA odłożyły plan ad acta. Nie mogąc w żaden sposób wpłynąć na zmianę decyzji zarządu FIFA, w maju 1954 r. w Zurychu spotkali się przedstawiciele trzech państw: Włoch – w osobie Ottorino Barassiego, Francji – Henriego Delaunaya i Belgii – José Crahaya. Niespełna miesiąc później, 15 czerwca 1954 r., odbyła się kolejna narada, tym razem w składzie uzupełnionym o reprezentantów Szkocji, Węgier, Austrii i Danii. „Grupa siedmiu", działająca w interesie futbolu europejskiego, 22 czerwca 1954 r. podczas **założycielskiego spotkania UEFA** (ang. Union of European Football Associations, fr. Union des associations européennes de football, Europejska Federacja Piłki Nożnej) wybrała ze swojego grona prezydenta federacji. Został nim

Wstęp

Duńczyk Ebbe Schwartz. Spośród pozostałych członków „grupy siedmiu" sekretarzem generalnym UEFA wybrano Delaunaya, a wiceprezydentem – Austriaka, doktora Josefa Gerö. Funkcję wiceprezydenta FIFA powierzono również Ottorino Barassiemu. Znaczący jest fakt, że założenie UEFA nastąpiło dzień po objęciu stanowiska przez nowego prezydenta FIFA, którym został Belg Rodolphe Seeldrayers. Dopóki funkcję tę piastował Jules Rimet, nikt w Europie nie powołał do życia odrębnej organizacji. Pierwotnie władze UEFA urzędowały w Paryżu; 1 stycznia 1960 r. siedzibę przeniesiono do Zurychu. Pierwsze oficjalne posiedzenie członków – wśród nich przedstawicieli Polski – odbyło się 3 marca 1955 r. w Wiedniu i na nim uchwalono statut.

Wielokrotnie czynione próby zorganizowania mistrzostw na Starym Kontynencie miały się więc wreszcie zakończyć sukcesem. Na konferencji UEFA 28 października 1954 r. omówiono projekt mistrzostw. Założenia ogólne zostały zaakceptowane w lutym 1955 r. podczas obrad w Brukseli. Zatwierdzono m.in., że mistrzostwa Europy będą się odbywały **co cztery lata z finałem w roku olimpijskim**. Wprawdzie początki organizacji miały swoich zapaleńców, lecz z każdym kolejnym miesiącem ich animusz malał. I wcale nie zmieniła tego stanu rzeczy śmierć propagatora tej idei Henriego Delaunaya, który zmarł w 1955 r. Funkcję sekretarza generalnego przejął jego syn Pierre i przede wszystkim podjął aktywne działania zmierzające do zorganizowania Mistrzostw Europy w Piłce Nożnej. Jesienią 1956 r. zmarł Jules Rimet, a kongres UEFA nadal obradował. W czerwcu 1957 r. na kongresie w Kopenhadze zatwierdzono ideę, a rok później, 8 czerwca 1958 r., w Sztokholmie zapadły decyzje m.in. o nazwie imprezy **Puchar Narodów Europy** oraz o regulaminie rozgrywek (system mecz i rewanż do chwili wyłonienia czterech półfinalistów, którzy następnie uczestniczą w turnieju finałowym; przegrani walczą o trzecie miejsce, a zwycięzcy o prymat w Europie). Podjęto również uchwałę o ufundowaniu **trofeum noszącego imię Henriego Delaunaya** – zwolennika organizacji tej imprezy. Trofeum ważące 2657 g przedstawiało chłopca żonglującego piłką (wzorem była płaskorzeźba pochodząca z IV w. p.n.e.). Na uwagę zasługuje fakt, że nieobecni w pierwszej edycji byli m.in. obrońcy tytułu mistrzów świata (zespół RFN) oraz pięciu innych federacji – finalistów MŚ 1958 r.

Puchar Delaunaya – trofeum ME w postaci, jaką zatwierdzono w 1957 r. Puchar stał na marmurowej płytce i był ozdobiony figurką chłopca żonglującego piłką. Do płytki przytwierdzono tabliczkę z nazwą zwycięskiej drużyny.

Filozofowie nazywają sport zjawiskiem niezwykłym. Gra w piłkę nożną jest bez wątpienia wielką i wspaniałą przygodą. Mistrzostwa Europy cieszą się ogromnym zainteresowaniem nie tylko dlatego, że wyznaczają hierarchię piłkarską, lecz także z tego powodu, że pozwalają oceniać szanse piłkarskiej Europy w rywalizacji o prymat światowy z przedstawicielami innych kontynentów. Żadna dyscyplina sportu nie wywołuje takiego poruszenia, napięcia i nerwowości. **Współczesny futbol** to coś więcej niż piłkarskie mecze – to również miejsce spotkań, wokół których tętni życie łowców autografów, wymiana pamiątek i ogrom-

Wstęp

ny szał reklam. Z piłką nożną wiążą swoje interesy różne gałęzie biznesu. Stadion jawi się jako potężny krater mogący pomieścić morze głów, spełniający zarazem rolę teatru, we wnętrzu którego biegają piłkarze. Żadna inna dziedzina sportu nie zawładnęła światem tak jak piłka nożna i żadnej nie udało się zdobyć tak wielu sympatyków. Należy więc zapytać, co jest przyczyną tak ogromnej popularności futbolu w obliczu innych, być może bardziej widowiskowych dyscyplin sportu? Dlaczego współczesna piłka nożna stanowi arenę żywiołowych emocji, nieprzemijającej radości zwycięzców i rozpaczy przegranych?

W sporcie nie ma patentu na ciągłe zwycięstwa. Kierunek rozwoju piłki nożnej wytyczają okresowo **wybitne jedenastki**. Drużyna Węgier prowadzona przez doskonałego Gusztáva Sebesa zdobyła złoty medal olimpijski w 1952 r. w Helsinkach. W 1953 r. Madziarzy na Wembley zdecydowanie pokonali Anglię 6:3, by w rewanżu w Budapeszcie zdeklasować „synów Albionu" 7:1. W pierwszej rundzie finałowych MŚ 1954 r. wygrali z osłabionym zespołem RFN 8:3, ale w pamiętnym finale w Bernie reprezentacja RFN pokonała drużynę Węgier 3:2, po raz pierwszy zdobywając mistrzostwo świata. Reprezentacja Węgier była pierwszą, która wprowadziła zmiany w ustawieniu pozycyjnym. Następnie zrobiła to drużyna RFN, której pasmo zwycięstw od 1954 r. ugruntowało pozycję wyjściową do kolejnych wielkich sukcesów. Drużyna z takimi wybitnymi piłkarzami, jak: Gerd Müller, Franz Beckenbauer, Günther Netzer, Paul Breitner, Sepp Maier to mistrzowie Europy i świata, zdobywcy klubowych trofeów. Doskonała organizacja gry, żelazna dyscyplina, dobre wyszkolenie techniczne i niebywałe wręcz umiejętności piłkarskie poparte były żmudną, systematyczną pracą pod kierunkiem znakomitych trenerów – Seppa Herbergera, twórcy silnej reprezentacji RFN, i jego asystenta, a później trenera i kontynuatora tych sukcesów, Helmuta Schöna. Niemcy zawsze zaliczali się do ścisłego grona faworytów licznych imprez o zasięgu kontynentalnym i światowym, ponieważ potrafili umiejętności pogodzić z najnowocześniejszymi metodami obowiązującymi w piłkarstwie. Wielcy i utytułowani piłkarze kończyli karierę, a w ich miejsce byli już przygotowani pełnowartościowi następcy. Pamiętać należy i o tym, że Niemcy nie wygrywali wszystkich meczów. Zdarzały im się też porażki, po których jednak nie zwalniano natychmiast trenera. Najpierw Herberger odszedł na zasłużoną emeryturę, a potem Schön objął pierwszy zespół. Jupp Derwall, Franz Beckenbauer i Rudi Völler podtrzymywali dobrą passę swoich poprzedników.

Trofeum ME w dzisiejszej postaci, zatwierdzonej w 2008 r. – bez marmurowej podstawki, o nieco innym niż dotychczas kształcie czaszy i stopki. Obecny puchar, trochę większy od poprzedniego, waży 8 kg i mierzy 60 cm wysokości. Zrezygnowano z wizerunku chłopca, a z tyłu czaszy wypisuje się nazwy kolejnych zwycięskich reprezentacji narodowych.

Piłkarskie mistrzostwa Europy to twarda walka o punkty, niewiele różniąca się skalą trudności od mistrzostw świata. Dla nas Polaków do tej pory były nieosiągalnym celem.

I PUCHAR NARODÓW EUROPY
(NIEOFICJALNE MISTRZOSTWA EUROPY)
1958–1960

Po latach oczekiwań pierwsze rozgrywki doszły wreszcie do skutku. Mankamentem była jednak słaba obsada, zabrakło m.in. reprezentacji RFN, Anglii, Szkocji, Belgii, Holandii i Włoch. Od samego początku w tych rozgrywkach uczestniczyła Polska. Po MŚ w Szwecji (1958) ożyły nadzieje na to, że potyczki na szczeblu europejskim dostarczą równie dużo emocji i bramek. W losowaniu zespół Polski trafił na reprezentację Hiszpanii, która co prawda odpadła w eliminacjach MŚ, ale zobaczyć na żywo asy Realu czy Barcelony na czele z legendarnym Alfredo Di Stéfano było marzeniem tysięcy Polaków.

Decyzją II Kongresu UEFA z 6 czerwca 1958 r. na miejsce finału I Pucharu Narodów Europy wybrano **Francję**. Terminarz rozgrywek od szczebla 1/8 finału do ćwierćfinałów ustalono od 28 września 1958 r. do 29 maja 1960 r. Półfinały i finał zaplanowano od 6 do 10 lipca 1960 r. W fazie eliminacyjnej rozegrano 24 mecze; łącznie z fazą finałową strzelono 108 bramek. W debiucie spotkały się 28 września 1958 r. reprezentacje ZSRR i Węgier. Wygrała drużyna Związku Radzieckiego 3:1, a pierwszą bramkę w tej fazie rozgrywek zdobył Anatolij Iljin. Rewanżowe spotkanie zakończyło się także zwycięstwem Związku Radzieckiego, który przeszedł do następnej rundy. Kolejno pierwszą fazę eliminacji pomyślnie ukończyły reprezentacje: Francji, Austrii, Portugalii, Jugosławii, Rumunii, Czechosłowacji i Hiszpanii, która wyeliminowała zespół Polski. Ale i w tych rozgrywkach nie obeszło się bez niespodzianek. Zbliżający się mecz Hiszpanii ze Związkiem Radzieckim wzbudzał wiele emocji. Radzieckie siły lotnicze zestrzeliły amerykański szpiegowski samolot U2. Z powodu licznych niedomówień, w atmosferze napiętej sytuacji politycznej, pojawił się poważny problem. Despotyczny generał Franco nie wyraził zgody na wyjazd drużyny Hiszpanii do Moskwy, w rezultacie czego decyzją UEFA na rok zawieszono prawa członkowskie Hiszpanii w FIFA. Ucierpiał na tym sport, a kibice przede wszystkim, gdyż pozbawiono ich możliwości obejrzenia zapowiadającego się niezwykle atrakcyjnie spotkania.

Turniej piłkarski we Francji nie odbił się znaczącym echem w mediach, mimo że trójkolorowi zajęli trzecie miejsce na MŚ w 1958 r. Ekipa gospodarzy wystąpiła w eliminacjach w swoim najsilniejszym składzie, ale do dalszych rozgrywek weszła już kompletnie odmłodzona. Jeśli wierzyć zasadzie, że „piłkę na boisku należy szanować na równi z przeciwnikiem", to jak bolesne może okazać się jej złamanie, przekonali się gospodarze turnieju. W spotkaniu **półfinałowym** z Jugosławią drużyna Francji na 15 minut przed końcem meczu prowadziła 4:2, ale wystarczyło zaledwie 5 minut doskonałej gry Jugosłowian, by trzema efektownymi bramkami pozbawić gospodarzy marzeń o finale. Fantastycznie grający wówczas Dražan Jerković dwukrotnie wpisał się na listę strzelców. W drugim spotkaniu półfinałowym Związek Radziecki pokonał Czechosłowację 3:0.

W meczu o **trzecie miejsce** spotkali się przegrani półfinałów. Francuzi przystąpili do gry w odmłodzonym składzie i z mocnym nastawieniem na zwycięstwo. Prasa lokalna ostro oskarżyła ich o brak koncepcji i zaangażowania na boisku, a liczni kibice wybrali rodzinny odpoczynek w plenerze, zamiast dopingować swoich idoli w czasie meczu. Tymczasem Czesi – dobrze zorganizowani i silni zespołowo – nie pozostawili cienia wątpliwości, że są zmobilizowani, i pewnie pokonali Francję 2:0. Po wyeliminowaniu z finału jedynego reprezentanta Europy Zachodniej i rozdziale medali wśród drużyn bloku wschodniego prasa francuska niezwykle oszczędnie poinformowała o udanym turnieju. Bo czymże wytłumaczyć fakt, że trzecia drużyna MŚ sprzed dwóch lat nie znalazła pomysłu, by powstrzymać liczne ataki przeciwnika powszechnie uważanego za outsidera? Odpowiedź pojawiła się już na kolejnych MŚ w Chile (1962), na których drużyna Czechosłowacji dopiero w finale uległa rewelacyjnej Brazylii.

WYNIKI SPOTKAŃ KWALIFIKACYJNYCH
Drużynę awansującą do następnej rundy oznaczono pogrubieniem.

RUNDA WSTĘPNA

Irlandia – Czechosłowacja	2:0 (2:0)
Czechosłowacja – Irlandia	4:0 (1:0)

1/8 FINAŁU

ZSRR – Węgry	3:1 (3:0)
Węgry – **ZSRR**	0:1 (0:0)
Francja – Grecja	7:1 (3:0)
Grecja – **Francja**	1:1 (0:0)
Rumunia – Turcja	3:0 (0:0)
Turcja – **Rumunia**	2:0 (1:0)
Norwegia – Austria	0:1 (0:1)
Austria – Norwegia	5:2 (3:2)
Jugosławia – Bułgaria	2:0 (1:0)
Bułgaria – **Jugosławia**	1:1 (0:0)
NRD – Portugalia	0:2 (0:1)
Portugalia – NRD	3:2 (1:0)
Polska – Hiszpania	2:4 (1:2)
Hiszpania – Polska	3:0 (1:0)
Dania – Czechosłowacja	2:2 (2:2)
Czechosłowacja – Dania	5:1 (1:1)

I Puchar Narodów Europy 1958–1960

ĆWIERĆFINAŁY

Francja – Austria	5:2 (3:1)	
Austria – **Francja**	2:4 (1:0)	
Portugalia – Jugosławia	2:1 (1:0)	
Jugosławia – Portugalia	5:1 (2:1)	
Hiszpania – ZSRR	nie odbył się*	
ZSRR – Hiszpania	nie odbył się*	
Rumunia – Czechosłowacja	0:2 (0:2)	
Czechosłowacja – Rumunia	3:0 (3:0)	

* Rząd Hiszpanii nie wyraził zgody na wyjazd reprezentacji swego kraju do ZSRR oraz odmówił Rosjanom prawa wjazdu do Hiszpanii; UEFA zweryfikowała oba spotkania jako walkower dla ZSRR.

TURNIEJ FINAŁOWY
6.–10.07.1960.
ORGANIZATOR: FRANCJA

PÓŁFINAŁY
6 LIPCA, MARSYLIA (STADE VÉLODROME)
ZSRR – CZECHOSŁOWACJA 3:0 (1:0)
Bramki: ZSRR – 34' Iwanow, 56' Iwanow, 66' Poniedielnik
ZSRR: Jaszyn, Czocheli, Maslenkin, Krutikow, Wojnow, Nietto, Metreweli, Iwanow, Poniedielnik, Bubukin, Meschi
Czechosłowacja: Schrojf, Šafránek, Popluhár, Novák, Buberník, Pluskal, Vojta, Moravčík, Kvašnák, Bubník, Dolinský
Sędziował: Cesare Jonni (Włochy)

7 LIPCA, PARYŻ (PARC DES PRINCES)
FRANCJA – JUGOSŁAWIA 4:5 (2:1)
Bramki: Francja – 12' Vincent, 43' Heutte, 53' Wisnieski, 65' Heutte; Jugosławia – 11' Galić, 56' Žanetić, 76' Knez, 78' Jerković, 79' Jerković
Francja: Lamia, Wendling, Herbin, Rodzik, Marcel, Ferrier, Heutte, Muller, Wisnieski, Stievenard, Vincent
Jugosławia: Šoškić, Durković, Zebec, Jusufi, Žanetić, Perušić, Knez, Jerković, Galić, Šekularac, Kostić
Sędziował: Gaston Grandain (Belgia)

MECZ O 3. MIEJSCE
9 LIPCA, MARSYLIA (STADE VÉLODROME)
CZECHOSŁOWACJA – FRANCJA 2:0 (0:0)
Bramki: Czechosłowacja – 58' Bubník, 88' Pavlovič
Czechosłowacja: Schrojf, Šafránek, Popluhár, Novák, Buberník, Masopust, Pavlovič, Vojta, Molnár, Bubník, Dolinský
Francja: Taillandier, Rodzik, Jonquet, Chorda, Marcel, Siatka, Heutte, Douis, Wisnieski, Stievenard, Vincent
Sędziował: Cesare Jonni (Włochy)

FINAŁ

Pierwszy finał Pucharu Narodów Europy dostarczył niezapomnianych emocji. To było dobre widowisko. Mimo że bez wielkich indywidualności – może z wyjątkiem Lwa Jaszyna – i z raczkującym regulaminem rozgrywek. Bramka Galicia strzelona w ostatnich minutach pierwszej połowy nie przesądzała jeszcze o zwycięstwie Jugosławii. Z początkiem drugiej połowy Poniedielnik i Bubukin przeprowadzili szybką kontrę, a po strzale tego ostatniego piłka wyszła w pole. Następnie przejął ją Metreweli i skierował do siatki. Rosjanie po zdobyciu wyrównującego gola przez najbliższy kwadrans kontrolowali przebieg gry. Jugosłowianie nie zamierzali jednak oddawać inicjatywy. Boisko było śliskie z powodu padającego deszczu i nie dało się skonstruować akcji mogących zmienić wynik spotkania. W regulaminowym czasie rezultat nie uległ zmianie. Ambicji i dobrej gry nie można było odmówić żadnej z drużyn. W dogrywce szczęście dopisało drużynie ZSRR po golu Poniedielnika i ona jako pierwsza w historii tych rozgrywek odbierała Puchar Delaunaya. Jak się wkrótce okaże, nieprzerwanie do 1976 r. oba zespoły będą występowały w turnieju głównym, z czego Związek Radziecki aż czterokrotnie będzie walczył w finale o złoty medal.

10 lipca, Paryż (Parc des Princes)
ZSRR – JUGOSŁAWIA 2:1 (0:1, 1:1, 1:1)
Bramki: ZSRR – 50' Metreweli, 113' Poniedielnik; Jugosławia – 40' Galić
ZSRR: Jaszyn, Czocheli, Maslenkin, Krutikow, Wojnow, Nietto, Metreweli, Iwanow, Poniedielnik, Bubukin, Meschi
Jugosławia: Vidinić, Durković, Miladinović, Jusufi, Perušić, Žanetić, Matuš, Jerković, Galić, Šekularac, Kostić
Sędziował: Arthur Edward Ellis (Anglia)

STRZELCY BRAMEK TURNIEJU FINAŁOWEGO

2 – Heutte (Francja), Galić, Jerković (Jugosławia), Iwanow, Poniedielnik (ZSRR)
1 – Bubník, Pavlović (Czechosłowacja), Vincent, Wisnieski (Francja), Knez, Žanetić (Jugosławia), Metreweli (ZSRR)

O NIM SIĘ MÓWIŁO

Ján Popluhár (ur. 12 września 1935 r. we wsi Bernolákovo k. Bratysławy, zm. 6 marca 2011 r. tamże), reprezentant drużyn: Rudá Hvězda Brno i Slovan Bratysława. W reprezentacji Czechosłowacji wystąpił 65 razy w latach 1957–1968. Dwukrotny uczestnik MŚ (1958 r. w Szwecji, 1962 r. w Chile), uczestnik ME w 1960 r. Warto odnotować, że reprezentacja Czechosłowacji podczas MŚ w 1958 r. dopiero w finale uległa rewelacyjnej Brazylii, a za sprawą Popluhára sięgnęła po srebrny medal. Wielokrotny laureat piłkarskich jedenastek Europy.

Dzięki wytrwałej i systematycznej pracy nad doskonaleniem techniki piłkarskiej wspiął się na szczyty. Zdyscyplinowany na treningach i zdecydowany w sytuacjach podbramkowych, prawdziwy talent, jakim Czechosłowacja od dawna nie mogła się poszczycić. Podziwiał go cały piłkarski świat.

II PUCHAR NARODÓW EUROPY
(NIEOFICJALNE MISTRZOSTWA EUROPY)
1962–1964

Zakończone piłkarskie MŚ w Chile w 1962 r. sprawiły, że wzrosły oczekiwania kibiców europejskiego futbolu, jeśli chodzi o dobre widowisko. Reprezentacja Czechosłowacji dopiero w finale uległa obrońcom mistrzowskiego tytułu Brazylii, a cztery inne drużyny z Europy dotarły do ćwierćfinałów. Wspomnieć wypada, że z fotela prezydenta FIFA po 33 latach pełnych zaszczytów ustąpił Jules Rimet – inicjator piłkarskich MŚ, nieprzychylny idei Pucharu Narodów Europy. Z kolejnych jego następców najdłużej utrzymał się Stanley Frederick Rous.

Do drugiej edycji w grach eliminacyjnych zgłoszono o trzy drużyny więcej niż do pierwszej, a obrońców tytułu – zespół Związku Radzieckiego – uhonorowano awansem bez gier eliminacyjnych. Debiutująca w pucharze reprezentacja Anglii została wyeliminowana przez trójkolorowych, a Bułgaria dopiero po trzecim spotkaniu awansowała do 1/8 finału. W czwórce najlepszych zespołów zagrali trzykrotni srebrni medaliści olimpijscy – drużyna Danii, mająca w swoich szeregach Ole Madsena, który dwukrotnie popisał się hat trickiem. Debiutowała w tych rozgrywkach również drużyna Włoch, która w 1/8 finału spotkała się z obrońcami tytułu – drużyną Związku Radzieckiego. **Lew Jaszyn**, bramkarz legenda i podpora radzieckiego zespołu, obronił rzut karny i w ciągu całego turnieju prezentował miłośnikom futbolu swój bramkarski kunszt. Był na ustach całej piłkarskiej Europy, a „France Football" uhonorowała go Złotą Piłką.

Nie mieli łatwej drogi w eliminacjach **gospodarze turnieju, Hiszpanie**. Kibice, zachęceni sukcesem Realu Madryt, który triumfował w klubowym pucharze mistrzów krajowych, nastawiali się na pasjonujące widowisko. Tymczasem w szeregi zawodników hiszpańskich wkradło się dużo nerwowości. Hiszpanie z trudem sforsowali obronę najpierw Rumunii, a następnie Irlandii. Dopiero ostatnie sekundy spotkań z zespołem irlandzkim przyniosły rozstrzygnięcia. I kiedy wydawało się, że teraz będzie już z górki… Ricardo Zamora, fenomenalny bramkarz, obdarzony wspaniałym refleksem i intuicją, dyrygent i strateg zespołu, kierujący poczynaniami kolegów z pola, został odsunięty od dalszej gry. W jego miejsce trener wystawił młodego, obiecującego José Ángela Iribara Cortajarenę. **Półfinałowe** i wyczerpujące zarazem spotkanie z Węgrami dopiero w dogrywce zadecydowało o awansie Hiszpanii. Czy właśnie ten mecz otworzył drogę do zapowiadającej się imponująco kariery młodziutkiego bramkarza? Tak, Iribar w przyszłości pobije rekord słynnego Zamory w liczbie występów w reprezentacji narodowej.

Drugi półfinałowy pojedynek drużyn Związku Radzieckiego i Danii miał zdecydowanego faworyta, który nie zawiódł. Duńczykom przyszło zmierzyć się w meczu o trzecie miejsce z Węgrami, ale by poprawić swoją lokatę, na sukces będą musieli czekać... 32 lata. Dla Węgrów był to jedyny medal w historii występów na ME. W pamiętnym finale MŚ 1954 r. Madziarzy przegrali z drużyną RFN 2:3. Lepiej spisywali się na igrzyskach olimpijskich: w 1960 r. zdobyli brązowy medal, w 1964 – złoty, w 1968 – złoty, w 1972 – srebrny (złoty wywalczyła Polska). Jak się wkrótce okazało, wyżyny piłkarskich zmagań na boiskach świata stały się dla złotej jedenastki już nieosiągalne.

WYNIKI SPOTKAŃ KWALIFIKACYJNYCH
Drużynę awansującą do następnej rundy oznaczono pogrubieniem.
Wolny los i awans do następnej rundy uzyskały reprezentacje **Luksemburga**, **Austrii** oraz obrońcy tytułu – **ZSRR**.

1/16 FINAŁU

Norwegia – Szwecja	0:2 (0:2)
Szwecja – Norwegia	1:1 (0:0)
Dania – Malta	6:1 (3:0)
Malta – **Dania**	1:3 (1:2)
Irlandia – Islandia	4:2 (2:1)
Islandia – **Irlandia**	1:1 (0:1)
Anglia – Francja	1:1 (0:1)
Francja – Anglia	5:2 (3:0)
Polska – Irlandia Płn.	0:2 (0:1)
Irlandia Płn. – Polska	2:0 (1:0)
Hiszpania – Rumunia	6:0 (4:0)
Rumunia – **Hiszpania**	3:1 (2:0)
Jugosławia – Belgia	3:2 (2:1)
Belgia – **Jugosławia**	0:1 (0:1)
Bułgaria – Portugalia	3:1 (0:0)
Portugalia – Bułgaria	3:1 (2:0)
Bułgaria – Portugalia	1:0 (0:0)*
Węgry – Walia	3:1 (2:1)
Walia – **Węgry**	1:1 (1:0)
Holandia – Szwajcaria	3:1 (1:1)
Szwajcaria – **Holandia**	1:1 (0:1)
NRD – Czechosłowacja	2:1 (0:0)
Czechosłowacja – **NRD**	1:1 (0:0)

II Puchar Narodów Europy 1962–1964

Włochy – Turcja	6:0 (4:0)
Turcja – **Włochy**	0:1 (0:0)
Albania – Grecja	3:0 wo.
Grecja – **Albania**	0:3 wo.**

* O awansie zadecydował dodatkowy mecz na neutralnym terenie w Rzymie.
** Reprezentacja Grecji odmówiła wyjazdu do Albanii, UEFA przyznała awans walkowerem drużynie Albanii.

1/8 FINAŁU

Hiszpania – Irlandia Płn.	1:1 (0:0)
Irlandia Płn. – **Hiszpania**	0:1 (0:0)
Jugosławia – Szwecja	0:0
Szwecja – Jugosławia	3:2 (1:1)
Dania – Albania	4:0 (3:0)
Albania – **Dania**	1:0 (1:0)
Holandia – Luksemburg	1:1 (1:1)
Holandia – **Luksemburg**	1:2 (1:1)*
Austria – Irlandia	0:0
Irlandia – Austria	3:2 (1:1)
Bułgaria – Francja	1:0 (1:0)
Francja – Bułgaria	3:1 (1:0)
ZSRR – Włochy	2:0 (2:0)
Włochy – **ZSRR**	1:1 (0:1)
NRD – Węgry	1:2 (0:1)
Węgry – NRD	3:3 (2:2)

* Za zgodą Luksemburga oba mecze rozegrano w Holandii.

ĆWIERĆFINAŁY

Luksemburg – Dania	3:3 (2:2)
Dania – Luksemburg	2:2 (1:1)
Dania – Luksemburg	1:0 (1:0)*
Hiszpania – Irlandia	5:1 (4:1)
Irlandia – **Hiszpania**	0:2 (0:1)
Francja – Węgry	1:3 (0:2)
Węgry – Francja	2:1 (1:1)

	Szwecja – ZSRR	1:1 (0:0)
	ZSRR – Szwecja	3:1 (1:0)

* Trzeci mecz rozegrano na neutralnym terenie w Holandii.

TURNIEJ FINAŁOWY
17.–21.06.1964.
ORGANIZATOR: HISZPANIA

PÓŁFINAŁY
17 CZERWCA, MADRYT (ESTADIO SANTIAGO BERNABÉU)
HISZPANIA – WĘGRY 2:1 (1:0, 1:1, 1:1)
Bramki: Hiszpania – 35' Pereda, 115' Amancio; Węgry – 84' Bene
Hiszpania: Iribar, Rivilla, Olivella, Calleja, Zoco, Fusté, Amancio, Pereda, Marcelino, Suárez, Lapetra
Węgry: Szentmihályi, Mátrai, Mészöly, Sipos, Sárosi, Nagy, Komora, Bene, Albert, Tichy, Fenyvesi
Sędziował: Arthur Blavier (Belgia)

17 CZERWCA, BARCELONA (CAMP NOU)
ZSRR – DANIA 3:0 (2:0)
Bramki: ZSRR – 19' Woronin, 40' Poniedielnik, 87' Iwanow
ZSRR: Jaszyn, Mudrik, Szesterniow, Aniczkin, Szustikow, Woronin, Iwanow, Czislenko, Poniedielnik, Gusarow, Chusainow
Dania: L. Nielsen, J. Hansen, K. Hansen, B. Hansen, Larsen, E. Nielsen, Bertelsen, Sörensen, Madsen, Thorst, Danielsen
Sędziował: Concetto Lo Bello (Włochy)

MECZ O 3. MIEJSCE
20 CZERWCA, BARCELONA (CAMP NOU)
WĘGRY – DANIA 3:1 (1:0, 1:1, 1:1)
Bramki: Węgry – 11' Bene, 107' Novák, 110' Novák; Dania – 81' Bertelsen
Węgry: Szentmihályi, Novák, Mészöly, Sipos, Ihász, Solymosi, Varga, Bene, Albert, Farkas, Fenyvesi
Dania: L. Nielsen, Wolmar, K. Hansen, B. Hansen, Larsen, E. Nielsen, Bertelsen, Sörensen, Madsen, Thorst, Danielsen
Sędziował: Daniel Mellet (Szwajcaria)

FINAŁ
Drużyna Związku Radzieckiego z trzema złotymi medalistami z pierwszej edycji (Jaszyn, W. Iwanow i Poniedielnik) przystąpiła do gry z wolą zwycięstwa i nadzieją na powtórzenie sukcesu. Za rywala miała tym razem gospodarza mistrzostw – Hiszpanię. Tłumnie zgromadzona na Estadio Santiago Bernabéu publiczność oczekiwała wielkich emocji. Hiszpanie mieli za sobą zacięty i trudny mecz z Węgrami, który dopiero w dogrywce rozstrzygnęli zwycięsko. Krótko po rozpoczęciu spotkania, w szóstej minucie gry, na polu karnym w zamieszaniu stracił piłkę obrońca Szesterniow i Pereda uzyskał prowadzenie. Zapanowała radość na trybunach. Ale Rosjanie w pierwszym finale też przegrywali… Tuż po wznowieniu gry, po przeprowadzeniu akcji wzdłuż linii bocznej i trzech składnych podaniach, Chusainow z linii pola karnego uderzył tak precyzyjnie, że Iribar ani drgnął w bramce. Szybkie wyrównanie wybiło Hiszpanów z rytmu.

Gdy stadion ucichł, gra na boisku wyrównała się. Strzały z dystansu Suáreza i Peredy na bramkę Jaszyna nie były na tyle skuteczne, by go zaskoczyć. Czteroosobowy atak drużyny radzieckiej także nie dokonał cudu w polu karnym przeciwnika. Sprawdziła się stara piłkarska prawda, że futbol zachowawczy nie sprzyja strzelaniu bramek. I kiedy się wydawało, że do końca regulaminowego czasu gry wynik nie ulegnie zmianie, w walce o górną piłkę na polu karnym Marcelino uprzedził Jaszyna. Spokojny stadion znów oszalał, a Puchar Delaunaya miał nowego właściciela.

21 czerwca, Madryt (Estadio Santiago Bernabéu)
HISZPANIA – ZSRR 2:1 (1:1)
Bramki: Hiszpania – 6' Pereda, 84' Marcelino; ZSRR – 8' Chusainow
Hiszpania: Iribar, Rivilla, Olivella, Calleja, Zoco, Fusté, Amancio, Pereda, Marcelino, Suárez, Lapetra
ZSRR: Jaszyn, Mudrik, Szesterniow, Aniczkin, Szustikow, Woronin, Korniejew, Czislenko, Poniedielnik, Iwanow, Chusainow
Sędziował: Arthur Holland (Anglia)

STRZELCY BRAMEK TURNIEJU FINAŁOWEGO
2 – Pereda (Hiszpania), Bene, Novák (Węgry)
1 – Bertelsen (Dania), Amancio, Marcelino (Hiszpania), Chusainow, Iwanow, Poniedielnik, Woronin (ZSRR)

O NIM SIĘ MÓWIŁO
Lew Jaszyn (ur. 22 października 1929 r. w Moskwie, zm. 20 marca 1990 r. tamże), rosyjski piłkarz, jeden z najsłynniejszych bramkarzy. Złoty medalista olimpijski (1956), uczestnik MŚ (1958, 1962, 1966), ME (1960 – złoty medal, 1964 – srebrny medal). W reprezentacji Związku Radzieckiego wystąpił 77 razy (1954–1967). W 1963 r. otrzymał prestiżową nagrodę tygodnika „France Football" dla najlepszego piłkarza – jako pierwszy bramkarz na świecie.

Od początku swojej kariery związany był z klubem Dynamo Moskwa. Karierę sportową rozpoczynał w hokeju na lodzie w drużynie, z którą w sezonie 1951/52 sięgnął po wicemistrzostwo kraju. Dostrzeżony przez zasłużonego mistrza sportu Michaiła Jakuszyna, szybko trafił do drużyny Dynama. W reprezentacji Związku Radzieckiego zadebiutował w 1953 r. w spotkaniu z Indiami, wygranym 6:0. W tym samym roku jego klubowa drużyna Dynamo Moskwa zdobyła puchar ZSRR. Trzy lata później na letnich igrzyskach w dalekiej Australii zdobył wraz z drużyną olimpijskie złoto. Kolekcja medali powiększała się w następnych latach (1957, 1959, 1963), kiedy Dynamo zdobywało mistrzostwo kraju. W I Pucharze Narodów Europy (nieoficjalne Mistrzostwa Europy) w 1960 r. zadebiutował z reprezentacją i po fantastycznym spotkaniu z Jugosławią odbierał złoty medal mistrzostw.

Zadziwiał aktywną postawą na boisku i doskonałą grą na przedpolu, gdzie skutecznie interweniował oraz bronił mocne strzały z dystansu. Legendarny hiszpański bramkarz Zamora swoją sławę zawdzięczał m.in. błyskawicznej reakcji, jakby przewidywał strzał zawodnika. Czeski bramkarz Plánička mimo niewysokiego wzrostu odznaczał się nadzwyczajną skocznością. Jaszyn na pewno im nie ustępował. Jego grę cechowało nowatorstwo. To on przeniósł interwencje bramkarza poza pole karne, grał również głową, wprawiając w zdumienie innych piłkarzy i kibiców na trybunach. Ponadto do niego należy „patent" na wprowadzenie piłki do gry rzutem z ręki (wcześniej bramkarze wyrzucali piłkę szerokim zamachem ramienia). Elastyczny i zwinny jak pantera, w najbardziej krytycznych sytuacjach zachowywał spokój – paraliżując w ten sposób przeciwnika. Nieodzowny czarny strój i czarne rękawice przyciągały piłkę niczym magnez. Wyśmienity refleks współgrał z efektowną grą pozbawioną zbędnych parad obliczonych na poklask widzów. Publiczność zjednał sobie prawym charakterem i przyjaznym odnoszeniem się do kibiców.

      Fantastyczna gra i niezwykła osobowość zostały docenione przez świat 23 października 1963 r. Z okazji jubileuszu 100-lecia angielskiej piłki nożnej w meczu Anglia – Reszta Świata znów imponował kunsztem, który wprawiał w zdumienie i podziw rzesze sympatyków futbolu. Z reprezentacją Związku Radzieckiego rozstał się w 1967 r. Po raz ostatni wystąpił na Łużnikach 27 maja 1971 r.

MISTRZOSTWA EUROPY
1966–1968

Zamiłowanie kibiców z Półwyspu Apenińskiego do futbolu i sympatia do piłkarzy nie mają sobie równych w Europie, może z wyjątkiem Hiszpanii. Włochy były pierwszym na Starym Kontynencie organizatorem MŚ i jednocześnie najlepszą na świecie drużyną. Włoska Serie A skupia w swych szeregach znakomitości piłkarskie i zaliczana jest do najsilniejszych w Europie.

Wobec ogromnego zainteresowania rozgrywkami klubowymi o puchar UEFA rozważano, jaką przyjąć formułę dla meczów podczas przyszłych mistrzostw, by drużyna rozegrała więcej niż dwa spotkania (mecz i rewanż). Po licznych burzliwych dyskusjach na posiedzeniu w Zurychu ustalono system z podziałem na grupy eliminacyjne.

23 lutego 1966 r. uznaje się za datę **narodzin Mistrzostw Europy**, tego dnia bowiem ustalono zasady gier eliminacyjnych i dalszych faz turnieju. Przyjęto, że w ośmiu grupach każda drużyna rozegra z każdym przeciwnikiem mecz i rewanż, a osiem najlepszych zespołów wystąpi w ćwierćfinałach. Zwycięzcy z czterech par spotkań znajdą się w turnieju finałowym. Do tej edycji rozgrywek po raz pierwszy zgłosili się reprezentanci RFN pod opieką debiutującego w roli trenera Helmuta Schöna. Nie był to udany start, ponieważ Niemcy nie wyszli nawet z grupy. Ale któż mógłby dziś przypuszczać, że historia występów reprezentacji RFN w ME miała tak niefortunny początek. As tego zespołu Gerd Müller strzelił w jednym spotkaniu z Albanią cztery z sześciu bramek, lecz to zostało tylko odnotowane w kronikach.

Rozgrywki eliminacyjne innych grup miały swoich faworytów, którzy nie zawiedli. Obrońcy tytułu Hiszpanie w meczu z Czechosłowacją do ostatnich minut rewanżowego spotkania nie byli pewni awansu. Jednak dewiza „gramy do końca" przyniosła upragnioną bramkę. Defensywa Czechosłowacji popełniła fatalny błąd i kibice na Półwyspie Iberyjskim oszaleli z radości. W eliminacjach odpadła również trzecia drużyna MŚ 1966 r. – Portugalia. Dobrze natomiast wiodło się reprezentacji Związku Radzieckiego, która nie miała kłopotów z zakwalifikowaniem się do dalszych etapów. Podobnie było z Węgrami. Nie zawiedli również Anglicy, mistrzowie świata z 1966 r. – ze swoim odwiecznym rywalem Szkocją rozegrali mecz, do którego chciałoby się ciągle powracać. Pojedynek na szczycie w tej fazie turnieju miał swój dramatyczny przebieg. Prowadzenie Anglików 2:1 przez 80 minut spotkania nawet na moment nie odebrało Szkotom wiary w zmianę wyniku. Zachowali się jak przystało na godnego rywala: doprowadzili do remisu, a w ostatniej minucie strzelili zwycięską bramkę.

Piłkarze Anglii rozegrali jeszcze jeden pasjonujący dwumecz, ale już w **ćwierćfinale**, z Hiszpanią. Widowisko, w którym gospodarzami byli Hiszpanie, z powodu liczby stałych fragmentów gry, nerwowych poczynań obu drużyn pod bramką rywala oraz kontrowersyjnego sędziowania doprowadziło do tego, że trener Anglików sir Alf Ramsey nie dotrwał do końcowego gwizdka i zszedł do szatni. Nie widział radości na twarzach swoich podopiecznych, ale po spotkaniu rewanżowym na równi z innymi fetował awans do półfinałów. Cóż jest takiego niezwykłego w angielskim futbolu i działaniach piłkarzy z Wysp? Może to magia stadionu Wembley? Porywające mecze, dramatyczne rozstrzygnięcia, przeplatające się ze sobą radość i łzy... Wszystko to czyni futbol fantastycznym, nieprzewidywalnym widowiskiem. Pechowo dla Węgrów zakończyły się mecze w ćwierćfinałach z odwiecznym rywalem, zespołem Związku Radzieckiego. Złota jedenastka i tym razem nie zrealizowała swoich piłkarskich marzeń. Po raz kolejny Węgrzy musieli uznać wyższość rywali.

Powtórzony mecz finałowy
Włochy – Jugosławia
10 czerwca 1968 r.

Czwartym półfinalistą (obok Anglii, ZSRR i Jugosławii) zostali Włosi, mający w **półfinale** za przeciwnika właśnie drużynę radziecką. Dramatyczne, przebiegające w zupełnie niesportowym stylu widowisko nie przyniosło rozstrzygnięcia w regulaminowym czasie; nie dała go również dogrywka. O zwycięstwie zadecydował więc los – rzut monetą. Szczęście uśmiechnęło się do gospodarzy turnieju i to Włosi wystąpili w finale. W drugim meczu półfinałowym Anglicy, zmęczeni wyczerpującymi spotkaniami z Hiszpanią, nie zdołali pokonać rewelacyjnej Jugosławii. Gwiazdą *plavich* i całego turnieju okrzyknięto Dragana Dżajicia, który pozbawił mistrzów świata z 1966 r. marzeń o finale. Po raz pierwszy sędzia usunął z boiska piłkarza, był nim Mullery. Ogółem do rozgrywek eliminacyjnych przystąpiło 31 reprezentacji. W turnieju finałowym z uwagi na niewielką liczbę drużyn strzelono tylko siedem bramek.

WYNIKI SPOTKAŃ KWALIFIKACYJNYCH
Drużynę awansującą do następnej rundy oznaczono pogrubieniem.

ELIMINACJE GRUPOWE
Awansują zwycięzcy ośmiu grup.

GRUPA 1

Irlandia – Hiszpania	0:0
Irlandia – Turcja	2:1 (0:0)
Hiszpania – Irlandia	2:0 (2:0)
Turcja – Hiszpania	0:0
Turcja – Irlandia	2:1 (1:0)

Mistrzostwa Europy 1966–1968

Irlandia – Czechosłowacja	0:2 (0:1)
Hiszpania – Turcja	2:0 (0:0)
Czechosłowacja – Turcja	3:0 (1:0)
Czechosłowacja – Hiszpania	1:0 (0:0)
Hiszpania – Czechosłowacja	2:1 (1:0)
Turcja – Czechosłowacja	0:0
Czechosłowacja – Irlandia	1:2 (0:0)

Poz.	Kraj	Mecze	Punkty	Bramki
1	**Hiszpania**	6	8	6-2
2	Czechosłowacja	6	7	8-4
3	Irlandia	6	5	5-8
4	Turcja	6	4	3-8

GRUPA 2

Bułgaria – Norwegia	4:2 (3:0)
Portugalia – Szwecja	1:2 (1:1)
Szwecja – Portugalia	1:1 (0:1)
Norwegia – Portugalia	1:2 (1:1)
Szwecja – Bułgaria	0:2 (0:1)
Norwegia – Bułgaria	0:0
Norwegia – Szwecja	3:1 (1:1)
Szwecja – Norwegia	5:2 (2:0)
Bułgaria – Szwecja	3:0 (2:0)
Portugalia – Norwegia	2:1 (1:1)
Bułgaria – Portugalia	1:0 (0:0)
Portugalia – Bułgaria	0:0

Poz.	Kraj	Mecze	Punkty	Bramki
1	**Bułgaria**	6	10	10-2
2	Portugalia	6	6	6-6
3	Szwecja	6	5	9-12
4	Norwegia	6	3	9-14

GRUPA 3

Finlandia – Austria	0:0
Grecja – Finlandia	2:1 (1:0)
Finlandia – Grecja	1:1 (1:1)
ZSRR – Austria	4:3 (3:1)
ZSRR – Grecja	4:0 (0:0)
ZSRR – Finlandia	2:0 (1:0)
Finlandia – ZSRR	2:5 (2:3)
Austria – Finlandia	2:1 (1:0)
Grecja – Austria	4:1 (2:0)
Austria – ZSRR	1:0 (0:0)

Grecja – ZSRR 0:1 (0:0)
Austria – Grecja 1:1 (1:0)*

Poz.	Kraj	Mecze	Punkty	Bramki
1	**ZSRR**	6	10	16-6
2	Grecja	5	5	7-8
3	Austria	5	5	7-9
4	Finlandia	6	2	5-12

* Mecz przerwany z powodu bijatyki graczy obu zespołów, spotkanie unieważniono, a wynik nie został uwzględniony w tabeli.

GRUPA 4

RFN – Albania 6:0 (2:0)
Jugosławia – RFN 1:0 (0:0)
Albania – Jugosławia 0:2 (0:1)
RFN – Jugosławia 3:1 (1:0)
Jugosławia – Albania 4:0 (1:0)
Albania – RFN 0:0

Poz.	Kraj	Mecze	Punkty	Bramki
1	**Jugosławia**	4	6	8-3
2	RFN	4	5	9-2
3	Albania	4	1	0-12

GRUPA 5

Holandia – Węgry 2:2 (1:0)
Węgry – Dania 6:0 (5:0)
Holandia – Dania 2:0 (0:0)
NRD – Holandia 4:3 (0:2)
Węgry – Holandia 2:1 (2:0)
Dania – Węgry 0:2 (0:1)
Dania – NRD 1:1 (0:1)
Holandia – NRD 1:0 (1:0)
Węgry – NRD 3:1 (1:0)
Dania – Holandia 3:2 (1:0)
NRD – Dania 3:2 (1:2)
NRD – Węgry 1:0 (0:0)

Poz.	Kraj	Mecze	Punkty	Bramki
1	**Węgry**	6	9	15-5
2	NRD	6	7	10-10
3	Holandia	6	5	11-11
4	Dania	6	3	6-16

GRUPA 6

Rumunia – Szwajcaria	4:2 (4:0)
Włochy – Rumunia	3:1 (2:1)
Cypr – Rumunia	1:5 (1:0)
Cypr – Włochy	0:2 (0:0)
Rumunia – Cypr	7:0 (3:0)
Szwajcaria – Rumunia	7:1 (3:0)
Rumunia – Włochy	0:1 (0:0)
Włochy – Cypr	5:0 (2:0)
Szwajcaria – Cypr	5:0 (2:0)
Szwajcaria – Włochy	2:2 (1:0)
Włochy – Szwajcaria	4:0 (3:0)
Cypr – Szwajcaria	2:1 (1:1)

Poz.	Kraj	Mecze	Punkty	Bramki
1	**Włochy**	6	11	17-3
2	Rumunia	6	6	18-14
3	Szwajcaria	6	5	17-13
4	Cypr	6	2	3-25

GRUPA 7

Polska – Luksemburg	4:0 (0:0)
Francja – Polska	2:1 (1:0)
Belgia – Francja	2:1 (0:0)
Luksemburg – Francja	0:3 (0:3)
Luksemburg – Belgia	0:5 (0:3)
Luksemburg – Polska	0:0
Polska – Belgia	3:1 (2:0)
Polska – Francja	1:4 (1:2)
Belgia – Polska	2:4 (2:2)
Francja – Belgia	1:1 (0:1)
Belgia – Luksemburg	3:0 (0:0)
Francja – Luksemburg	3:1 (1:0)

Poz.	Kraj	Mecze	Punkty	Bramki
1	**Francja**	6	9	14-6
2	Belgia	6	7	14-9
3	Polska	6	7	13-9
4	Luksemburg	6	1	1-18

GRUPA 8

Walia – Szkocja	1:1 (0:0)
Irlandia Płn. – Anglia	0:2 (0:1)
Szkocja – Irlandia Płn.	2:1 (2:1)

Anglia – Walia	5:1 (3:1)	
Irlandia Płn. – Walia	0:0	
Anglia – Szkocja	2:3 (0:1)	
Walia – Anglia	0:3 (0:1)	
Irlandia Płn. – Szkocja	1:0 (0:0)	
Anglia – Irlandia Płn.	2:0 (1:0)	
Szkocja – Walia	3:2 (1:1)	
Szkocja – Anglia	1:1 (1:1)	
Walia – Irlandia Płn.	2:0 (0:0)	

Poz.	Kraj	Mecze	Punkty	Bramki
1	**Anglia**	6	9	15-5
2	Szkocja	6	8	10-8
3	Walia	6	4	6-12
4	Irlandia Płn.	6	3	2-8

ĆWIERĆFINAŁY

Anglia – Hiszpania	1:0 (0:0)
Hiszpania – **Anglia**	1:2 (0:0)
Bułgaria – Włochy	3:2 (1:0)
Włochy – Bułgaria	2:0 (1:0)
Francja – Jugosławia	1:1 (0:0)
Jugosławia – Francja	5:1 (4:1)
Węgry – ZSRR	2:0 (1:0)
ZSRR – Węgry	3:0 (1:0)

TURNIEJ FINAŁOWY
5.–10.06.1968.
ORGANIZATOR: WŁOCHY

PÓŁFINAŁY
5 CZERWCA, FLORENCJA (STADIO COMUNALE)
JUGOSŁAWIA – ANGLIA 1:0 (0:0)
Bramka: Jugosławia – 86' Džajić
Jugosławia: Pantelić, Fazlagić, Damjanović, Pavlović, Paunović, Holcer, Petković, Trivić, Musemić, Osim, Džajić
Anglia: Banks, Newton, Moore, Labone, Wilson, Mullery, B. Charlton, Hunter, Ball, Hurst, Peters
Czerwona kartka: Anglia – 89' Mullery
Sędziował: José María Ortiz de Mendíbil Monasterio (Hiszpania)

5 CZERWCA, NEAPOL (STADIO SAN PAOLO)
WŁOCHY – ZSRR 0:0 (0:0, 0:0, 0:0)
Dogrywka nie przyniosła rozstrzygnięcia; w wyniku losowania awans uzyskała drużyna Włoch.
Włochy: Zoff, Burgnich, Facchetti, Bercellino, Castano, Ferrini, Rivera, Juliano, Domenghini, Mazzola, Prati

ZSRR: Psznicznikow, Istomin, Szesterniow, Kaplicznyj, Afonin, Leniow, Małofiejew, Łogofiet, Baniszewski, Byszowiec, Jewriużychin
Sędziował: Kurt Tschenscher (RFN)

MECZ O 3. MIEJSCE
8 CZERWCA, RZYM (STADIO OLIMPICO)
ANGLIA – ZSRR 2:0 (1:0)
Bramki: Anglia – 39' B. Charlton, 63' Hurst
Anglia: Banks, Wright, Moore, Labone, Wilson, Stiles, B. Charlton, Hunter, Hunt, Hurst, Peters
ZSRR: Psznicznikow, Istomin, Szesterniow, Kaplicznyj, Afonin, Leniow, Małofiejew, Łogofiet, Baniszewski, Byszowiec, Jewriużychin
Sędziował: István Zsolt (Węgry)

FINAŁ
Po bezbramkowym półfinałowym remisie z drużyną Związku Radzieckiego Włosi dzięki szczęśliwemu dla siebie losowaniu znaleźli się w finale. Z kolei Jugosławia, mająca w swoich szeregach gwiazdę mistrzostw Dżajicia, po raz drugi stanęła w szranki w walce o złoty medal ME. Na Stadio Olimpico w Rzymie nie dopuszczano innej myśli niż zwycięstwo Włochów występujących przed własną publicznością.

Przysłowie mówi, że **gospodarzom sprzyjają ściany i sędziowie**, a widowisko finałowe było tego absolutnym potwierdzeniem. Wiele nerwowości wkradło się w poczynania obu zespołów, ale lepiej dysponowani *plavi* dzielnie wytrzymywali napór Włochów. Kiedy po emocjonującym początku Jugosłowianie objęli prowadzenie po golu Dżajicia, a bohater mistrzostw strzelił drugą bramkę, do akcji wkroczył sędzia. Nie tylko nie uznał prawidłowo zdobytej bramki, lecz także po przeciwnej stronie boiska pozwolił na egzekwowanie rzutu wolnego bez obowiązkowego dźwięku gwizdka. Zajęty ustawianiem muru Pantelić nawet się nie zorientował, gdy piłka zatrzepotała w siatce. Niesportowe zachowanie sędziego w opinii komentatorów i obserwatorów wypaczyło sens walki o zwycięstwo. Ponieważ dogrywka nie przyniosła rozstrzygnięcia, a regulamin nie przewidywał wówczas serii rzutów karnych, zarządzono powtórzenie meczu po dwóch dniach. Podupadli na duchu Jugosłowianie, z jedną tylko zmianą przeciw odświeżonej reprezentacji Włoch, nie zdołali przechylić szali zwycięstwa na swoją korzyść. W wyjątkowo zgodnej opinii mediów to oni byli jednak moralnymi zwycięzcami.

8 CZERWCA, RZYM (STADIO OLIMPICO)
WŁOCHY – JUGOSŁAWIA 1:1 (0:1, 1:1, 1:1)
Bramki: Włochy – 80' Domenghini; Jugosławia – 39' Dżajić
Włochy: Zoff, Burgnich, Facchetti, Guarneri, Castano, Ferrini, Juliano, Domenghini, Lodetti, Anastasi, Prati
Jugosławia: Pantelić, Fazlagić, Damjanović, Pavlović, Paunović, Holcer, Petković, Trivić, Musemić, Ačimović, Dżajić
Sędziował: Gottfried Dienst (Szwajcaria)

POWTÓRKA FINAŁU
10 CZERWCA, RZYM (STADIO OLIMPICO)
WŁOCHY – JUGOSŁAWIA 2:0 (2:0)
Bramki: Włochy – 12' Riva, 31' Anastasi
Włochy: Zoff, Burgnich, Facchetti, Rosato, Guarneri, Salvadore, Domenghini, De Sisti, Mazzola, Anastasi, Riva
Jugosławia: Pantelić, Fazlagić, Damjanović, Pavlović, Paunović, Holcer, Ačimović, Trivić, Musemić, Hošić, Dżajić
Sędziował: José María Ortiz de Mendíbil Monasterio (Hiszpania)

STRZELCY BRAMEK TURNIEJU FINAŁOWEGO
2 – Džajić (Jugosławia)
1 – B. Charlton, Hurst (Anglia), Anastasi, Domenghini, Riva (Włochy)

O NICH SIĘ MÓWIŁO
Dragan Džajić (ur. 30 maja 1946 r. w Ubie), karierę piłkarską rozpoczynał w miejscowym klubie Jedinstvo Bijelo Polje, a następnie do 1977 r. występował w drużynie Crvena Zvezda Belgrad. W reprezentacji Jugosławii grał 83 razy w latach 1964–1977, zdobywając 23 bramki. Srebrny medalista ME w 1968 r., uczestnik MŚ w 1974 r. Pięciokrotnie powoływany do reprezentacji świata. Najlepszy napastnik świata w końcu lat 60.

W reprezentacji Jugosławii zadebiutował w 1964 r. w spotkaniu z Rumunią (1:1). Liczne sukcesy klubowe i setki rozegranych spotkań uczyniły z niego gwiazdę piłkarskich boisk. Doskonale dyrygował drużyną. Podczas ME w 1968 r. reprezentacja Jugosławii stoczyła ciężkie pojedynki z Anglią i Włochami; w pierwszym meczu Džajić popisał się precyzyjnym uderzeniem w 86. minucie spotkania, strzelając złotą bramkę, a w finale uzyskał prowadzenie dla *plavich*.

Najwybitniejszy piłkarz Jugosławii, o którego swego czasu ubiegały się najsłynniejsze piłkarskie potęgi: Real Madryt, Atlético Madryt czy Bayern Monachium; on wybrał jednak francuską Bastię. Nie odmówił trenerowi powołania do kadry na ME w 1976 r. Upływ czasu nie tylko nie zaważył na jego umiejętnościach, lecz także ugruntował pozycję wybitnego zawodnika.

Bobby Charlton (ur. 11 października 1937 r. w Ashington), zawodnik Manchesteru United, Preston. Debiutował w narodowej drużynie Anglii 19 kwietnia 1958 r. w spotkaniu ze Szkocją, wygranym 4:0. W latach 1958–1970 wystąpił w niej 106 razy, zdobywając 49 bramek. W barwach Manchesteru United rozegrał 751 spotkań, strzelając 245 goli. Dzień 6 lutego 1958 r. zapisał się tragicznie w bogatej karierze zawodnika. Charlton ucierpiał w katastrofie lotniczej koło Monachium, w której zginęło 21 piłkarzy Manchesteru United. Uczestnik MŚ w 1962 r. (ćwierćfinał), mistrz świata w 1966 r. (w trzech meczach zdobył sześć bramek), uczestnik MŚ w 1970 r. (ćwierćfinał), uczestnik ME w 1968 r. Z Manchesterem United zdobył w 1963 r. Puchar Anglii oraz mistrzostwo Anglii w latach 1957, 1965, 1967. W 1966 r. został uznany najlepszym piłkarzem Europy.

Obdarzony niezwykłym, dziedziczonym w rodzinie talentem piłkarskim (dziadek, czterej wujowie i starszy brat Jack również grali w piłkę), odznaczał się niezwykłą umiejętnością zdobywania bramek lewą i prawą nogą. Doskonale wyszkolony technicznie, na boisku koordynował grę zespołu, niezastąpiony strateg w klubowej i narodowej drużynie. W pamiętnym ćwierćfinałowym pojedynku z RFN na MŚ w 1970 r. schodził z boiska przy stanie 2:0 dla Anglii. Trener chciał go oszczędzić przed występem w półfinale. Niemcy strzelili trzy bramki i… Anglia odpadła z dalszych gier. Na treningach poświęcał dużo czasu na przygotowanie kondycyjne, w efekcie czego podczas oficjalnych spotkań był niedościgniony dla przeciwników. Skromny, koleżeński, zachowujący należny szacunek i respekt wobec rywali, nigdy nie kwestionował sędziowskich decyzji. Dżentelmen na boisku i poza nim. Ukoronowaniem wspaniałej piłkarskiej kariery było przyznanie Charltonowi prestiżowej nagrody fair play. W 1973 r. międzynarodowe jury uznało go najgodniejszym tego zaszczytnego, symbolicznego wyróżnienia.

MISTRZOSTWA EUROPY
1970–1972

Złoto! Złoto! Złoto! Sędzia odgwizdał koniec spotkania. W polskiej ekipie zapanowała niebywała radość. Na grząskim boisku, w strugach deszczu Polska zwyciężyła Węgry 2:1. Tak było 10 września 1972 r. na stadionie olimpijskim w Monachium. Rozegrano naprawdę wspaniały mecz. Ale turniej finałowy ME po raz kolejny odbył się bez udziału Polaków.

Podobnie jak w poprzednich rozgrywkach do walki o miano najlepszej drużyny na Starym Kontynencie przystąpiły 32 zespoły, podzielone wcześniej na **osiem grup**. Zastosowano ten sam schemat rozgrywek. Skutecznie, bez trudnych i wyczerpujących spotkań awansowali do ćwierćfinałów Anglicy. Bułgarzy nie odnieśli w tej edycji sukcesu, choć dopiero w finale igrzysk olimpijskich w 1968 r. ulegli Węgrom. Historia lubi się jednak powtarzać. Spotkania Hiszpanii ze Związkiem Radzieckim rozpatrywano w kategoriach rewanżu za 1964 r. Naprzeciwko siebie stanęły jedenastki w mocno już zmienionych składach. W pierwszym spotkaniu na Łużnikach gospodarze zwyciężyli 2:1. Rewanż w Sewilli nie przyniósł zmiany, bramek nie strzelono i piłkarze ZSRR grali dalej. Zawiedli Szkoci, którzy co prawda nie mieli w grupie Anglii, ale o zwycięstwie decydują bramki, a tych drużyna Szkocji zdobyła tylko cztery. Do rywalizacji w tej grupie przyłączyli się Portugalczycy ze swoim słynnym Eusebio i Belgowie. Eusebio bramki nie strzelił i Belgowie cieszyli się z pierwszego miejsca w grupie. Obrońcy tytułu w Europie, Włosi, nie mieli trudnej drogi w eliminacjach. Inny faworyt rozgrywek – Jugosławia – bez problemów zapewnił sobie udział w ćwierćfinałach.

Drużyna Polski znalazła się w grupie m.in. z trzecią drużyną MŚ z 1970 r., reprezentacją RFN. Nie udało się Polakom wyeliminować rywali z dalszych rozgrywek, ale to właśnie zespół RFN został mistrzem Europy, a obecność w gronie najlepszych drużyn świata i Europy powoli stawała się dla Niemców sprawą oczywistą. Mimo kolejnej nieobecności w finałach pocieszeniem niech będzie fakt, że tworzył się mocny trzon polskiej reprezentacji, której sukcesy przyjdzie nam świętować już wkrótce i wspominać je będziemy tak długo, jak długo musieliśmy na nie czekać.

W rozgrywkach **ćwierćfinałowych** los, nie pierwszy już raz, zetknął ze sobą wielkich faworytów. Naprzeciw siebie stanęły jedenastki RFN i Anglii. Dotychczasowa rywalizacja miała przebieg dramatyczny. Wypada w tym miejscu wspomnieć o finale z 1966 r. i decyzji sędziego przy bramce, którą Anglicy strzelili, a Niemcy zakwestionowali, oraz o ćwierćfinale MŚ z 1970 r., kiedy drużyna Anglii prowadziła 2:0, lecz oddała inicjatywę piłkarzom Niemiec, ci zaś strzelili trzy bramki i zagrali w półfinale. Żelazna zasada w drużynie niemieckiej – „gramy do końca" – w ćwierćfinale ME potwierdziła swą wyższość nad futbolem angielskim. Anglicy grający bez Bobby'ego Charltona, wobec braku jego pełnowartościowych następców, nie potrafili przeprowadzać skutecznych ataków na bramkę rywala.

Gerd Müller (w białej koszulce) podczas meczu finałowego z ZSRR 18 czerwca 1972 r.

Wiele emocji wywołało również spotkanie innych odwiecznych rywali: Jugosławii ze Związkiem Radzieckim. Bohater ostatnich mistrzostw Dragan Džajić nie powtórzył sukcesu i *plavi* musieli się pogodzić z porażką. O awansie do półfinału w innym spotkaniu ćwierćfinałowym po raz pierwszy zadecydować miał trzeci mecz (regulamin nie przewidywał wówczas inaczej). Węgrzy wspięli się w nim na wyżyny swoich możliwości, pokonując w Belgradzie Rumunię 2:1. Dumni i pewni awansu Włosi przełknęli goryczy porażki z Belgią. Zwycięscy piłkarze czerwonych diabłów, dotąd obywający się bez większych sukcesów na arenie piłkarskiej Europy i świata, mieli w swoich szeregach kilku znakomitych piłkarzy. Ale do pokonania drużyny RFN i jej asa Gerda Müllera okazało się to niewystarczające. Na otarcie łez w spotkaniu o trzecie miejsce Belgowie pokonali Węgrów 2:1.

WYNIKI SPOTKAŃ KWALIFIKACYJNYCH
Drużynę awansującą do następnej rundy oznaczono pogrubieniem.

ELIMINACJE GRUPOWE
Awansują zwycięzcy ośmiu grup.

GRUPA 1

Czechosłowacja – Finlandia	1:1 (1:1)
Rumunia – Finlandia	3:0 (2:0)
Walia – Rumunia	0:0
Walia – Czechosłowacja	1:3 (0:0)
Czechosłowacja – Rumunia	1:0 (0:0)
Finlandia – Walia	0:1 (0:0)
Finlandia – Czechosłowacja	0:4 (0:2)
Finlandia – Rumunia	0:4 (0:2)
Walia – Finlandia	3:0 (1:0)
Czechosłowacja – Walia	1:0 (0:0)
Rumunia – Czechosłowacja	2:1 (1:0)
Rumunia – Walia	2:0 (1:0)

Mistrzostwa Europy 1970-1972

Poz.	Kraj	Mecze	Punkty	Bramki
1	**Rumunia**	6	9	11-2
2	Czechosłowacja	6	9	11-4
3	Walia	6	5	5-6
4	Finlandia	6	1	1-16

GRUPA 2

Norwegia – Węgry	1:3 (0:2)
Francja – Norwegia	3:1 (1:0)
Bułgaria – Norwegia	1:1 (1:0)
Węgry – Francja	1:1 (0:0)
Bułgaria – Węgry	3:0 (1:0)
Norwegia – Bułgaria	1:4 (0:4)
Norwegia – Francja	1:3 (0:2)
Węgry – Bułgaria	2:0 (0:0)
Francja – Węgry	0:2 (0:2)
Węgry – Norwegia	4:0 (3:0)
Francja – Bułgaria	2:1 (0:0)
Bułgaria – Francja	2:1 (0:0)

Poz.	Kraj	Mecze	Punkty	Bramki
1	**Węgry**	6	9	12-5
2	Bułgaria	6	7	11-7
3	Francja	6	7	10-8
4	Norwegia	6	1	5-18

GRUPA 3

Malta – Grecja	1:1 (0:0)
Grecja – Szwajcaria	0:1 (0:0)
Malta – Szwajcaria	1:2 (0:0)
Malta – Anglia	0:1 (0:1)
Szwajcaria – Malta	5:0 (5:0)
Anglia – Grecja	3:0 (1:0)
Anglia – Malta	5:0 (2:0)
Szwajcaria – Grecja	1:0 (0:0)
Grecja – Malta	2:0 (0:0)
Szwajcaria – Anglia	2:3 (2:2)
Anglia – Szwajcaria	1:1 (1:1)
Grecja – Anglia	0:2 (0:0)

Poz.	Kraj	Mecze	Punkty	Bramki
1	**Anglia**	6	11	15-3
2	Szwajcaria	6	9	12-5
3	Grecja	6	3	3-8
4	Malta	6	1	2-16

GRUPA 4

Hiszpania – Irlandia Płn.	3:0 (1:0)
Cypr – ZSRR	1:3 (1:2)
Cypr – Irlandia Płn.	0:3 (0:0)
Irlandia Płn. – Cypr	5:0 (2:0)
Cypr – Hiszpania	0:2 (0:1)
ZSRR – Hiszpania	2:1 (0:0)
ZSRR – Cypr	6:1 (3:0)
ZSRR – Irlandia Płn.	1:0 (1:0)
Irlandia Płn. – ZSRR	1:1 (1:1)
Hiszpania – ZSRR	0:0
Hiszpania – Cypr	7:0 (3:0)
Irlandia Płn. – Hiszpania	1:1 (0:1)

Poz.	Kraj	Mecze	Punkty	Bramki
1	**ZSRR**	6	10	13-4
2	Hiszpania	6	8	14-3
3	Irlandia Płn.	6	6	10-6
4	Cypr	6	0	2-26

GRUPA 5

Dania – Portugalia	0:1 (0:1)
Szkocja – Dania	1:0 (1:0)
Belgia – Dania	2:0 (2:0)
Belgia – Szkocja	3:0 (1:0)
Belgia – Portugalia	3:0 (1:0)
Portugalia – Szkocja	2:0 (1:0)
Portugalia – Dania	5:0 (2:0)
Dania – Belgia	1:2 (0:0)
Dania – Szkocja	1:0 (1:0)
Szkocja – Portugalia	2:1 (1:0)
Szkocja – Belgia	1:0 (1:0)
Portugalia – Belgia	1:1 (0:0)

Poz.	Kraj	Mecze	Punkty	Bramki
1	**Belgia**	6	9	11-3
2	Portugalia	6	7	10-6
3	Szkocja	6	6	4-7
4	Dania	6	2	2-11

GRUPA 6

Irlandia – Szwecja	1:1 (1:0)
Szwecja – Irlandia	1:0 (0:0)
Austria – Włochy	1:2 (1:2)
Włochy – Irlandia	3:0 (2:0)

Mistrzostwa Europy 1970–1972

Irlandia – Włochy	1:2 (1:1)	
Szwecja – Austria	1:0 (0:0)	
Irlandia – Austria	1:4 (0:3)	
Szwecja – Włochy	0:0	
Austria – Szwecja	1:0 (1:0)	
Włochy – Szwecja	3:0 (2:0)	
Austria – Irlandia	6:0 (3:0)	
Włochy – Austria	2:2 (1:1)	

Poz.	Kraj	Mecze	Punkty	Bramki
1	**Włochy**	6	10	12-4
2	Austria	6	7	14-6
3	Szwecja	6	6	3-5
4	Irlandia	6	1	3-17

GRUPA 7

Holandia – Jugosławia	1:1 (0:1)
Luksemburg – Jugosławia	0:2 (0:1)
NRD – Holandia	1:0 (0:0)
Luksemburg – NRD	0:5 (0:4)
Holandia – Luksemburg	6:0 (1:0)
Jugosławia – Holandia	2:0 (1:0)
NRD – Luksemburg	2:1 (1:0)
NRD – Jugosławia	1:2 (0:2)
Holandia – NRD	3:2 (1:1)
Jugosławia – NRD	0:0
Jugosławia – Luksemburg	0:0
Holandia – Luksemburg	8:0 (5:0)*

* Mecz za zgodą UEFA i rywali rozegrano w Holandii.

Poz.	Kraj	Mecze	Punkty	Bramki
1	**Jugosławia**	6	9	7-2
2	Holandia	6	7	18-6
3	NRD	6	7	11-6
4	Luksemburg	6	1	1-23

GRUPA 8

Polska – Albania	3:0 (1:0)
RFN – Turcja	1:1 (1:1)
Turcja – Albania	2:1 (2:1)
Albania – RFN	0:1 (0:1)
Turcja – RFN	0:3 (0:1)
Albania – Polska	1:1 (1:1)
RFN – Albania	2:0 (2:0)
Polska – Turcja	5:1 (1:0)

1970–1972

Polska – RFN 1:3 (1:1)
Albania – Turcja 3:0 (1:0)
RFN – Polska 0:0
Turcja – Polska 1:0 (0:0)

Poz.	Kraj	Mecze	Punkty	Bramki
1	**RFN**	6	10	10-2
2	Polska	6	6	10-6
3	Turcja	6	5	5-13
4	Albania	6	3	5-9

ĆWIERĆFINAŁY

Anglia – RFN 1:3 (0:1)
RFN – Anglia 0:0
Włochy – Belgia 0:0
Belgia – Włochy 2:1 (1:0)
Węgry – Rumunia 1:1 (1:0)
Rumunia – Węgry 2:2 (1:2)
Węgry – Rumunia 2:1 (1:1)*
Jugosławia – ZSRR 0:0
ZSRR – Jugosławia 3:0 (0:0)

* Trzeci mecz na neutralnym terenie w Jugosławii.

TURNIEJ FINAŁOWY
14.–18.06.1972.
ORGANIZATOR: BELGIA

PÓŁFINAŁY
14 czerwca, Bruksela (Astrid Park)
ZSRR – Węgry 1:0 (0:0)
Bramka: ZSRR – 53' Końkow
ZSRR: Rudakow, Dzodzuaszwili, Churcilawa, Kaplicznyj, Istomin, Kołotow, Troszkin, Bajdacznyj, Baniszewski (69' Nodija), Końkow, Oniszczenko
Węgry: Géczi, Fábián, Páncsics, Bálint, P. Juhász, I. Juhász, Kocsis (60' Albert), Kű, Szőke, Bene (60' A. Dunai), Zámbó
Żółta kartka: Węgry – Bálint
Sędziował: Rudolf Glöckner (NRD)

14 czerwca, Antwerpia (Antwerp FC)
Belgia – RFN 1:2 (0:1)
Bramki: Belgia – 83' Polleunis; RFN – 24' G. Müller, 71' G. Müller
Belgia: Piot, Heylens, Vandendaele, Dolmans, Thissen, Semmeling, Verheyen, Dockx, Martens (69' Polleunis), Van Himst, Lambert
RFN: Maier, Höttges, Schwarzenbeck, Beckenbauer, Breitner, Hoeneß (59' Grabowski), Netzer, Wimmer, Heynckes, G. Müller, Kremers
Żółta kartka: Belgia – Vandendaele
Sędziował: William Joseph Mullan (Szkocja)

Mistrzostwa Europy 1970–1972

MECZ O 3. MIEJSCE
17 CZERWCA, LIÈGE (STANDARD)
BELGIA – WĘGRY 2:1 (2:0)
Bramki: Belgia – 24' Lambert, 28' Van Himst; Węgry – 53' Kű
Belgia: Piot, Heylens, Vandendaele, Dolmans, Thissen, Semmeling, Verheyen, Dockx, Polleunis, Van Himst, Lambert
Węgry: Géczi, Fábián, Páncsics, Bálint, P. Juhász, I. Juhász, Albert, Szőke (46' Kű), Kozma, Dunai, Zámbó (46' Szűcs)
Żółte kartki: Belgia – Dolmans; Węgry – P. Juhász
Sędziował: Einar Johan Boström (Szwecja)

FINAŁ
Reprezentacja Związku Radzieckiego w finale ME wystąpiła po raz trzeci. Jednak Helmut Schön był u szczytu trenerskiej kariery i tytuł mistrza Europy dostał się w godne ręce. Drużyna RFN zaprezentowała doskonałe przygotowanie techniczne, przebojowość i niebywałą wręcz kondycję. Churcilawa i Oniszczenko wraz z kolegami tylko przez pierwszy kwadrans spotkania usiłowali przeprowadzać ataki na bramkę Maiera. Nie udało się natomiast powstrzymać bombardiera Gerda Müllera. Przebojowymi szarżami podejmowanymi ze środkowej linii boiska zaskakiwał rywali i przed przerwą po silnym uderzeniu zmusił do kapitulacji bramkarza *sbornej*. Rosjanie przez chwilę próbowali poderwać się do ataku, ale zawodziła skuteczność Baniszewskiego i Końkowa. Nie spowodowali nawet najmniejszego zamieszania w szykach niemieckiej obrony.

W drugiej połowie wprowadzony na boisko Dołmatow także nie wniósł ożywienia do gry. Tracąc nadzieję na uzyskanie wyrównującego gola, reprezentanci ZSRR otworzyli drogę do własnej bramki. W 52. minucie spotkania Wimmer podwyższył wynik na 2:0, a Gerd Müller dopełnił formalności, ustalając rezultat meczu w 57. minucie na 3:0. Potwierdził tym samym, że korona króla strzelców spoczywa na „słusznej głowie". Dominacja futbolu niemieckiego w Europie nie miała sobie równych. Znakomita passa Helmuta Schöna i jego podopiecznych miała ciąg dalszy na MŚ 1974 r.

18 CZERWCA, BRUKSELA (ASTRID PARK)
RFN – ZSRR 3:0 (1:0)
Bramki: RFN – 28' G. Müller, 52' Wimmer, 57' G. Müller
RFN: Maier, Höttges, Schwarzenbeck, Beckenbauer, Breitner, Hoeneß, Netzer, Wimmer, Heynckes, G. Müller, Kremers
ZSRR: Rudakow, Dzodzuaszwili, Churcilawa, Kaplicznyj, Istomin, Kołotow, Troszkin, Bajdacznyj, Baniszewski (63' Kozinkiewicz), Końkow (46' Dołmatow), Oniszczenko
Żółta kartka: ZSRR – Kaplicznyj
Sędziował: Ferdinand Marschall (Austria)

STRZELCY BRAMEK TURNIEJU FINAŁOWEGO
4 – G. Müller (RFN)
1 – Lambert, Polleunis, Van Himst (Belgia), Wimmer (RFN), Kű (Węgry), Końkow (ZSRR)

O NICH SIĘ MÓWIŁO
Franz Beckenbauer (ur. 11 września 1944 r. w Monachium), karierę piłkarską rozpoczynał w klubie S.C. 1906 Monachium (1956–1958), a od 1958 r. nieprzerwanie przez 19 lat bronił barw Bayernu Monachium. Przez trzy lata (1977–1980) był zawodnikiem HSV Hamburg. Pojawił się w reprezentacji RFN na MŚ w 1966 r. w Anglii, występując na pozycji libero, którą doskonalił przez kolejne cztery lata. W następnym turnieju w Meksyku w 1970 r. występował

1970–1972

na tej samej pozycji. Rok 1974 i MŚ na niemieckich boiskach okazały się dla niego nie mniej szczęśliwe jak dla reprezentacji Polski, choć to nie my zostaliśmy mistrzami świata.

Doskonałe warunki i wspaniała atmosfera, jakie panowały w macierzystym klubie Bayern Monachium, uczyniły z Beckenbauera wielkiego piłkarza. Otaczał się najlepszymi i z nimi święcił największe triumfy – od mistrzostwa kraju z Bayernem Monachium po mistrzostwo świata z reprezentacją RFN włącznie. Królował na boisku niepodzielnie, perfekcyjnie przyjmował i rozdzielał piłki. Przydomek Cesarz odpowiadał jego roli na boisku. Dyrygent i kreator gry, skuteczny zarówno w obronie, jak i w ataku.

Beckenbauer dokonał wyczynu, którego pozazdrościć mu mogą największe gwiazdy światowego formatu. W 1974 r. wznosił jako pierwszy – pełniąc funkcję kapitana – Puchar Świata za zdobycie mistrzostwa świata i złotego medalu. Będąc trenerem reprezentacji RFN, doprowadził drużynę na podium: najpierw do wicemistrzostwa świata w 1986 r. w Meksyku, a cztery lata później we Włoszech na najwyższe miejsce. Największy podziw i uznanie wzbudzała jego wszechstronność na boisku i umiejętność kreowania wydarzeń. W reprezentacji RFN występował od 1965 do 1977 r. w 103 spotkaniach, strzelając 14 bramek. W plebiscycie „France Football" triumfował w 1972 i 1976 r. Mistrz Europy z 1972 r., wicemistrz z 1976 r., mistrz świata z 1974 r. (jako piłkarz), wicemistrz z 1966 r. Jego piłkarska kariera trwa nadal; obecnie w macierzystym klubie Bayern Monachium pełni funkcję prezydenta.

Gerd Müller (ur. 11 listopada 1945 r. w Nördlingen), zdobywca Pucharu RFN, Pucharu Klubowych Mistrzów, Pucharu Zdobywców Pucharów, Pucharu Interkontynentalnego, król strzelców ligi niemieckiej. Mistrz świata (1974), mistrz Europy (1972). Najlepszy w plebiscycie „France Football" piłkarz Europy w 1970 r. W reprezentacji RFN zadebiutował 12 października 1966 r., ostatni zaś mecz, ten najważniejszy, rozegrał 7 lipca 1974 r. z Holandią, rozstrzygając o zwycięstwie narodowej drużyny. Wystąpił w 62 spotkaniach, strzelając 68 goli. W klubowym zespole Bayern Monachium (1964–1979) panował niepodzielnie i święcił największe triumfy. W latach 1979–1982 występował w drużynie Fort Lauderdale Strikers (USA). 365 goli w 14 sezonach gry w ekstraklasie daje przeciętnie 26 bramek w sezonie. Müller otwiera listę najskuteczniejszych piłkarzy MŚ (14 bramek); w pucharach europejskich trudno znaleźć kogoś lepszego – cztery edycje kończył z koroną króla strzelców.

To on przesądził o wygranej 2:1 reprezentacji RFN w finałowym pojedynku z Holandią (MŚ 1974), zdobywając decydującego gola. Wcześniej, w rywalizacji o przepustkę do finału – 3 lipca 1974 r. – spotkały się zespoły RFN i Polski. Jan Tomaszewski, wówczas jeden z najlepszych bramkarzy świata, nie skapitulował przed silnym uderzeniem Uliego Hoeneßa z rzutu karnego. Jednak kilkanaście minut później wobec szarży Müllera okazał się bezradny. W gigantycznej ulewie, na ciężkim, grząskim boisku niepowstrzymany Niemiec pozbawił Polaków marzeń o złotym medalu. Niewysoki, doskonale wyszkolony technicznie, groźny strzelec budził strach wśród najlepszych bramkarzy świata. Strzały bez przyjęcia piłki, z półobrotu, potężne jak wybuch armatni załamywały najlepszych golkiperów. Müller miał fenomenalny instynkt strzelecki i refleks. Piłki adresowane do niego na polu karnym kierował bezpośrednio do siatki, stąd przydomek „król pola karnego".

MISTRZOSTWA EUROPY
1974–1976

Lata 70. to dominacja futbolu niemieckiego, a schyłek brytyjskiego. W reprezentacji Anglii grali przede wszystkim tacy piłkarze, jak: Bobby Moore, Jack Charlton czy Gordon Banks, nadając ton grze narodowej reprezentacji. W 1972 r. Anglicy odpadli jednak w ćwierćfinale ME, w 1973 r. zostali wyeliminowani przez Polskę z udziału w MŚ, a kiedy w 1976 r. nie wyszli nawet z grupy, zaczęto mówić o kryzysie w angielskim futbolu.

Faworyta zbliżających się finałów ME upatrywano w reprezentacjach Holandii, Jugosławii oraz RFN. Czesi i Słowacy natomiast, mimo że rozpoczęli **eliminacje** od porażki z Anglią (jedynej zresztą), w rewanżu okazali się skuteczniejsi. W meczach eliminacyjnych ogółem mieli 15 trafień – cóż za skuteczność! – i zajęli pierwsze miejsce. Czym należy wytłumaczyć fakt tak doskonałej gry Czechosłowacji? Otóż po nieudanych dla naszych południowych sąsiadów występach w ostatnich ME nastąpiło w ekipie narodowej istne trzęsienie ziemi. Gospodarze przyszłego turnieju finałowego – Jugosłowianie – chcieli z kolei zrehabilitować się swoim kibicom za kiepskie wyniki w ostatnich ME i teraz dzięki tylko jednej porażce (z Irlandią) przeszli do ćwierćfinału. Interesujący przebieg miała także rywalizacja w grupie czwartej między Hiszpanią i Rumunią. Oba spotkania tych zespołów zakończyły się remisem, a ponadto ani jedna, ani druga drużyna nie przegrała żadnego meczu. Dzięki trzem innym zwycięstwom awansowali Hiszpanie.

W grupie piątej, uważanej za najsilniejszą, emocje trwały do końca eliminacji, a właśnie w niej znaleźli się Polacy. W walce o ćwierćfinał liczyli się Holendrzy i zespół polski. O awansie zadecydowała różnica bramek. Głodni sukcesu i pełni nadziei na pierwszy awans do finałów ME Polacy zagrali w tych eliminacjach kilka naprawdę udanych spotkań. Mecz z wicemistrzami świata z 1974 r. dodał piłkarzom wiary w sukces. Pokonaliśmy Holandię z Cruijffem i Neeskensem 4:1, ale w rewanżu oddaliśmy inicjatywę w grze. Skończyło się na 0:3. Finały znowu oglądaliśmy na ekranach telewizorów – i kibice, i piłkarze.

W trakcie spotkań eliminacyjnych drużyny radzieckiej następowały liczne zmiany, z osobą trenera włącznie. Wystarczyły one na wyjście Rosjan z grupy, ale w **ćwierćfinale** zawodnicy *sbornej* spotkali się z Czechosłowacją, której skład drużyny zmodyfikowano wcześniej. Czesi, prowadzeni przez Václava Ježeka, nie pozostawili rywalom żadnych złudzeń, wygrywając pewnie 2:0. Rewanż, mimo remisu 2:2, dopełnił tylko formalności. Wiele emocji wzbudzał inny ćwierćfinałowy pojedynek potęg piłkarskich – RFN i Hiszpanii. Niemcy do 60. minuty spotkania przegrywali 0:1, ale charakter piłkarzy i konsekwencja w „grze do końca" pozwoliły im na wyrównanie. W rewanżu na własnym terenie Niemcy potwierdzili swoją klasę, wygrywając 2:0.

Pasjonujące mecze odbyły się w **półfinałach**, a bramki strzelone w dogrywkach utwierdziły działaczy UEFA w przekonaniu, że zmiany w regulaminie rozgrywek były słuszne. Reprezentacja Holandii, z utytułowanymi graczami Cruijffem, Neeskensem, Schrijversem i Rensenbrinkiem, marząc o finale, musiała najpierw pokonać rewelacyjnych Czechów. Wiele było w tym spotkaniu nerwowości i brutalnych zagrań, o czym świadczą cztery żółte i trzy czerwone kartki. W regulaminowym czasie był remis, a w dogrywce Holendrzy, osłabieni brakiem dwóch zawodników (czerwone kartki), stracili dwie bramki i wraz z nimi nadzieję na zmianę wyniku.

Jeden z rzutów karnych na końcu meczu finałowego Czechosłowacji z RFN, 20 czerwca 1976 r. – to właśnie karne rozstrzygnęły o zwycięstwie drużyny Czechosłowacji.

Drugie spotkanie półfinałowe miało nie mniej emocjonujący przebieg. Zespół *plavich* poprowadził legendarny Dragan Džajić, dla którego występ przed własną publicznością i udział w finale miały być ukoronowaniem kariery. Los przydzielił Jugosłowianom reprezentację RFN, której jedna z żelaznych zasad to „gramy do końca". Jugosłowiańscy piłkarze po 30 minutach gry prowadzili już 2:0, ale nie potrafili korzystnego rezultatu utrzymać do końca meczu. Nie pomogli głośnym dopingiem kibice ani sprzyjające – jak to czasami bywa w przypadku gospodarzy turnieju – okoliczności… na polu karnym. Trener Helmut Schön dokonał w tym meczu zmiany na wagę zwycięstwa. Dieter Müller strzelił wyrównującego gola, a w dogrywce jeszcze dwa i przypieczętował niekwestionowane zwycięstwo swojej drużyny. Jugosłowianie, przybici i podłamani tą porażką, w walce o trzecie miejsce doprowadzili do wyrównania w regulaminowym czasie. W dogrywce jednak znów zabrakło im szczęścia i Holendrzy rozstrzygnęli losy spotkania, a strzelcem bramki był Ruud Geels.

WYNIKI SPOTKAŃ KWALIFIKACYJNYCH
Drużynę awansującą do następnej rundy oznaczono pogrubieniem.

ELIMINACJE GRUPOWE
Awansują zwycięzcy ośmiu grup.

GRUPA 1

Anglia – Czechosłowacja	3:0 (0:0)
Anglia – Portugalia	0:0
Anglia – Cypr	5:0 (2:0)

Czechosłowacja – Cypr 4:0 (2:0)
Czechosłowacja – Portugalia 5:0 (3:0)
Cypr – Anglia 0:1 (0:1)
Cypr – Portugalia 0:2 (0:1)
Czechosłowacja – Anglia 2:1 (1:1)
Portugalia – Czechosłowacja 1:1 (1:1)
Portugalia – Anglia 1:1 (1:1)
Cypr – Czechosłowacja 0:3 (0:3)
Portugalia – Cypr 1:0 (1:0)

Poz.	Kraj	Mecze	Punkty	Bramki
1	**Czechosłowacja**	6	9	15-5
2	Anglia	6	8	11-3
3	Portugalia	6	7	5-7
4	Cypr	6	0	0-16

GRUPA 2

Austria – Walia 2:1 (0:1)
Luksemburg – Węgry 2:4 (2:2)
Walia – Węgry 2:0 (0:0)
Walia – Luksemburg 5:0 (1:0)
Luksemburg – Austria 1:2 (1:0)
Austria – Węgry 0:0
Węgry – Walia 1:2 (0:1)
Luksemburg – Walia 1:3 (1:2)
Węgry – Austria 2:1 (2:1)
Austria – Luksemburg 6:2 (3:2)
Węgry – Luksemburg 8:1 (4:0)
Walia – Austria 1:0 (0:0)

Poz.	Kraj	Mecze	Punkty	Bramki
1	**Walia**	6	10	14-4
2	Węgry	6	7	15-8
3	Austria	6	7	11-7
4	Luksemburg	6	0	7-28

GRUPA 3

Norwegia – Irlandia Płn. 2:1 (0:1)
Jugosławia – Norwegia 3:1 (1:1)
Szwecja – Irlandia Płn. 0:2 (0:2)
Irlandia Płn. – Jugosławia 1:0 (1:0)
Szwecja – Jugosławia 1:2 (1:1)
Norwegia – Jugosławia 1:3 (0:3)
Szwecja – Norwegia 3:1 (1:0)
Norwegia – Szwecja 0:2 (0:1)

Irlandia Płn. – Szwecja	1:2 (1:1)	
Jugosławia – Szwecja	3:0 (1:0)	
Irlandia Płn. – Norwegia	3:0 (2:0)	
Jugosławia – Irlandia Płn.	1:0 (1:0)	

Poz.	Kraj	Mecze	Punkty	Bramki
1	**Jugosławia**	6	10	12-4
2	Irlandia Płn.	6	6	8-5
3	Szwecja	6	6	8-9
4	Norwegia	6	2	5-15

GRUPA 4

Dania – Hiszpania	1:2 (0:2)
Dania – Rumunia	0:0
Szkocja – Hiszpania	1:2 (1:1)
Hiszpania – Szkocja	1:1 (0:1)
Hiszpania – Rumunia	1:1 (1:0)
Rumunia – Dania	6:1 (2:0)
Rumunia – Szkocja	1:1 (1:0)
Dania – Szkocja	0:1 (0:0)
Hiszpania – Dania	2:0 (1:0)
Szkocja – Dania	3:1 (0:1)
Rumunia – Hiszpania	2:2 (0:1)
Szkocja – Rumunia	1:1 (1:0)

Poz.	Kraj	Mecze	Punkty	Bramki
1	**Hiszpania**	6	9	10-6
2	Rumunia	6	7	11-6
3	Szkocja	6	7	8-6
4	Dania	6	1	3-14

GRUPA 5

Finlandia – Polska	1:2 (1:1)
Finlandia – Holandia	1:3 (1:2)
Polska – Finlandia	3:0 (2:0)
Holandia – Włochy	3:1 (1:1)
Włochy – Polska	0:0
Finlandia – Włochy	0:1 (0:1)
Holandia – Finlandia	4:1 (2:1)
Polska – Holandia	4:1 (2:0)
Włochy – Finlandia	0:0
Holandia – Polska	3:0 (1:0)
Polska – Włochy	0:0
Włochy – Holandia	1:0 (1:0)

Mistrzostwa Europy 1974–1976

Poz.	Kraj	Mecze	Punkty	Bramki
1	**Holandia**	6	8	14-8
2	Polska	6	8	9-5
3	Włochy	6	7	3-3
4	Finlandia	6	1	3-13

GRUPA 6

Irlandia – ZSRR	3:0 (2:0)
Turcja – Irlandia	1:1 (0:0)
Turcja – Szwajcaria	2:1 (1:1)
ZSRR – Turcja	3:0 (1:0)
Szwajcaria – Turcja	1:1 (1:0)
Irlandia – Szwajcaria	2:1 (2:0)
ZSRR – Irlandia	2:1 (2:0)
Szwajcaria – Irlandia	1:0 (0:0)
Szwajcaria – ZSRR	0:1 (0:0)
Irlandia – Turcja	4:0 (3:0)
ZSRR – Szwajcaria	4:1 (2:1)
Turcja – ZSRR	1:0 (1:0)

Poz.	Kraj	Mecze	Punkty	Bramki
1	**ZSRR**	6	8	10-6
2	Irlandia	6	7	11-5
3	Turcja	6	6	5-10
4	Szwajcaria	6	3	5-10

GRUPA 7

Islandia – Belgia	0:2 (0:1)
NRD – Islandia	1:1 (1:1)
Belgia – Francja	2:1 (1:1)
Francja – NRD	2:2 (0:1)
NRD – Belgia	0:0
Islandia – Francja	0:0
Islandia – NRD	2:1 (2:0)
Francja – Islandia	3:0 (1:0)
Belgia – Islandia	1:0 (1:0)
Belgia – NRD	1:2 (0:0)
NRD – Francja	2:1 (0:0)
Francja – Belgia	0:0

Poz.	Kraj	Mecze	Punkty	Bramki
1	**Belgia**	6	8	6-3
2	NRD	6	7	8-7
3	Francja	6	5	7-6
4	Islandia	6	4	3-8

GRUPA 8

Bułgaria – Grecja	3:3 (3:1)
Grecja – RFN	2:2 (1:0)
Grecja – Bułgaria	2:1 (2:0)
Malta – RFN	0:1 (0:1)
Malta – Grecja	2:0 (1:0)
Bułgaria – RFN	1:1 (0:0)
Grecja – Malta	4:0 (2:0)
Bułgaria – Malta	5:0 (3:0)
RFN – Grecja	1:1 (0:0)
RFN – Bułgaria	1:0 (0:0)
Malta – Bułgaria	0:2 (0:0)
RFN – Malta	8:0 (4:0)

Poz.	Kraj	Mecze	Punkty	Bramki
1	RFN	6	9	14-4
2	Grecja	6	7	12-9
3	Bułgaria	6	6	12-7
4	Malta	6	2	2-20

ĆWIERĆFINAŁY

Jugosławia – Walia	2:0 (1:0)
Walia – **Jugosławia**	1:1 (1:1)
Czechosłowacja – ZSRR	2:0 (1:0)
ZSRR – **Czechosłowacja**	2:2 (0:1)
Hiszpania – RFN	1:1 (1:0)
RFN – Hiszpania	2:0 (2:0)
Holandia – Belgia	5:0 (2:0)
Belgia – **Holandia**	1:2 (1:0)

TURNIEJ FINAŁOWY
16.–20.06.1976.
ORGANIZATOR: JUGOSŁAWIA

PÓŁFINAŁY
16 CZERWCA, ZAGRZEB (STADIONU MAKSIMIRU)
CZECHOSŁOWACJA – HOLANDIA 3:1 (1:0, 1:1, 1:1)
Bramki: Czechosłowacja – 19' Ondruš, 114' Nehoda, 118' Veselý; Holandia – 77' Ondruš (samobójcza)
Czechosłowacja: Viktor, Pivarník, Čapkovič (106' Jurkemik), Ondruš, Gögh, Pollák, Móder (96' Veselý), Panenka, Dobiáš, Nehoda, Masný
Holandia: Schrijvers, Suurbier, Rijsbergen (37' van Hanegem), van Kraay, Krol, Neeskens, Jansen, W. van de Kerkhof, Rep (65' Geels), Cruijff, Rensenbrink
Żółte kartki: Czechosłowacja – Pollák, Dobiáš; Holandia – Cruijff, W. van de Kerkhof
Czerwone kartki: Czechosłowacja – 60' Pollák; Holandia – 76' Neeskens, 115' van Hanegem
Sędziował: Clive Thomas (Walia)

17 czerwca, Belgrad (Stadion Crvena Zvezda)
RFN – JUGOSŁAWIA 4:2 (0:2, 2:2, 2:2)
Bramki: RFN – 64' Flohe, 82' D. Müller, 115' D. Müller, 119' D. Müller; Jugosławia –
19' Popivoda, 30' Džajić
RFN: Maier, Vogts, Beckenbauer, Schwarzenbeck, Dietz, Wimmer (80' D. Müller), Beer,
Danner (46' Flohe), Bonhof, Hoeneß, Hölzenbein
Jugosławia: Petrović, Buljan, Katalinski, Oblak (106' Vladić), Mužinić, Jerković, Aćimović
(106' Peruzović), Šurjak, Žungul, Popivoda, Džajić
Sędziował: Alfred Delcourt (Belgia)

MECZ O 3. MIEJSCE
19 czerwca, Zagrzeb (Stadion u Maksimiru)
JUGOSŁAWIA – HOLANDIA 2:3 (1:2, 2:2, 2:2)
Bramki: Jugosławia – 43' Katalinski, 82' Džajić; Holandia – 27' Geels, 39' W. van de
Kerkhof, 107' Geels
Jugosławia: Petrović, Buljan, Katalinski, Mužinić, Šurjak, Žungul (46' Vladić), Oblak,
Jerković, Popivoda, Aćimović (46' Halilhodžić), Džajić
Holandia: Schrijvers, Suurbier, Jansen (46' Meutstege), van Kraay, Krol, Peters,
R. van de Kerkhof, Arntz (71' Kist), W. van de Kerkhof, Geels, Rensenbrink
Sędziował: Josef Hungerbühler (Szwajcaria)

FINAŁ
Reprezentacja RFN od początku turnieju występowała w roli faworyta. Wspaniała passa tej drużyny niczym nie została przerwana. Czechosłowacja przez cały turniej również spisywała się znakomicie. Mecz finałowy stał na bardzo wysokim poziomie, urzekał dramaturgią. Gdyby Homer żył w obecnych czasach, zapewne pisałby o wydarzeniach w piłce nożnej. Takiego niecodziennego zakończenia nie odnotowano w żadnym z dotychczas rozegranych finałów. Na szczególne wyróżnienie zasługuje rewelacyjnie spisujący się bramkarz czechosłowacki Ivo Viktor, który wyszedł obronną ręką z pięciu doskonałych do strzelenia gola sytuacji. Silne uderzenia w światło bramki sparaliżowałyby niejednego golkipera, ale nie Viktora – to był jego dzień. Należy również zwrócić uwagę na dobrze zorganizowaną formację obrony: Ondruš i jego koledzy na bocznych flankach inicjowali liczne akcje ofensywne. Efektownie i skutecznie działał Masný, a Nehoda, krótko kryty przez Vogtsa, wymykał się czasem spod jego kontroli.

Za najlepszego zawodnika w całym spotkaniu uznano Beckenbauera, dla którego był to jubileuszowy, setny, występ w reprezentacji. Zachwycał na boisku licznymi walorami piłkarskimi, umiejętnością przewidywania akcji i precyzją podań. To on potrafił w odpowiednich momentach poderwać zespół do walki. Szybko uzyskane prowadzenie Czechosłowacji 2:0 nie załamało niemieckiego zespołu, który przecież już raz w tym turnieju doprowadził do remisu. O tytule mistrzowskim, zgodnie z nowym regulaminem, zadecydowały rzuty karne, przy których Czesi i Słowacy zachowali więcej odporności psychicznej – dzięki temu okazały puchar powędrował nad Dunaj i Wełtawę.

20 czerwca, Belgrad (Stadion Crvena Zvezda)
CZECHOSŁOWACJA – RFN 2:2 (2:1, 2:2, 2:2), rz. k. 5:3
Bramki: Czechosłowacja – 8' Švehlík, 25' Dobiáš; RFN – 28' D. Müller, 90' Holzenbein
Rzuty karne: 1:0 Masný, 1:1 Bonhof, 2:1 Nehoda, 2:2 Flohe, 3:2 Ondruš, 3:3 Bongartz,
4:3 Jurkemik (Hoeneß strzelił nad poprzeczką), 5:3 Panenka
Czechosłowacja: Viktor, Pivarnik, Čapkovič, Ondruš, Gögh, Švehlík (79' Jurkemik),
Panenka, Dobiáš (94' Veselý), Masný, Móder, Nehoda

RFN: Maier, Vogts, Beckenbauer, Schwarzenbeck, Dietz, Wimmer (48' Flohe), Bonhof, Beer (79' Bongartz), Hoeneß, D. Müller, Hölzenbein
Sędziował: Sergio Gonella (Włochy)

STRZELCY BRAMEK TURNIEJU FINAŁOWEGO
4 – D. Müller (RFN)
2 – Geels (Holandia), Džajić (Jugosławia)
1 – Dobiáš, Nehoda, Ondruš, Švehlík, Veselý (Czechosłowacja), W. van de Kerkhof (Holandia), Katalinski, Popivoda (Jugosławia), Flohe, Hölzenbein (RFN)
1 samobójcza – Ondruš (Czechosłowacja)

O NIM SIĘ MÓWIŁO
Ivo Viktor (ur. 21 maja 1942 r. w Křelovie), najlepszy bramkarz reprezentacji Czechosłowacji w latach 1965–1984, związany z Duklą Praga. Sukces sportowy z drużyną narodową osiągnął podczas ME 1976 r. To dzięki jego fantastycznym paradom, skutecznie blokującym strzały Cruijffa i Neeskensa, Czechosłowacja pokonała w półfinale Holandię, wicemistrzów świata z 1974 r. Wystąpił także w finale w meczu z reprezentacją RFN, gdzie Czesi zachowali więcej odporności psychicznej i po serii bezbłędnie wykonanych rzutów karnych zostali mistrzami Europy.

MISTRZOSTWA EUROPY
1978-1980

Po MŚ w Argentynie (1978) reprezentacja Holandii obok RFN i Anglii uchodziła za faworyta turnieju we **Włoszech**. A gospodarze... Dość powiedzieć, że temperamentem i pasją do futbolu mogą ustępować w Europie co najwyżej Hiszpanii. Dla reprezentacji Belgii ME stawały się szansą, na którą czekano od lat. W ekipach przygotowujących się do udziału w tych mistrzostwach nastąpiły liczne zmiany personalne. Jupp Derwall po nieudanych dla reprezentacji RFN MŚ w 1978 r. stworzył silny zespół, oparty na młodych piłkarzach, do niedawna zupełnie nieznanych. O sile zespołu niemieckiego decydowała w dużej mierze doskonała organizacja. Niemcy zaliczali się do ścisłego grona faworytów licznych imprez o zasięgu kontynentalnym i światowym, gdyż potrafili umiejętności piłkarskie pogodzić z najnowocześniejszymi trendami obowiązującymi w futbolu. Pasmo zwycięstw ekipy niemieckiej to przede wszystkim efekt nowoczesnej i konstruktywnej gry, odmiennej w stylu i finezji np. od sposobu Brazylijczyków. Piąte miejsce zajęte wspólnie z naszą reprezentacją na MŚ w Argentynie uznano za porażkę. Najpopularniejszym zawodnikiem nie tylko na Wyspach Brytyjskich, ale i w całej Europie, był piłkarz roku 1979 – Kevin Keegan. W nim upatrywano nadejścia lepszych czasów dla angielskiej reprezentacji.

Nowe mistrzostwa niosły ze sobą **zmiany w regulaminie rozgrywek**, korzystne dla gospodarzy turnieju. Od tej edycji reprezentacja gospodarzy nie musiała już uczestniczyć w meczach eliminacyjnych, mając niejako z urzędu zagwarantowany udział w turnieju finałowym. Tak więc Enzo Bearzot, trener drużyny Włoch, miał czas na zbudowanie zespołu, który powalczy o zwycięstwo. Kolejna zmiana dotyczyła zwycięzców grup eliminacyjnych – teraz automatycznie stawali się oni uczestnikami poszerzonego turnieju finałowego.

Anglia pod wodzą nowego trenera Rona Greenwooda nie miała problemów z rywalami w grupie eliminacyjnej z wyjątkiem Duńczyków. Podczas pierwszego spotkania w Kopenhadze rozstrzelały się obie jedenastki. Piłkarze Anglii po kwadransie gry zdobyli pierwszą bramkę, a od 22. minuty po solowej akcji Kevina Keegana prowadzili już 2:0. Duńczycy rozpoczęli odrabianie strat, co przyniosło kontaktową bramkę zdobytą przez filigranowego Allana Simonsena; po następnych czterech minutach był już remis i wynik do końca pierwszej połowy nie uległ zmianie. Mecz toczył się w szybkim tempie, a przy dwóch kolejnych uderzeniach Keegana bramkarz musiał interweniować dwukrotnie, gdyż piłka odbiła się od obrońcy. W drugiej połowie Anglicy zdobyli jeszcze dwie bramki, piłkarze Danii jedną. W spotkaniu rewanżowym Anglia wygrała 1:0 i bezapelacyjnie zajęła pierwsze miejsce w grupie, awansując do grona ośmiu najlepszych drużyn turnieju. W grupie drugiej liczyły się tylko dwa zespoły, z rywalizacji zwycięsko wyszli Belgowie. W grupie trzeciej spotkali się dawni rywale – Hiszpania i Jugosławia. W grupie „polskiej" los zetknął nas ponownie z… Holandią. I tym razem nie znaleźliśmy się w gronie finalistów turnieju.

Zupełnie nieoczekiwanie awans wywalczyła natomiast reprezentacja Grecji, która w **fazie grupowej turnieju finałowego** dopiero w 65. minucie gry z Holandią straciła bramkę. Nie było to porywające widowisko, o czym świadczy nie tylko jedna jedyna strzelona bramka, lecz także słaba skuteczność napastników holenderskich, którzy w przekroju całego turnieju zagrali słabo. Grecja w meczu z Czechosłowacją tylko przez kwadrans prowadziła równorzędną walkę. Szybkie wyrównanie, a wkrótce utrata dwóch kolejnych bramek uwidoczniły braki w grze obronnej Greków. W innym meczu tej grupy spotkali się odwieczni rywale – RFN i Holandia. Hat trickiem popisał się Klaus Allofs, lecz jego koledzy z drużyny nie utrzymali tej przewagi do końca meczu. Niemiecka solidność zawiodła, ale Holendrom zabrakło czasu na wyrównanie. Niemców dalej jednak postrzegano jako faworytów do zdobycia głównego trofeum. Reprezentacje Holandii i Anglii wcześniej niż przypuszczano, pożegnały się z turniejem i wróciły do domu. Anglicy, mimo znakomitej gry Kevina Keegana, zawiedli. Los obu tych reprezentacji podzieliła Hiszpania, której piłkarze – świetnie przygotowani technicznie – jako zespół nie stanowili zagrożenia.

Belgijski zawodnik strzela na bramkę podczas meczu finałowego RFN z Belgią, 22 czerwca 1980 r.

Obrońcy tytułu, Czesi, spotkali się w **walce o trzecie miejsce** z Włochami. *Azzurri* za wszelką cenę pragnęli sięgnąć po medal. Nasi południowi sąsiedzi grali zachowawczo, licząc na przypadkową bramkę. A Tardelli i Scirea dla odmiany nie potrafili wykorzystać stuprocentowych sytuacji strzeleckich pod bramką rywala. Dogrywka też nie przyniosła rozstrzygnięcia i o wszystkim miały zadecydować rzuty karne. Odporność psychiczna piłkarzy znów została wystawiona na ciężką próbę, a kibicom przyszło oglądać popis umiejętności strzeleckich. Bramkarze byli słabym punktem obu zespołów. Tylko raz, ale za to na wagę brązowego medalu, Netolička zachował się przytomnie. Rewelacją turnieju okrzyknięto Belgię – najmłodszy zespół grający najbardziej żywiołowy futbol. Nowy regulamin rozgrywek, z podziałem na grupy, spowodował, że liczba strzelonych bramek podskoczyła do 22, co zdecydowanie podniosło atrakcyjność rozgrywek, wzrosło również zainteresowanie kibiców.

Mistrzostwa Europy 1978–1980

WYNIKI SPOTKAŃ KWALIFIKACYJNYCH
Drużynę awansującą do następnej rundy oznaczono pogrubieniem.

ELIMINACJE GRUPOWE
Awansują zwycięzcy siedmiu grup.

GRUPA 1

Dania – Irlandia	3:3 (1:2)
Irlandia – Irlandia Płn.	0:0
Dania – Anglia	3:4 (2:2)
Dania – Bułgaria	2:2 (1:1)
Irlandia – Anglia	1:1 (1:1)
Irlandia Płn. – Dania	2:1 (0:0)
Bułgaria – Irlandia Płn.	0:2 (0:1)
Anglia – Irlandia Płn.	4:0 (1:0)
Irlandia – Dania	2:0 (1:0)
Irlandia Płn. – Bułgaria	2:0 (2:0)
Bułgaria – Irlandia	1:0 (0:0)
Bułgaria – Anglia	0:3 (0:1)
Dania – Irlandia Płn.	4:0 (2:0)
Anglia – Dania	1:0 (1:0)
Irlandia – Bułgaria	3:0 (1:0)
Irlandia Płn. – Anglia	1:5 (0:2)
Bułgaria – Dania	3:0 (1:0)
Irlandia Płn. – Irlandia	1:0 (0:0)
Anglia – Bułgaria	2:0 (1:0)
Anglia – Irlandia	2:0 (1:0)

Poz.	Kraj	Mecze	Punkty	Bramki
1	**Anglia**	8	15	22-5
2	Irlandia Płn.	8	9	8-14
3	Irlandia	8	7	9-8
4	Bułgaria	8	5	6-14
5	Dania	8	4	13-17

GRUPA 2

Norwegia – Austria	0:2 (0:2)
Belgia – Norwegia	1:1 (0:1)
Austria – Szkocja	3:2 (1:0)
Portugalia – Belgia	1:1 (1:1)
Szkocja – Norwegia	3:2 (1:1)
Austria – Portugalia	1:2 (0:1)
Portugalia – Szkocja	1:0 (1:0)
Belgia – Austria	1:1 (1:0)
Austria – Belgia	0:0

1978–1980

Norwegia – Portugalia	0:1 (0:1)
Norwegia – Szkocja	0:4 (0:3)
Austria – Norwegia	4:0 (1:0)
Norwegia – Belgia	1:2 (1:1)
Belgia – Portugalia	2:0 (0:0)
Szkocja – Austria	1:1 (0:1)
Portugalia – Norwegia	3:1 (1:1)
Belgia – Szkocja	2:0 (1:0)
Portugalia – Austria	1:2 (1:1)
Szkocja – Belgia	1:3 (0:3)
Szkocja – Portugalia	4:1 (2:0)

Poz.	Kraj	Mecze	Punkty	Bramki
1	**Belgia**	8	12	12-5
2	Austria	8	11	14-7
3	Portugalia	8	9	10-11
4	Szkocja	8	7	15-13
5	Norwegia	8	1	5-20

GRUPA 3

Jugosławia – Hiszpania	1:2 (1:2)
Rumunia – Jugosławia	3:2 (0:1)
Hiszpania – Rumunia	1:0 (1:0)
Hiszpania – Cypr	5:0 (2:0)
Cypr – Jugosławia	0:3 (0:1)
Rumunia – Hiszpania	2:2 (0:0)
Cypr – Rumunia	1:1 (1:1)
Hiszpania – Jugosławia	0:1 (0:1)
Jugosławia – Rumunia	2:1 (0:0)
Jugosławia – Cypr	5:0 (1:0)
Rumunia – Cypr	2:0 (1:0)
Cypr – Hiszpania	1:3 (0:2)

Poz.	Kraj	Mecze	Punkty	Bramki
1	**Hiszpania**	6	9	13-5
2	Jugosławia	6	8	14-6
3	Rumunia	6	6	9-8
4	Cypr	6	1	2-19

GRUPA 4

Islandia – Polska	0:2 (0:1)
Holandia – Islandia	3:0 (1:0)
NRD – Islandia	3:1 (2:1)
Szwajcaria – Holandia	1:3 (1:1)

Mistrzostwa Europy 1978–1980

Polska – Szwajcaria	2:0 (1:0)
Holandia – NRD	3:0 (1:0)
Holandia – Szwajcaria	3:0 (0:0)
NRD – Polska	2:1 (0:1)
Polska – Holandia	2:0 (1:0)
Szwajcaria – NRD	0:2 (0:1)
Szwajcaria – Islandia	2:0 (1:0)
Islandia – Szwajcaria	1:2 (1:0)
Islandia – Holandia	0:4 (0:0)
Islandia – NRD	0:3 (0:0)
Szwajcaria – Polska	0:2 (0:1)
Polska – NRD	1:1 (0:0)
Polska – Islandia	2:0 (0:0)
NRD – Szwajcaria	5:2 (3:1)
Holandia – Polska	1:1 (0:1)
NRD – Holandia	2:3 (2:1)

Poz.	Kraj	Mecze	Punkty	Bramki
1	**Holandia**	8	13	20-6
2	Polska	8	12	13-4
3	NRD	8	11	18-11
4	Szwajcaria	8	4	7-18
5	Islandia	8	0	2-21

GRUPA 5

Francja – Szwecja	2:2 (0:0)
Szwecja – Czechosłowacja	1:3 (1:1)
Luksemburg – Francja	1:3 (0:1)
Francja – Luksemburg	3:0 (1:0)
Czechosłowacja – Francja	2:0 (0:0)
Luksemburg – Czechosłowacja	0:3 (0:1)
Szwecja – Luksemburg	3:0 (2:0)
Szwecja – Francja	1:3 (1:1)
Czechosłowacja – Szwecja	4:1 (3:0)
Luksemburg – Szwecja	1:1 (1:0)
Francja – Czechosłowacja	2:1 (0:0)
Czechosłowacja – Luksemburg	4:0 (3:0)

Poz.	Kraj	Mecze	Punkty	Bramki
1	**Czechosłowacja**	6	10	17-4
2	Francja	6	9	13-7
3	Szwecja	6	4	9-13
4	Luksemburg	6	1	2-17

GRUPA 6

Finlandia – Grecja	3:0 (1:0)
Finlandia – Węgry	2:1 (1:0)
ZSRR – Grecja	2:0 (1:0)
Grecja – Finlandia	8:1 (5:0)
Węgry – ZSRR	2:0 (1:0)
Grecja – Węgry	4:1 (0:0)
Węgry – Grecja	0:0
ZSRR – Węgry	2:2 (1:1)
Finlandia – ZSRR	1:1 (0:1)
Grecja – ZSRR	1:0 (1:0)
Węgry – Finlandia	3:1 (2:0)
ZSRR – Finlandia	2:2 (0:0)

Poz.	Kraj	Mecze	Punkty	Bramki
1	**Grecja**	6	7	13-7
2	Węgry	6	6	9-9
3	Finlandia	6	6	10-15
4	ZSRR	6	5	7-8

GRUPA 7

Walia – Malta	7:0 (3:0)
Walia – Turcja	1:0 (0:0)
Malta – RFN	0:0
Turcja – Malta	2:1 (1:0)
Turcja – RFN	0:0
Walia – RFN	0:2 (0:1)
Malta – Walia	0:2 (0:1)
RFN – Walia	5:1 (4:0)
Malta – Turcja	1:2 (0:2)
Turcja – Walia	1:0 (0:0)
RFN – Turcja	2:0 (1:0)
RFN – Malta	8:0 (3:0)

Poz.	Kraj	Mecze	Punkty	Bramki
1	**RFN**	6	10	17-1
2	Turcja	6	7	5-5
3	Walia	6	6	11-8
4	Malta	6	1	2-21

Mistrzostwa Europy 1978–1980

TURNIEJ FINAŁOWY
11.–22.06.1980.
ORGANIZATOR: WŁOCHY

GRUPA 1	GRUPA 2
RFN	Belgia
Czechosłowacja	Anglia
Holandia	Włochy
Grecja	Hiszpania

GRUPA 1

11 czerwca, Rzym (Stadio Olimpico)
RFN – CZECHOSŁOWACJA 1:0 (0:0)
Bramka: RFN – 57' K.H. Rummenigge
RFN: Schumacher, Kaltz, K.H. Förster, Cullmann, Dietz, Briegel, Stielike, B. Förster (60' Magath), H. Müller, K.H. Rummenigge, K. Allofs
Czechosłowacja: Netolička, Barmoš, Ondruš, Jurkemik, Gögh, Kozák, Panenka, Štambachr, Vízek, Nehoda, Gajdůšek (68' Masný)
Żółte kartki: RFN – K. Allofs, Dietz
Sędziował: Alberto Michelotti (Włochy)

11 czerwca, Neapol (Stadio San Paolo)
HOLANDIA – GRECJA 1:0 (0:0)
Bramka: Holandia – 65' Kist
Holandia: Schrijvers (16' Doesburg), Wijnstekers, Krol, van de Korput, Hovenkamp, Haan, Stevens, W. van de Kerkhof, Vreijsen (46' Nanninga), Kist, R. van de Kerkhof
Grecja: Konstantinou, Kyrastas, Iosifidis, Foiros, Kapsis, Terzanidis, Kouis, Livathinos, Ardizoglu (68' Anastopoulos), Kostikos (78' Galakos), Mavros
Żółta kartka: Holandia – W. van de Kerkhof
Sędziował: Adolf Prokop (NRD)

14 czerwca, Neapol (Stadio San Paolo)
RFN – HOLANDIA 3:2 (1:0)
Bramki: RFN – 20' K. Allofs, 60' K. Allofs, 65' K. Allofs; Holandia – 79' Rep, 85' W. van de Kerkhof
RFN: Schumacher, Kaitz, Stielike, K.H. Förster, Dietz (75' Matthäus), Briegel, Schuster, H. Müller (66' Magath), K.H. Rummenigge, Hrubesch, K. Allofs
Holandia: Schrijvers, Wijnstekers, van de Korput, Krol, Hovenkamp (46' Nanninga), Stevens, Haan, W. van de Kerkhof, Rep, Kist (70' Thijssen), R. van de Kerkhof
Sędziował: Robert Wurtz (Francja)

14 czerwca, Rzym (Stadio Olimpico)
CZECHOSŁOWACJA – GRECJA 3:1 (2:1)
Bramki: Czechosłowacja – 6' Panenka, 26' Vízek, 63' Nehoda; Grecja – 14' Anastopoulos
Czechosłowacja: Seman, Barmoš, Ondruš, Jurkemik, Gögh, Kozák, Panenka, Berger (23' Lička), Masný, Nehoda (74' Gajdůšek), Vízek
Grecja: Konstantinou, Kyrastas, Iosifidis, Foiros, Kapsis, Livathinos, Terzanidis (46' Galakos), Kouis, Anastopoulos, Kostikos (57' Xanthopoulos), Mavros
Sędziował: Patrick Patridge (Anglia)

17 czerwca, Mediolan (San Siro)
CZECHOSŁOWACJA – HOLANDIA 1:1 (1:0)
Bramki: Czechosłowacja – 16' Nehoda; Holandia – 59' Kist
Czechosłowacja: Netolička, Barmoš, Ondruš, Vojáček, Gögh, Kozák, Jurkemik, Panenka (89' Štambachr), Masný (66' Lička), Nehoda, Vízek
Holandia: Schrijvers, Wijnstekers, van de Korput, Krol, Hovenkamp, Poortvliet, Thijssen, W. van de Kerkhof, Rep, Nanninga (46' Haan), R. van de Kerkhof (17' Kist)
Żółte kartki: Holandia – Rep, Haan
Sędziował: Hilmi Ok (Turcja)

17 czerwca, Turyn (Stadio Comunale)
RFN – GRECJA 0:0
RFN: Schumacher, Kaltz, Stielike, K.H. Förster, B. Förster (46' Votava), Briegel, Cullmann, H. Müller, K.H. Rummenigge (66' Del'Haye), Hrubesch, Memering
Grecja: Poupakis, Gounaris, Xanthopoulos, Ravousis, Nikolaou, Kouis, Nikoloudis (65' Koudas), Ardizoglu, Livathinos, Galakos, Mavros (79' Kostikos)
Żółta kartka: Grecja – Gounaris
Sędziował: Brian McGinlay (Szkocja)

Poz.	Kraj	Mecze	Punkty	Bramki
1	**RFN**	3	5	4-2
2	**Czechosłowacja**	3	3	4-3
3	Holandia	3	3	4-4
4	Grecja	3	1	1-4

GRUPA 2
12 czerwca, Turyn (Stadio Comunale)
BELGIA – ANGLIA 1:1 (1:1)
Bramki: Anglia – 26' Wilkins; Belgia – 29' Ceulemans
Belgia: Pfaff, Gerets, Meeuws, Millecamps, Renquin, Van Der Elst, Cools, Vandereycken, van Moer (89' Mommens), Vandenbergh, Ceulemans
Anglia: Clemence, Neal, Watson, Thompson, Sansom, Coppell (81' McDermott), Wilkins, Brooking, Keegan, Johnson (70' Kennedy), Woodcock
Sędziował: Heinz Aldinger (RFN)

12 czerwca, Mediolan (San Siro)
WŁOCHY – HISZPANIA 0:0
Włochy: Zoff, Gentile, Oriali, Collovati, Cabrini (56' Benetti), Scirea, Causio, Tardelli, Graziani, Antognoni, Bettega
Hiszpania: Arconada, Tendillo, Migueli, Alexanko, Gordillo, Saura, Asensi, Zamora, Quini, Dani (53' Juanito), Satrústegui
Żółte kartki: Włochy – Graziani; Hiszpania – Satrústegui
Sędziował: Károly Palotai (Węgry)

15 czerwca, Mediolan (San Siro)
BELGIA – HISZPANIA 2:1 (1:1)
Bramki: Belgia – 17' Gerets, 65' Cools; Hiszpania – 36' Quini
Belgia: Pfaff, Gerets, Meeuws, Millecamps, Renquin, van Moer (80' Mommens), Cools, Vandereycken, Van Der Elst, Vandenbergh (82' Verheyen), Ceulemans
Hiszpania: Arconada, Tendillo (79' Carrasco), Migueli, Alexanko, Gordillo, Saura, Asensi (37' del Bosque), Zamora, Quini, Juanito, Satrústegui
Żółte kartki: Hiszpania – Migueli, Asensi
Sędziował: Charles Corver (Holandia)

15 czerwca, Turyn (Stadio Comunale)
WŁOCHY – ANGLIA 1:0 (0:0)
Bramka: Włochy – 79' Tardelli
Włochy: Zoff, Gentile, Oriali, Benetti, Collovati, Scirea, Antognoni, Tardelli, Causio (88' Baresi), Graziani, Bettega
Anglia: Shilton, Neal, Watson, Thompson, Sansom, Coppell, Wilkins, Kennedy, Keegan, Birtles (76' Mariner), Woodcock
Żółte kartki: Włochy – Benetti, Tardelli
Sędziował: Nicolae Rainea (Rumunia)

18 czerwca, Neapol (Stadio San Paolo)
ANGLIA – HISZPANIA 2:1 (1:0)
Bramki: Anglia – 19' Brooking, 61' Woodcock; Hiszpania – 48' Dani
Anglia: Clemence, Anderson (86' Cherry), Watson, Thompson, Mills, Hoddle (77' Mariner), Wilkins, Brooking, Keegan, McDermott, Woodcock
Hiszpania: Arconada, Cundi, Olmo, Alexanko, Gordillo, Uría, Saura, Zamora, Cardeñosa (46' Carrasco), Juanito (46' Dani), Santillana
Żółte kartki: Anglia – McDermott; Hiszpania – Carrasco
Sędziował: Erich Linemayr (Austria)

18 czerwca, Rzym (Stadio Olimpico)
WŁOCHY – BELGIA 0:0
Włochy: Zoff, Gentile, Oriali (46' Altobelli), Benetti, Collovati, Scirea, Causio, Tardelli, Graziani, Antognoni (35' Baresi), Bettega
Belgia: Pfaff, Gerets, Millecamps, Meeuws, Renquin, Van Der Elst, van Moer (49' Verheyen), Cools, Vandereycken, Mommens (78' Vandenbergh), Ceulemans
Żółte kartki: Włochy – Oriali, Causio; Belgia – Vandereycken, Meeuws, Van Der Elst
Sędziował: António José Garrido (Portugalia)

Poz.	Kraj	Mecze	Punkty	Bramki
1	**Belgia**	3	4	3-2
2	**Włochy**	3	4	1-0
3	Anglia	3	3	3-3
4	Hiszpania	3	1	2-4

1978–1980

MECZ O 3. MIEJSCE
21 czerwca, Neapol (Stadio San Paolo)
CZECHOSŁOWACJA – WŁOCHY 1:1 (0:0, 1:1, 1:1), rz. k. 9:8
Bramki: Czechosłowacja – 54' Jurkemik; Włochy – 73' Graziani
Rzuty karne: 0:1 Causio, 1:1 Masný, 1:2 Altobelli, 2:2 Nehoda, 2:3 Baresi, 3:3 Ondruš, 3:4 Cabrini, 4:4 Jurkemik, 4:5 Benetti, 5:5 Panenka, 5:6 Graziani, 6:6 Gögh, 6:7 Scirea, 7:7 Gajdůšek, 7:8 Tardelli, 8:8 Kozák (strzał Collovatiego obronił Netolička), 9:8 Barmoš
Czechosłowacja: Netolička, Barmoš, Ondruš, Vojáček, Gögh, Kozák, Jurkemik, Panenka, Masný, Nehoda, Vízek (65' Gajdůšek)
Włochy: Zoff, Gentile, Scirea, Collovati, Cabrini, Causio, Baresi, Tardelli, Graziani, Altobelli, Bettega (84' Benetti)
Żółta kartka: Czechosłowacja – Jurkemik
Sędziował: Erich Linemayr (Austria)

FINAŁ
Niemcy w finale – to nie powinno już nikogo dziwić. Jak na finał przystało, widowisko było emocjonujące i wyrównane. Belgowie mieli w swoich szeregach tylko jednego napastnika, Ceulemansa, a tego dnia to było zbyt mało, by pokonać Schumachera i zdobywać bramki. Niemcy imponowali – dokładne podania wzdłuż linii bocznych boiska i mądra gra w środku pola wzbudzały gromki aplauz na trybunach. Rewelacyjnie grający, rosły napastnik RFN Horst Hrubesch już w 10. minucie znalazł się pod bramką Pfaffa i po celnym dośrodkowaniu silnym uderzeniem głową uzyskał prowadzenie dla drużyny niemieckiej. Konstruktywne ataki piłkarzy RFN konsekwentnie zmierzały do podwyższenia wyniku, ale uważna gra obrońców belgijskich udaremniała strzały. W drugiej połowie Belgowie rozpoczęli od szybkiej kontry i w 52. minucie precyzyjnym strzałem zza linii pola karnego Van Der Elst próbował zaskoczyć Schumachera. Kiedy w 75. minucie spotkania Vandereycken strzelił wyrównującego gola, ożyły nadzieje wśród piłkarzy Belgii. Emocjonująca końcówka meczu poderwała także zawodników niemieckich do ataku. I kiedy wydawało się, że dogrywka będzie nieunikniona, Horst Hrubesch w 88. minucie celnie huknął jak z armaty. Najwszechstronniejsi, nowo kreowani mistrzowie Europy wywalczyli złoty medal i otrzymali go w pełni zasłużenie.

22 czerwca, Rzym (Stadio Olimpico)
RFN – BELGIA 2:1 (1:0)
Bramki: RFN – 10' Hrubesch, 88' Hrubesch; Belgia – 75' Vandereycken
RFN: Schumacher, Kaltz, Stielike, K.H. Forster, Dietz, Briegel (55' Cullmann), Schuster, H. Müller, K.H. Rummenigge, Hrubesch, K. Allofs
Belgia: Pfaff, Gerets, Meeuws, Millecamps, Renquin, Vandereycken, van Moer, Cools, Mommens, Van Der Elst, Ceulemans
Żółte kartki: RFN – K.H. Forster; Belgia – Millecamps, Vandereycken, Van Der Elst
Sędziował: Nicolae Rainea (Rumunia)

STRZELCY BRAMEK TURNIEJU FINAŁOWEGO
3 – K. Allofs (RFN)
2 – Nehoda (Czechosłowacja), Kist (Holandia), Hrubesch (RFN)
1 – Brooking, Wilkins, Woodcock (Anglia), Ceulemans, Cools, Gerets, Vandereycken (Belgia), Jurkemik, Panenka, Vízek (Czechosłowacja), Anastopoulos (Grecja), Dani, Quini (Hiszpania), W. van de Kerkhof, Rep (Holandia), K.H. Rummenigge (RFN), Graziani, Tardelli (Włochy)

O NIM SIĘ MÓWIŁO

Kevin Keegan (ur. 14 lutego 1951 r. w Doncaster) w wieku 16 lat zadebiutował w klubie Scunthorpe United, w którym rozegrał 120 spotkań. Przez sześć kolejnych sezonów (1971–1977) bronił barw czerwonych diabłów z Anfield Road. Z zespołem Liverpoolu trzykrotnie zdobył mistrzostwo ligi angielskiej (1973, 1976, 1977), dwukrotnie Puchar UEFA (1973, 1976) oraz najwyższe trofeum w europejskim klubowym futbolu – Puchar Mistrzów (1977). Występując w latach 1977–1980 w Hamburger SV, zyskał ogromną popularność wśród kibiców dzięki znakomitym akcjom ofensywnym i skuteczności strzeleckiej. W 1980 r. powrócił do Anglii do klubu Southampton, gdzie występował przez dwa sezony, a następnie przeszedł do Newcastle United.

W reprezentacji narodowej wystąpił 50 razy; zabrakło go 17 października 1973 r. na Wembley (spotkanie oglądał z ławki rezerwowych) w pamiętnym meczu Anglia – Polska. Szybki, dobrze wyszkolony technicznie zawodnik został wybrany w latach 1976 i 1982 najlepszym piłkarzem roku w Anglii, a w latach 1978 i 1979 dwukrotnie odbierał prestiżową Złotą Piłkę.

MISTRZOSTWA EUROPY
1982–1984

Decyzją UEFA zorganizowanie kolejnych finałów ME przypadło **Francji**. Francuzi przygotowywali się bardzo skrupulatnie – na tę okoliczność specjalnie przebudowali stadion Parc des Princes. Nowym prezesem UEFA w przededniu finału wybrano działacza francuskiego, 66-letniego Jacques'a Georges'a.

Reprezentacji Francji wróżono sukces, mieli też dopisać kibice, mimo że nad Sekwaną trwał niezwykle konkurencyjny dla rozgrywek piłkarskich turniej tenisowy na kortach Rolanda Garrosa. Jak się później okazało, najskuteczniejszym piłkarzem został ten, który w każdym spotkaniu zdobywał bramki – Michel Platini. Nadzieje Polaków na udział w mistrzostwach zostały rozwiane, co trochę zabolało, ponieważ po zdobyciu brązowego medalu na MŚ w Hiszpanii w 1982 r. liczyliśmy na więcej. Zdążyliśmy się już, chcąc nie chcąc, przyzwyczaić do nieobecności, choć w rozgrywkach o mistrzostwo świata występowaliśmy w ostatnich trzech turniejach.

Do batalii przystąpiły 32 drużyny podzielone na siedem grup. Wzorem ostatnich mistrzostw gospodarz turnieju (Francja) nie brał udziału w eliminacjach. **Grupa pierwsza** nie miała zdecydowanego faworyta. Belgowie, aktualni wicemistrzowie Europy, łatwo pokonali Szwajcarię 3:0, by w rewanżu oddać pole gry rywalom. W **grupie „polskiej"** pierwsze miejsce zajęła Portugalia, której piłkarze wysoko zwyciężyli Finlandię 5:0, choć wcześniej takim samym wynikiem ulegli reprezentacji Związku Radzieckiego. Do ostatniego spotkania toczyła się zacięta rywalizacja w tej grupie, niestety bez naszego udziału. Przed ostatnim meczem, który w Lizbonie Portugalia rozgrywała ze Związkiem Radzieckim, w grupie prowadzili Rosjanie z dziewięcioma punktami. Portugalia, by awansować, musiała ten mecz wygrać. Emocji nie brakowało, wszyscy piłkarze obu drużyn przykładali się do twardej walki. Strzelona przed końcem pierwszej połowy bramka Jordão i skuteczna obrona wyniku zapewniły Portugalii awans.

Grupa trzecia to popis strzelecki piłkarzy Anglii, Danii i Węgier. Piłkarze Anglii, mimo że zdobyli najwięcej bramek, zajęli drugie miejsce w grupie i odpadli z turnieju. W spotkaniach eliminacyjnych w dwóch ostatnich grupach o awansie do turnieju finałowego zadecydowały strzelone gole. Piłkarze RFN, ówcześni wicemistrzowie świata i obrońcy trofeum europejskiego, byli o włos od sprawienia przykrej niespodzianki swoim kibicom. Dwukrotnie przegrali z najgroźniejszym przeciwnikiem w grupie – Irlandią, a w spotkaniu z Albanią do przerwy utrzymywał się remis (1:1). Do zajęcia pierwszego miejsca, premiowanego udziałem w turnieju finałowym, konieczne było zwycięstwo. Po bramce Stracka, zdobytej na 10 minut przed końcowym gwizdkiem, Niemcy odetchnęli z ulgą i zwycięstwa już nie oddali.

Mistrzostwa Europy 1982–1984

Zacięty przebieg miała również rywalizacja w grupie, w której grały Hiszpania i Holandia. W bezpośrednich spotkaniach tych drużyn był remis – każda odniosła zwycięstwo na swoim terenie. Piłkarze obu nacji popisali się niezwykłą skutecznością w porównaniu z innymi zespołami występującymi w grach eliminacyjnych. Strzelili odpowiednio 24 i 22 bramki. Najniższą skuteczność spośród reprezentacji, które awansowały, wykazali piłkarze Rumunii – tylko dziewięć bramek. Sporą niespodzianką natomiast było odpadnięcie drużyny włoskiej.

Obecne ME nie miały zdecydowanego faworyta, ale za czarnego konia powszechnie uważano Rumunię. W reprezentacji RFN nie wystąpił trapiony kontuzjami Bernd Schuster. Mecze otwierające rozgrywki finałowe nie należały dotychczas do pasjonujących. Także spotkanie Francji z drużyną Danii nie porywało, wypada jednak odnotować przykry incydent z tego meczu. Faulowany Francuz Amoros, nie czekając na decyzję sędziego, zapomniał, że występuje na boisku, i sam próbował ukarać winnego. W efekcie ujrzał czerwoną kartkę. Piłkarze Danii grali otwarty futbol, bez żadnych kalkulacji. Drogę do finału zamknęli im Hiszpanie, ale kibiców duńskich z kolei uhonorowano nagrodą fair play. Pierwsza tura grupowa przyniosła określone rozstrzygnięcia. Wiadomym się stało, że reprezentacja RFN – aktualni wicemistrzowie świata i obrońcy trofeum europejskiego – nie powtórzą sukcesu. W starciu grupowym z Hiszpanią nastąpił zmierzch mistrzów. Maceda w iście „niemieckim" stylu w 90. minucie spotkania ustalił wynik meczu. Niemcy spisali się słabo, ale porażki nie należało rozpatrywać w kategoriach sensacji. Trener Jupp Derwall szykował się do dymisji.

Mecz półfinałowy Danii z Hiszpanią, 24 czerwca 1984 r.

Półfinałowe pojedynki dostarczyły kibicom wielu emocji. Reprezentacja Francji nie miała łatwej przeprawy z Portugalią. Kiedy wydawało się, że rzuty karne są pewne, Michel Platini, gwiazda zespołu trójkolorowych i całego turnieju, w ostatniej minucie drugiej połowy dogrywki uchronił swój zespół od strzelania jedenastek. Nie zabrakło ich natomiast w drugim półfinałowym spotkaniu Danii z Hiszpanią. W tym meczu nie było przegranych. Liczne seryjne wręcz ataki obu drużyn nie przyniosły rozstrzygnięcia w normalnym czasie, nie dała go też dogrywka. Pod bramką Arconady rozgrywały się dramatyczne sceny. Pasjonujące widowisko przedłużyli wykonawcy jedenastek, gdy mimo zmęczenia raz po raz bezbłędnie trafiali do bramki. Czołowy napastnik Danii Preben Elkjær – jak to czasami przytrafia się najlepszym – posłał piłkę ponad poprzeczką, a Sarabia dopełnił tylko formalności. Uznanie dla pokonanych i brawa dla zwycięzców. Nikt po zakończeniu tego meczu długo nie chciał opuszczać stadionu.

1982-1984

WYNIKI SPOTKAŃ KWALIFIKACYJNYCH
Drużynę awansującą do następnej rundy oznaczono pogrubieniem.

ELIMINACJE GRUPOWE
Awansują zwycięzcy siedmiu grup.

GRUPA 1

Belgia – Szwajcaria	3:0 (1:0)
Szkocja – NRD	2:0 (0:0)
Szwajcaria – Szkocja	2:0 (0:0)
Belgia – Szkocja	3:2 (2:2)
NRD – Belgia	1:2 (0:1)
Szkocja – Szwajcaria	2:2 (0:1)
Belgia – NRD	2:1 (2:1)
Szwajcaria – NRD	0:0
NRD – Szwajcaria	3:0 (1:0)
Szkocja – Belgia	1:1 (0:1)
Szwajcaria – Belgia	3:1 (1:0)
NRD – Szkocja	2:1 (2:0)

Poz.	Kraj	Mecze	Punkty	Bramki
1	**Belgia**	6	9	12-8
2	Szwajcaria	6	6	7-9
3	NRD	6	5	7-7
4	Szkocja	6	4	8-10

GRUPA 2

Finlandia – Polska	2:3 (0:2)
Finlandia – Portugalia	0:2 (0:1)
Portugalia – Polska	2:1 (1:0)
ZSRR – Finlandia	2:0 (1:0)
Polska – Finlandia	1:1 (1:1)
ZSRR – Portugalia	5:0 (2:0)
Polska – ZSRR	1:1 (1:0)
Finlandia – ZSRR	0:1 (0:0)
Portugalia – Finlandia	5:0 (2:0)
ZSRR – Polska	2:0 (1:0)
Polska – Portugalia	0:1 (0:1)
Portugalia – ZSRR	1:0 (1:0)

Poz.	Kraj	Mecze	Punkty	Bramki
1	**Portugalia**	6	10	11-6
2	ZSRR	6	9	11-2
3	Polska	6	4	6-9
4	Finlandia	6	1	3-14

Mistrzostwa Europy 1982–1984

GRUPA 3

Dania – Anglia	2:2 (0:1)
Luksemburg – Grecja	0:2 (0:2)
Luksemburg – Dania	1:2 (0:1)
Grecja – Anglia	0:3 (0:1)
Anglia – Luksemburg	9:0 (4:0)
Luksemburg – Węgry	2:6 (1:2)
Anglia – Grecja	0:0
Węgry – Luksemburg	6:2 (3:0)
Dania – Grecja	1:0 (0:0)
Anglia – Węgry	2:0 (1:0)
Węgry – Grecja	2:3 (1:2)
Dania – Węgry	3:1 (1:1)
Anglia – Dania	0:1 (0:1)
Węgry – Anglia	0:3 (0:3)
Dania – Luksemburg	6:0 (4:0)
Węgry – Dania	1:0 (0:0)
Grecja – Dania	0:2 (0:1)
Luksemburg – Anglia	0:4 (0:2)
Grecja – Węgry	2:2 (1:2)
Grecja – Luksemburg	1:0 (1:0)

Poz.	Kraj	Mecze	Punkty	Bramki
1	**Dania**	8	13	17-5
2	Anglia	8	12	23-3
3	Grecja	8	8	8-10
4	Węgry	8	7	18-17
5	Luksemburg	8	0	5-36

GRUPA 4

Walia – Norwegia	1:0 (1:0)
Norwegia – Jugosławia	3:1 (1:0)
Bułgaria – Norwegia	2:2 (1:1)
Bułgaria – Jugosławia	0:1 (0:1)
Jugosławia – Walia	4:4 (3:2)
Walia – Bułgaria	1:0 (0:0)
Norwegia – Bułgaria	1:2 (1:1)
Norwegia – Walia	0:0
Jugosławia – Norwegia	2:1 (2:0)
Bułgaria – Walia	1:0 (0:0)
Walia – Jugosławia	1:1 (0:0)
Jugosławia – Bułgaria	3:2 (1:1)

Poz.	Kraj	Mecze	Punkty	Bramki
1	**Jugosławia**	6	8	12-11
2	Walia	6	7	7-6
3	Bułgaria	6	5	7-8
4	Norwegia	6	4	7-8

GRUPA 5

Rumunia – Cypr	3:1 (2:1)
Rumunia – Szwecja	2:0 (1:0)
Czechosłowacja – Szwecja	2:2 (0:0)
Włochy – Czechosłowacja	2:2 (1:1)
Cypr – Szwecja	0:1 (0:1)
Włochy – Rumunia	0:0
Cypr – Włochy	1:1 (0:0)
Cypr – Czechosłowacja	1:1 (1:0)
Czechosłowacja – Cypr	6:0 (3:0)
Rumunia – Włochy	1:0 (1:0)
Szwecja – Cypr	5:0 (0:0)
Rumunia – Czechosłowacja	0:1 (0:1)
Szwecja – Włochy	2:0 (1:0)
Szwecja – Rumunia	0:1 (0:1)
Szwecja – Czechosłowacja	1:0 (1:0)
Włochy – Szwecja	0:3 (0:2)
Cypr – Rumunia	0:1 (0:0)
Czechosłowacja – Włochy	2:0 (0:0)
Czechosłowacja – Rumunia	1:1 (0:0)
Włochy – Cypr	3:1 (0:0)

Poz.	Kraj	Mecze	Punkty	Bramki
1	**Rumunia**	8	12	9-3
2	Szwecja	8	11	14-5
3	Czechosłowacja	8	10	15-7
4	Włochy	8	5	6-12
5	Cypr	8	2	4-21

GRUPA 6

Austria – Albania	5:0 (2:0)
Austria – Irlandia Płn.	2:0 (2:0)
Turcja – Albania	1:0 (0:0)
Austria – Turcja	4:0 (3:0)
Irlandia Płn. – RFN	1:0 (1:0)
Albania – Irlandia Płn.	0:0
Albania – RFN	1:2 (0:0)
Irlandia Płn. – Turcja	2:1 (2:0)

Mistrzostwa Europy 1982–1984

Turcja – RFN	0:3 (0:2)	
Austria – RFN	0:0	
Irlandia Płn. – Albania	1:0 (0:0)	
Albania – Turcja	1:1 (0:0)	
Albania – Austria	1:2 (0:1)	
Irlandia Płn. – Austria	3:1 (1:0)	
RFN – Austria	3:0 (3:0)	
Turcja – Irlandia Płn.	1:0 (1:0)	
RFN – Turcja	5:1 (1:0)	
Turcja – Austria	3:1 (0:0)	
RFN – Irlandia Płn.	0:1 (0:0)	
RFN – Albania	2:1 (1:1)	

Poz.	Kraj	Mecze	Punkty	Bramki
1	**RFN**	8	11	15-5
2	Irlandia Płn.	8	11	8-5
3	Austria	8	9	15-10
4	Turcja	8	7	8-16
5	Albania	8	2	4-14

GRUPA 7

Malta – Islandia	2:1 (1:0)
Islandia – Holandia	1:1 (0:0)
Holandia – Irlandia	2:1 (1:0)
Irlandia – Islandia	2:0 (1:0)
Hiszpania – Islandia	1:0 (0:0)
Irlandia – Hiszpania	3:3 (1:1)
Malta – Holandia	0:6 (0:4)
Hiszpania – Holandia	1:0 (1:0)
Malta – Irlandia	0:1 (0:0)
Hiszpania – Irlandia	2:0 (0:0)
Malta – Hiszpania	2:3 (1:1)
Islandia – Hiszpania	0:1 (0:1)
Islandia – Malta	1:0 (1:0)
Holandia – Islandia	3:0 (3:0)
Islandia – Irlandia	0:3 (0:2)
Irlandia – Holandia	2:3 (2:0)
Holandia – Hiszpania	2:1 (1:1)
Irlandia – Malta	8:0 (3:0)
Holandia – Malta	5:0 (2:0)
Hiszpania – Malta	12:1 (3:1)

Poz.	Kraj	Mecze	Punkty	Bramki
1	**Hiszpania**	8	13	24-8
2	Holandia	8	13	22-6
3	Irlandia	8	9	20-10
4	Islandia	8	3	3-13
5	Malta	8	2	5-37

TURNIEJ FINAŁOWY
12.–27.06.1984.
ORGANIZATOR: FRANCJA

GRUPA 1	GRUPA 2
Belgia	Hiszpania
Dania	RFN
Francja	Portugalia
Jugosławia	Rumunia

GRUPA 1

12 CZERWCA, PARYŻ (PARC DES PRINCES)
FRANCJA – DANIA 1:0 (0:0)
Bramka: Francja – 78' Platini
Francja: Bats, Battiston, Bossis, Le Roux (60' Domergue), Amoros, Tigana, Giresse, Platini, Fernandez, Lacombe, Bellone
Dania: Qvist, Busk, M. Olsen, I. Nielsen, Lerby, Bertelsen, Simonsen (44' Lauridsen), Arnesen (80' J. Olsen), M. Laudrup, Elkjær, Berggreen
Czerwona kartka: Francja – 87' Amoros
Sędziował: Volker Roth (RFN)

13 CZERWCA, LENS (STADE FÉLIX-BOLLAERT)
BELGIA – JUGOSŁAWIA 2:0 (2:0)
Bramki: Belgia – 28' Vandenbergh, 45' Grün
Belgia: Pfaff, Grün, Clijsters (34' Lambrichts), de Greef, de Wolf, Scifo, Vandereycken, Vercauteren, Ceulemans, Claesen, Vandenbergh
Jugosławia: Simović, N. Stojković, Hadžibegić, Zajec, Katanec, Šestić, Vujović (79' Cvetković), Gudelj, Sušić, Baždarević (60' D. Stojković), Halilović
Żółta kartka: Jugosławia – Hadžibegić
Sędziował: Erik Fredriksson (Szwecja)

16 CZERWCA, NANTES (STADE DE LA BEAUJOIRE)
FRANCJA – BELGIA 5:0 (3:0)
Bramki: Francja – 4' Platini, 33' Giresse, 43' Fernandez, 74' Platini, 89' Platini
Francja: Bats, Fernandez, Battiston, Bossis, Domergue, Tigana, Platini, Genghini (79' Tusseau), Giresse, Lacombe (65' Rocheteau), Six
Belgia: Pfaff, Grün, Lambrichts, de Greef, de Wolf, Scifo (51' Verheyen), Ceulemans, Vandereycken (46' Coeck), Vercauteren, Claesen, Vandenbergh
Sędziował: Robert Valentine (Szkocja)

Mistrzostwa Europy 1982–1984

16 czerwca, Lyon (Stade de Gerland)
DANIA – JUGOSŁAWIA 5:0 (2:0)
Bramki: Dania – 8' Arnesen, 16' Berggreen, 69' Arnesen, 82' Elkjær, 84' Lauridsen
Dania: Qvist, Rasmussen (31' Sivebæk), M. Olsen, Busk, I. Nielsen, Berggreen, Arnesen (78' Lauridsen), Bertelsen, Lerby, M. Laudrup, Elkjær
Jugosławia: Ivković, Miljuš, N. Stojković, Zajec, Katanec (55' Halilović), Radanović, Gudelj, Baždarević (27' D. Stojković), Cvetković, Sušić, Vujović
Żółta kartka: Jugosławia – Sušić
Sędziował: Augusto Lamo Castillo (Hiszpania)

19 czerwca, Saint-Étienne (Stade Geoffroy-Guichard)
FRANCJA – JUGOSŁAWIA 3:2 (0:1)
Bramki: Francja – 59' Platini, 62' Platini, 77' Platini; Jugosławia – 32' Šestić, 84' D. Stojković
Francja: Bats, Fernandez, Bossis, Battiston, Domergue, Ferreri (77' Bravo), Platini, Giresse, Tigana, Rocheteau (46' Tusseau), Six
Jugosławia: Simović, Miljuš, N. Stojković, Zajec, Radanović, Šestić, Gudelj, D. Stojković, Baždarević (85' Katanec), Sušić, Vujović (60' Deverić)
Sędziował: André Daina (Szwajcaria)

19 czerwca, Strasburg (Stade de la Meinau)
DANIA – BELGIA 3:2 (1:2)
Bramki: Dania – 41' Arnesen, 60' Brylle, 84' Elkjær; Belgia – 26' Ceulemans, 39' Vercauteren
Dania: Qvist, Rasmussen (58' Brylle), M. Olsen, Busk, I. Nielsen, Arnesen (75' Sivebæk), Berggreen, Bertelsen, Lerby, M. Laudrup, Elkjær
Belgia: Pfaff, Grün, Clijsters, de Greef, de Wolf, Vandereycken, Scifo, Vercauteren (62' Voordeckers), Ceulemans, Claesen (46' Coeck), Vandenbergh
Żółte kartki: Dania – Elkjær; Belgia – Vandereycken, de Greef
Sędziował: Adolf Prokop (NRD)

Poz.	Kraj	Mecze	Punkty	Bramki
1	Francja	3	6	9-2
2	Dania	3	4	8-3
3	Belgia	3	2	4-8
4	Jugosławia	3	0	2-10

GRUPA 2
14 czerwca, Strasburg (Stade de la Meinau)
RFN – PORTUGALIA 0:0
RFN: Schumacher, B. Förster, Stielike, K.H. Förster, Briegel, Rolff (67' Bommer), Buchwald (67' Matthäus), K.H. Rummenigge, Brehme, Völler, K. Allofs
Portugalia: Bento, João Pinto, Lima Pereira, Eurico, Álvaro, Carlos Manuel, Pacheco, Frasco (79' Veloso), Sousa, Chalana, Jordão (85' F. Gomes)
Żółta kartka: Portugalia – Álvaro
Sędziował: Romualdas Juška (ZSRR)

14 czerwca, Saint-Étienne (Stade Geoffroy-Guichard)
RUMUNIA – HISZPANIA 1:1 (1:1)
Bramki: Rumunia – 35' Bölöni; Hiszpania – 22' Carrasco
Rumunia: Lung, Rednic, Ştefănescu, Iorgulescu, Ungureanu, Coraş, Dragnea (57' Ţicleanu), Bölöni, Klein, Cămătaru, Gabor (76' Hagi)

Hiszpania: Arconada, Urquiaga, Goicoechea, Maceda, Camacho, Señor, Gordillo, Víctor
Muñoz, Gallego (73' Moreno), Santillana, Carrasco
Sędziował: Alexis Ponnet (Belgia)

17 czerwca, Lens (Stade Félix-Bollaert)
RFN – RUMUNIA 2:1 (1:0)
Bramki: RFN – 25' Völler, 66' Völler; Rumunia – 46' Coraş
RFN: Schumacher, B. Förster, Stielike, K.H. Förster (80' Buchwald), Briegel, Meier
(65' Littbarski), Matthäus, Brehme, K.H. Rummenigge, Völler, K. Allofs
Rumunia: Lung, Rednic, Ştefănescu, Andone, Ungureanu, Dragnea (62' Ţicleanu), Bölöni,
Klein, Hagi (46' Zare), Cămătaru, Coraş
Żółte kartki: RFN – Stielike; Rumunia – Ştefănescu
Sędziował: Jan Keizer (Holandia)

17 czerwca, Marsylia (Stade Vélodrome)
PORTUGALIA – HISZPANIA 1:1 (0:0)
Bramki: Portugalia – 52' Sousa; Hiszpania – 73' Santillana
Portugalia: Bento, João Pinto, Lima Pereira, Eurico, Álvaro, Carlos Manuel, Frasco
(76' Diamantino Miranda), Pacheco, Sousa, Chalana, Jordão
Hiszpania: Arconada, Urquiaga (79' Señor), Goicoechea, Maceda, Camacho, Moreno
(70' Sarabia), Gordillo, Víctor Muñoz, Gallego, Santillana, Carrasco
Żółte kartki: Portugalia – Lima Pereira; Hiszpania – Carrasco
Sędziował: Michel Vautrot (Francja)

20 czerwca, Paryż (Parc des Princes)
HISZPANIA – RFN 1:0 (0:0)
Bramka: Hiszpania – 90' Maceda
Hiszpania: Arconada, Señor, Goicoechea (26' Salva), Maceda, Camacho, Moreno
(76' Francisco), Gordillo, Víctor Muñoz, Callego, Santillana, Carrasco
RFN: Schumacher, B. Förster, Stielike, K.H. Förster, Briegel, Meier (60' Littbarski), Matthäus,
Brehme (47' Rolff), K.H. Rummenigge, Völler, K. Allofs
Żółte kartki: Hiszpania – Goicoechea; RFN – Meier
Sędziował: Vojtěch Christov (Czechosłowacja)

20 czerwca, Nantes (Stade de la Beaujoire)
PORTUGALIA – RUMUNIA 1:0 (0:0)
Bramka: Portugalia – 81' Nené
Portugalia: Bento, João Pinto, Lima Pereira, Eurico, Álvaro, Carlos Manuel (63' Nené),
Frasco, Sousa, Chalana (15' Diamantino Miranda), F. Gomes, Jordão
Rumunia: Moraru, Negrilă, Ştefănescu, Iorgulescu, Ungureanu, Irimescu (59' Gabor),
Rednic, Bölöni, Klein, Cămătaru (34' Augustin), Coraş
Żółte kartki: Portugalia – Diamantino Miranda; Rumunia – Iorgulescu, Irimescu
Sędziował: Heinz Fahnler (Austria)

Poz.	Kraj	Mecze	Punkty	Bramki
1	Hiszpania	3	4	3-2
2	Portugalia	3	4	2-1
3	RFN	3	3	2-2
4	Rumunia	3	1	2-4

Mistrzostwa Europy 1982–1984

PÓŁFINAŁY
23 czerwca, Marsylia (Stade Vélodrome)
FRANCJA – PORTUGALIA 3:2 (1:0, 1:1, 1:2)
Bramki: Francja – 24' Domergue, 114' Domergue, 119' Platini; Portugalia – 74' Jordão, 98' Jordão
Francja: Bats, Battiston, Bossis, Le Roux, Domergue, Fernandez, Tigana, Platini, Giresse, Lacombe (66' Ferreri), Six (104' Bellone)
Portugalia: Bento, João Pinto, Lima Pereira, Eurico, Álvaro, Frasco, Sousa (62' Nené), Pacheco, Chalana, Diamantino Miranda (46' F. Gomes), Jordão
Żółte kartki: Francja – Lacombe; Portugalia – Lima Pereira, Eurico, F. Gomes
Sędziował: Paolo Bergamo (Włochy)

24 czerwca, Lyon (Stade de Gerland)
HISZPANIA – DANIA 1:1 (0:1, 1:1, 1:1), rz. k. 5:4
Bramki: Hiszpania – 67' Maceda; Dania – 7' Lerby
Rzuty karne: 0:1 Brylle, 1:1 Santillana, 1:2 J. Olsen, 2:2 Señor, 2:3 Laudrup, 3:3 Urquiaga, 3:4 Lerby, 4:4 Víctor Muñoz (Elkjær trafił piłką w aut), 5:4 Sarabia
Hiszpania: Arconada, Señor, Salva (102' Urquiaga), Maceda, Camacho, Moreno (60' Sarabia), Gordillo, Víctor Muñoz, Gallego, Santillana, Carrasco
Dania: Qvist, Sivebæk, M. Olsen (113' Brylle), Busk, I. Nielsen, Arnesen (68' J. Olsen), Bertelsen, Berggreen, Lerby, M. Laudrup, Elkjær
Żółte kartki: Hiszpania – Arconada, Maceda, Gordillo, Víctor Muñoz; Dania – J. Olsen, Berggreen, Elkjær
Czerwona kartka: Dania – 107' Berggreen
Sędziował: George Courtney (Anglia)

FINAŁ
Spotkanie finałowe miało dramatyczny przebieg. Francuzi zaatakowali pierwsi, ale silny strzał Platiniego został zablokowany przez hiszpańskich obrońców. Doskonale spisywał się rozdzielający piłki Jean Tigana. W drugiej części meczu gra zaostrzyła się. Czas uciekał, a na boisku nie działo się nic. I do tego jeszcze 30-stopniowy upał. Kiedy Platini w 57. minucie meczu strzelił zza linii pola karnego, wydawało się, że Arconada obroni tę piłkę, lecz ona wyślizgnęła mu się z rąk i wpadła do bramki. Hiszpanie musieli teraz ruszyć do ataku, lecz czynili to bez wiary w wyrównanie. Mimo że Francuzi kończyli mecz w dziesiątkę, zdołali

Strzał Michela Platiniego na bramkę z rzutu wolnego podczas finałowego spotkania Francji z Hiszpanią, 27 czerwca 1984 r.

zdobyć jeszcze jedną bramkę. W żadnym z czterech dotychczas rozegranych spotkań nie musieli tak ciężko pracować na końcowy sukces.

Finał nie był efektowny, ale należało zrozumieć obie drużyny, które odczuwały w nogach wysiłek włożony w poprzednie mecze. Na Parc des Princes zapanowało istne szaleństwo. Zwycięzcy świętowali sukces, pokonani nie mogli przeboleć porażki. Piłkarska Europa miała nowego bohatera. Michel Platini został królem strzelców, otrzymał Złotą Piłkę, a trzecie wyróżnienie – od pewnej japońskiej firmy – odebrał jako ten, który najszybciej strzelił bramkę (w trzeciej minucie spotkania z Belgią). Cała Francja złożyła gromkie podziękowania swojej drużynie, a szczególnie Michelowi Platiniemu.

27 czerwca, Paryż (Parc des Princes)
FRANCJA – HISZPANIA 2:0 (0:0)
Bramki: Francja – 57' Platini, 90' Bellone
Francja: Bats, Battiston (73' Amoros), Bossis, Le Roux, Domergue, Tigana, Fernandez, Platini, Giresse, Lacombe (80' Genghini), Bellone
Hiszpania: Arconada, Urquiaga, Salva (85' Fernandez), Gallego, Camacho, Moreno (77' Sarabia), Señor, Víctor Muñoz, Francisco, Santillana, Carrasco
Sędziował: Vojtěch Christov (Czechosłowacja)

STRZELCY BRAMEK TURNIEJU FINAŁOWEGO
9 – Platini (Francja)
3 – Arnesen (Dania)
2 – Elkjær (Dania), Domergue (Francja), Maceda (Hiszpania), Jordão (Portugalia), Völler (RFN)
1 – Vandenbergh, Ceulemans, Grün, Vercauteren (Belgia), Berggreen, Brylle, Lauridsen, Lerby (Dania), Bellone, Fernandez, Giresse (Francja), Carrasco, Santillana (Hiszpania), Šestić, Stojković (Jugosławia), Nené, Sousa (Portugalia), Bölöni, Coraş (Rumunia)

O NIM SIĘ MÓWIŁO

Michel Platini (ur. 21 czerwca 1955 r. w Jœuf) karierę piłkarską rozpoczynał w miejscowym klubie Jœuf (1966–1972), w latach 1972–1979 grał w Nancy, 1979–1982 w Saint-Étienne, 1982–1987 w Juventusie Turyn. W reprezentacji Francji wystąpił w 72 spotkaniach, w drużynach klubowych – w 649, zdobywając 353 bramki. Laureat licznych nagród i wyróżnień Złota Piłka (1983, 1984, 1985). Zdobywca mistrzostwa Europy (1984), Pucharu Europy Mistrzów Krajowych (1985), Superpucharu Europy (1984), Klubowego Pucharu Interkontynentalnego (1985), mistrzostwa Francji (1981), Pucharu Francji (1978), mistrzostwa Włoch (1984, 1986), Pucharu Włoch (1984).

Rok 1984 był dla tego piłkarza naprawdę niezwykły – do licznych sukcesów należy dodać tytuł najlepszego strzelca ME oraz ligi włoskiej. W 1984 r. z rąk prezydenta Francji François Mitteranda Platini otrzymał zaszczytne wyróżnienie – został mianowany kawalerem Legii Honorowej, co było ukoronowaniem wspaniałej kariery, a tytułu z 1984 r. szczególnie. Zdobył (poza mistrzostwem świata) wszystko, co jest możliwe do zdobycia w futbolu. Był wielkim piłkarzem, kochała go Francja, Włochy, uwielbiał cały piłkarski świat. W latach 1988–1992 Platini był trenerem reprezentacji krajowej, a od 2007 r. jest prezydentem UEFA.

MISTRZOSTWA EUROPY
1986–1988

Eliminacje do kolejnych mistrzostw przyniosły jedną sensację wielkiego kalibru. W grupie trzeciej mistrzowie Europy, Francuzi, musieli uznać wyższość nie tylko reprezentacji ZSRR, lecz także drużyny NRD. Trójkolorowi zdobyli zaledwie sześć punktów, m.in. zremisowali ze słabiutką Islandią oraz przegrali na własnym boisku z ZSRR i NRD. Nad Sekwaną zapanował ogromny smutek. Zabrakło również solidnych Czechów, których wyeliminowali Duńczycy. Niespodzianką okazał się natomiast awans Irlandii z wyrównanej grupy siódmej.

Po raz pierwszy ME były obsługiwane przez pozaeuropejskie stacje telewizyjne, m.in. Japonię, Irak, Chiny, Amerykę Południową i Północną oraz Afrykę. Wysokie aspiracje mieli wielcy nieobecni ostatnich mistrzostw: Włosi i Holendrzy. Najmłodszym zawodnikiem turnieju był 20-letni Włoch Paolo Maldini, przed którym otworzyły się drzwi do wspaniałej kariery. Drużyna RFN z nowym trenerem, Franzem Beckenbauerem, nie bez powodu noszącym przydomek Cesarz, zamierzała zatrzeć złe wspomnienia z turnieju we Francji. W **grupie pierwszej** piłkarze RFN pokonali Danię. Mecz jednak nie porywał widowiskowością, dużo faulowano. Po solowej akcji Rudiego Völlera, zakończonej strzałem, dobitkę zamienił na bramkę niezawodny w takich sytuacjach Klinsmann. W drugiej połowie Klinsmann trafił w poprzeczkę. Żywiołowy i niewysoki Littbarski efektownym strzałem z rzutu wolnego ustalił wynik meczu. Po pokonaniu Danii puszczono w niepamięć liczne błędy drużyny popełnione w inauguracyjnym spotkaniu z Włochami.

W innym ciekawym pojedynku tej grupy starły się drużyny Włoch i Hiszpanii. I choć strzelono tylko jedną bramkę, to takie widowiska należałoby pokazywać przed niejednym meczem z udziałem Polaków. Ataki przeprowadzane na całej długości boiska, ogromne zaangażowanie, szybki powrót pod własną bramkę po stracie piłki. Włosi opanowali środek boiska i narzucili ostre tempo gry. Vialli niejednokrotnie próbował uwolnić się od hiszpańskich obrońców, aż w końcu mu się udało. Z ostrego kąta w polu karnym przymierzył i huknął z całej siły do siatki. Zwycięstwo Włochów było w pełni zasłużone. Drużyna RFN przyjechała po pierwsze miejsce w turnieju i zamierzenie to realizowała niezwykle konsekwentnie. Pozbawiła złudzeń Hiszpanię w walce o półfinał. Ulubieńcem publiczności i zarazem najlepszym piłkarzem został Rudi Völler. Zespołowa gra i precyzja w wykonywaniu sytuacji stawiała drużynę niemiecką w gronie wielkich faworytów. Indywidualne popisy Bakero i Víctora na nic się zdały w tym meczu. Hiszpanie musieli uznać wyższość niemieckiej dokładności.

W **grupie drugiej** spotkanie Anglii z Irlandią zakończyło się niespodziewanym zwycięstwem Irlandii 1:0. Dumni Anglicy zostali upokorzeni przez jedenastkę trenera Jacka Charltona. Irlandczycy od samego początku z werwą atakowali bramkę przeciwnika, tak że angielska obrona pogubiła się już w szóstej minucie. Takiego obrotu sprawy nikt się nie spodziewał. Kolejne, remisowe spotkanie Irlandii ze Związkiem Radzieckim unaoczniło licznym niedowiarkom, że zwycięstwo w pierwszym meczu wcale nie było przypadkowe. Whelan strzelił najpiękniejszą bramkę turnieju. Po ponad 30-metrowym wyrzucie McCarthy'ego piłka trafiła do Whelana, a on posłał ją w samo okienko bramki Dasajewa. Rosjanie wyrównali w 75. minucie, jednak w tym spotkaniu nie zachwycili kibiców.

Trybuny wypełniły się na wcześniej rozegranym meczu Holandii ze Związkiem Radzieckim. Specjalną opieką otoczono rozgrywającego pomarańczowych, Ruuda Gullita. W pierwszej połowie Holendrzy dwoili się i troili, zaskakując przeciwników licznymi akcjami. W drugiej tempo gry jeszcze wzrosło, ale nawet obecność van Bastena nie spowodowała zmiany wyniku. Związek Radziecki wygrał 1:0. Holendrzy więc, by myśleć o dalszej fazie turnieju, musieli wygrać z Anglią i Irlandią. W przypadku Anglii znakomity występ odnotował Marco van Basten, który w tym meczu popisał się hat trickiem, stawiającym piłkarza w roli niekwestionowanej gwiazdy turnieju. Z kolei w przypadku Irlandii sympatia kibiców była wyraźnie po stronie drużyny Jacka Charltona. Zwycięstwo nad Anglią i remis ze Związkiem Radzieckim dowiodły, że Irlandczyków nie należy lekceważyć. Szkoda, że w dalszej fazie turnieju zabrakło tej drużyny, choć jej szanse prysnęły dopiero w 82. minucie, po bramce Kiefta.

Marco van Basten (z prawej na pierwszym planie) w akcji podczas meczu Holandii z Anglią 15 czerwca 1988 r.

Półfinałowy mecz Republiki Federalnej Niemiec z Holandią obfitował w nerwowe poczynania na boisku, walka toczyła się na każdym centymetrze placu gry. Żadna z drużyn nie mogła wypracować sobie doskonałej pozycji strzeleckiej. Efektowny rajd Klinsmanna wzdłuż bocznej linii boiska został zakończony nie golem, lecz faulem na zawodniku. Sędzia podyktował rzut karny i skoncentrowany Matthäus zamienił go na bramkę. Holendrzy rzucili się do odrabiania strat. Ronald Koeman piekielnie silnym strzałem doprowadził do wyrównania. Gdy wyglądało na to, że nie obędzie się bez dogrywki, chwilową dekoncentrację obrońców drużyny niemieckiej wykorzystał van Basten i Niemcy tym razem nie zdołali doprowadzić do remisu.

Drugie spotkanie półfinałowe zespołów Włoch i Związku Radzieckiego, rozgrywane w strugach ulewnego deszczu, emocjami dorównało pierwszemu. Bliżsi zdobycia gola byli Włosi, częściej uwijający się pod bramką Dasajewa; Zenga z drugiej strony boiska tylko kontrolował grę. Drużyna radziecka po przerwie wyszła bardziej skoncentrowana. Krótkie krycie na całej długości boiska i szybko zdobyte dwie bramki wybiły z rytmu gry *azzurich*. W końcówce spotkania Włosi wyraźnie stracili wiarę w zmianę wyniku. Drużyna radziecka po tym meczu uchodziła za faworyta do złotego medalu. Przecież już raz pokonała zespół holenderski...

WYNIKI SPOTKAŃ KWALIFIKACYJNYCH
Drużynę awansującą do następnej rundy oznaczono pogrubieniem.

ELIMINACJE GRUPOWE
Awansują zwycięzcy siedmiu grup.

GRUPA 1

Rumunia – Austria	4:0 (1:0)
Austria – Albania	3:0 (1:0)
Hiszpania – Rumunia	1:0 (0:0)
Albania – Hiszpania	1:2 (1:0)
Rumunia – Albania	5:1 (3:1)
Austria – Hiszpania	2:3 (1:1)
Albania – Austria	0:1 (0:1)
Rumunia – Hiszpania	3:1 (3:0)
Hiszpania – Austria	2:0 (0:0)
Albania – Rumunia	0:1 (0:0)
Austria – Rumunia	0:0
Hiszpania – Albania	5:0 (3:0)

Poz.	Kraj	Mecze	Punkty	Bramki
1	**Hiszpania**	6	10	14-6
2	Rumunia	6	9	13-3
3	Austria	6	5	6-9
4	Albania	6	0	2-17

GRUPA 2

Szwecja – Szwajcaria	2:0 (1:0)
Portugalia – Szwecja	1:1 (0:0)
Szwajcaria – Portugalia	1:1 (1:0)
Włochy – Szwajcaria	3:2 (1:1)
Malta – Szwecja	0:5 (0:1)
Malta – Włochy	0:2 (0:2)
Włochy – Malta	5:0 (5:0)
Portugalia – Włochy	0:1 (0:1)
Portugalia – Malta	2:2 (1:1)
Szwajcaria – Malta	4:1 (3:0)
Szwecja – Malta	1:0 (1:0)
Szwecja – Włochy	1:0 (1:0)
Szwajcaria – Szwecja	1:1 (0:0)
Szwecja – Portugalia	0:1 (0:1)
Szwajcaria – Włochy	0:0
Portugalia – Szwajcaria	0:0
Włochy – Szwecja	2:1 (2:1)
Malta – Szwajcaria	1:1 (0:1)

Włochy – Portugalia 3:0 (1:0)
Malta – Portugalia 0:1 (0:0)

Poz.	Kraj	Mecze	Punkty	Bramki
1	**Włochy**	8	13	16-4
2	Szwecja	8	10	12-5
3	Portugalia	8	8	6-8
4	Szwajcaria	8	7	9-9
5	Malta	8	2	4-21

GRUPA 3

Islandia – Francja 0:0
Islandia – ZSRR 1:1 (1:1)
Norwegia – NRD 0:0
Francja – ZSRR 0:2 (0:0)
NRD – Islandia 2:0 (1:0)
ZSRR – Norwegia 4:0 (3:0)
NRD – Francja 0:0
ZSRR – NRD 2:0 (1:0)
Francja – Islandia 2:0 (1:0)
Norwegia – ZSRR 0:1 (0:1)
Islandia – NRD 0:6 (0:2)
Norwegia – Francja 2:0 (0:0)
Islandia – Norwegia 2:1 (1:1)
ZSRR – Francja 1:1 (0:1)
Norwegia – Islandia 0:1 (0:1)
NRD – ZSRR 1:1 (1:0)
Francja – Norwegia 1:1 (0:0)
NRD – Norwegia 3:1 (2:1)
ZSRR – Islandia 2:0 (1:0)
Francja – NRD 0:1 (0:0)

Poz.	Kraj	Mecze	Punkty	Bramki
1	**ZSRR**	8	13	14-3
2	NRD	8	11	13-4
3	Francja	8	6	4-7
4	Islandia	8	6	4-14
5	Norwegia	8	4	5-12

GRUPA 4

Anglia – Irlandia Płn. 3:0 (1:0)
Jugosławia – Turcja 4:0 (2:0)
Turcja – Irlandia Płn. 0:0
Anglia – Jugosławia 2:0 (1:0)

Mistrzostwa Europy 1986-1988

Irlandia Płn. – Anglia	0:2 (0:2)
Turcja – Anglia	0:0
Irlandia Płn. – Jugosławia	1:2 (1:0)
Jugosławia – Irlandia Płn.	3:0 (2:0)
Anglia – Turcja	8:0 (4:0)
Jugosławia – Anglia	1:4 (0:4)
Irlandia Płn. – Turcja	1:0 (0:0)
Turcja – Jugosławia	2:3 (0:2)

Poz.	Kraj	Mecze	Punkty	Bramki
1	**Anglia**	6	11	19-1
2	Jugosławia	6	8	13-9
3	Irlandia Płn.	6	3	2-10
4	Turcja	6	2	2-16

GRUPA 5

Polska – Grecja	2:1 (2:1)
Węgry – Holandia	0:1 (0:0)
Grecja – Węgry	2:1 (1:0)
Holandia – Polska	0:0
Cypr – Grecja	2:4 (2:1)
Cypr – Holandia	0:2 (0:1)
Grecja – Cypr	3:1 (0:0)
Cypr – Węgry	0:1 (0:0)
Holandia – Grecja	1:1 (0:1)
Polska – Cypr	0:0
Holandia – Węgry	2:0 (2:0)
Grecja – Polska	1:0 (0:0)
Węgry – Polska	5:3 (1:1)
Polska – Węgry	3:2 (1:1)
Polska – Holandia	0:2 (0:2)
Węgry – Grecja	3:0 (3:0)
Holandia – Cypr	8:0 (4:0) (unieważniony)
Cypr – Polska	0:1 (0:0)
Węgry – Cypr	1:0 (0:0)
Holandia – Cypr	4:0 (2:0)
Grecja – Holandia	0:3 (0:1)

Poz.	Kraj	Mecze	Punkty	Bramki
1	**Holandia**	8	14	20-1
2	Grecja	8	9	12-13
3	Węgry	8	8	13-11
4	Polska	8	8	9-11
5	Cypr	8	1	3-24

GRUPA 6

Finlandia – Walia	1:1 (1:0)
Czechosłowacja – Finlandia	3:0 (2:0)
Dania – Finlandia	1:0 (0:0)
Czechosłowacja – Dania	0:0
Walia – Finlandia	4:0 (2:0)
Finlandia – Dania	0:1 (0:0)
Walia – Czechosłowacja	1:1 (0:0)
Dania – Czechosłowacja	1:1 (1:0)
Finlandia – Czechosłowacja	3:0 (1:0)
Walia – Dania	1:0 (1:0)
Dania – Walia	1:0 (0:0)
Czechosłowacja – Walia	2:0 (1:0)

Poz.	Kraj	Mecze	Punkty	Bramki
1	**Dania**	6	8	4-2
2	Czechosłowacja	6	7	7-5
3	Walia	6	6	7-5
4	Finlandia	6	3	4-10

GRUPA 7

Szkocja – Bułgaria	0:0
Belgia – Irlandia	2:2 (2:1)
Luksemburg – Belgia	0:6 (0:3)
Irlandia – Szkocja	0:0
Szkocja – Luksemburg	3:0 (2:0)
Belgia – Bułgaria	1:1 (0:0)
Szkocja – Irlandia	0:1 (0:1)
Bułgaria – Irlandia	2:1 (1:0)
Belgia – Szkocja	4:1 (1:1)
Irlandia – Belgia	0:0
Luksemburg – Bułgaria	1:4 (0:0)
Bułgaria – Luksemburg	3:0 (2:0)
Luksemburg – Irlandia	0:2 (0:1)
Irlandia – Luksemburg	2:1 (1:1)
Bułgaria – Belgia	2:0 (1:0)
Irlandia – Bułgaria	2:0 (0:0)
Szkocja – Belgia	2:0 (1:0)
Belgia – Luksemburg	3:0 (1:0)
Bułgaria – Szkocja	0:1 (0:0)
Luksemburg – Szkocja	0:0

Poz.	Kraj	Mecze	Punkty	Bramki
1	**Irlandia**	8	11	10-5
2	Bułgaria	8	10	12-6
3	Belgia	8	9	16-8
4	Szkocja	8	9	7-5
5	Luksemburg	8	1	2-23

TURNIEJ FINAŁOWY
10.–25.06.1988.
ORGANIZATOR: RFN

GRUPA 1	GRUPA 2
Dania	Anglia
Hiszpania	Holandia
RFN	Irlandia
Włochy	ZSRR

GRUPA 1

10 CZERWCA, DÜSSELDORF (RHEINSTADION)
RFN – WŁOCHY 1:1 (0:0)
Bramki: RFN – 56' Brehme; Włochy – 53' Mancini
RFN: Immel, Buchwald, Kohler, Herget, Brehme (74' Borowka), Littbarski, Matthäus, Thon, Berthold, Völler (82' Eckstein), Klinsmann
Włochy: Zenga, Bergomi, Baresi, Ferri, Maldini, Ancelotti, Donadoni, Giannini, De Napoli (87' De Agostini), Mancini, Vialli (89' Altobelli)
Żółte kartki: Włochy – Maldini, Ancelotti
Sędziował: Keith Hackett (Anglia)

11 CZERWCA, HANOWER (NIEDERSACHSENSTADION)
HISZPANIA – DANIA 3:2 (1:1)
Bramki: Hiszpania – 6' Míchel, 53' Butragueño, 68' Gordillo; Dania – 26' M. Laudrup, 84' Povlsen
Hiszpania: Zubizarreta, Tomás, Andrinua, Sanchis, Camacho (46' Soler), Míchel, Gallego, Víctor, Gordillo (88' Martín Vázquez), Butragueño, Bakero
Dania: Rasmussen, Sivebæk, M. Olsen (67' L. Olsen), Busk, I. Nielsen, Lerby, Helt (46' Jensen), M. Laudrup, Heintze, Elkjær, Povlsen
Żółte kartki: Hiszpania – Camacho, Víctor, Tomás
Sędziował: Albert Thomas (Holandia)

14 CZERWCA, GELSENKIRCHEN (PARKSTADION)
RFN – DANIA 2:0 (1:0)
Bramki: RFN – 10' Klinsmann, 87' Thon
RFN: Immel, Buchwald (34' Borowka), Herget, Kohler, Brehme, Rolff, Littbarski, Matthäus, Thon, Völler (75' Mill), Klinsmann
Dania: Schmeichel, Sivebæk, M. Olsen, L. Olsen, I. Nielsen, Vilfort (74' Berggreen), M. Laudrup (62' Eriksen), Lerby, Heintze, Povlsen, Elkjær
Żółte kartki: RFN – Rolff; Dania – Elkjær, Povlsen
Sędziował: Robert Valentine (Szkocja)

14 CZERWCA, FRANKFURT NAD MENEM (WALDSTADION)
WŁOCHY – HISZPANIA 1:0 (0:0)
Bramka: Włochy – 74' Vialli
Włochy: Zenga, Bergomi, Baresi, Ferri, Maldini, Donadoni, Giannini, Ancelotti, De Napoli, Mancini (69' Altobelli), Vialli (89' De Agostini)
Hiszpania: Zubizarreta, Tomás, Andrinua, Sanchis, Soler, Míchel (74' Beguiristain), Gallego (67' Martín Vázquez), Víctor, Gordillo, Butragueño, Bakero
Żółta kartka: Włochy – Ferri
Sędziował: Erik Fredriksson (Szwecja)

17 CZERWCA, MONACHIUM (OLYMPIASTADION)
RFN – HISZPANIA 2:0 (1:0)
Bramki: RFN – 30' Völler, 51' Völler
RFN: Immel, Brehme, Herget, Kohler, Borowka, Rolff, Littbarski (63' Wuttke), Matthäus, Thon, Völler, Klinsmann (85' Mill)
Hiszpania: Zubizarreta, Tomás, Andrinua, Sanchis, Camacho, Míchel, Víctor, Martín Vázquez, Gordillo, Butragueño (52' Salinas), Bakero
Żółte kartki: RFN – Thon, Herget; Hiszpania – Martín Vázquez, Gordillo, Sanchis
Sędziował: Michel Vautrot (Francja)

17 CZERWCA, KOLONIA (MÜNGERSDORFER STADION)
WŁOCHY – DANIA 2:0 (0:0)
Bramki: Włochy – 66' Altobelli, 87' De Agostini
Włochy: Zenga, Bergomi, Baresi, Ferri, Maldini, Donadoni (85' De Agostini), Giannini, Ancelotti, De Napoli, Mancini (66' Altobelli), Vialli
Dania: Schmeichel, Kristensen, L. Olsen, I. Nielsen, Heintze, Frimann (58' Vilfort), M. Olsen (68' Berggreen), M. Laudrup, Jensen, Eriksen, Povlsen
Żółte kartki: Dania – M. Laudrup, Kristensen
Sędziował: Bruno Galler (Szwajcaria)

Poz.	Kraj	Mecze	Punkty	Bramki
1	**RFN**	3	5	5-1
2	**Włochy**	3	5	4-1
3	Hiszpania	3	2	3-5
4	Dania	3	0	2-7

GRUPA 2
12 CZERWCA, STUTTGART (NECKARSTADION)
ANGLIA – IRLANDIA 0:1 (0:1)
Bramka: Irlandia – 6' Houghton
Anglia: Shilton, Stevens, Wright, Adams, Sansom, Waddle, Webb (61' Hoddle), Robson, Barnes, Beardsley (83' Hateley), Lineker
Irlandia: Bonner, Morris, McCarthy, Moran, Hughton, McGrath, Whelan, Houghton, Galvin (77' Sheedy), Aldridge, Stapleton (64' Quinn)
Sędziował: Siegfried Kirschen (NRD)

Mistrzostwa Europy 1986–1988

12 CZERWCA, KOLONIA (MÜNGERSDORFERSTADION)
HOLANDIA – ZSRR 0:1 (0:0)
Bramka: ZSRR – 54' Rac
Holandia: van Breukelen, van Aerle, R. Koeman, Rijkaard, van Tiggelen, Vanenburg (59' van Basten), Wouters, Mühren, van 't Schip, Gullit, Bosman
ZSRR: Dasajew, Bezsonow, Chidijatullin, Kuzniecow, Demjanenko, Łytowczenko, Zawarow (89' Sulakwelidze), Mychajłyczenko, Rac, Biełanow (79' Alejnikau), Protasow
Żółte kartki: ZSRR – Łytowczenko, Chidijatullin
Sędziował: Dieter Pauly (RFN)

15 CZERWCA, DUSSELDORF (RHEINSTADION)
ANGLIA – HOLANDIA 1:3 (0:1)
Bramki: Anglia – 54' Robson; Holandia – 44' van Basten, 72' van Basten, 76' van Basten
Anglia: Shilton, Stevens, Wright, Adams, Sansom, Steven (69' Waddle), Hoddle, Robson, Barnes, Beardsley (74' Hateley), Lineker
Holandia: van Breukelen, van Aerle, R. Koeman, Rijkaard, van Tiggelen, Vanenburg (62' Kieft), Wouters, Mühren, Gullit, E. Koeman, van Basten (87' Suvrijn)
Sędziował: Paolo Casarin (Włochy)

15 CZERWCA, HANOWER (NIEDERSACHSENSTADION)
IRLANDIA – ZSRR 1:1 (1:0)
Bramki: Irlandia – 39' Whelan; ZSRR – 75' Protasow
Irlandia: Bonner, Morris, McCarthy, Moran, Hughton, Whelan, Houghton, Sheedy, Galvin, Stapleton (81' Cascarino), Aldridge
ZSRR: Dasajew (69' Czanow), Sulakwelidze (46' Gocmanow), Chidijatullin, Kuzniecow, Demjanenko, Alejnikau, Zawarow, Mychajłyczenko, Rac, Biełanow, Protasow
Sędziował: Emilio Soriano Aladrén (Hiszpania)

18 CZERWCA, FRANKFURT NAD MENEM (WALDSTADION)
ANGLIA – ZSRR 1:3 (1:2)
Bramki: Anglia – 15' Adams; ZSRR – 3' Alejnikau, 28' Mychajłyczenko, 72' Pasulko
Anglia: Woods, Stevens, Watson, Adams, Sansom, Steven, McMahon (53' Webb), Robson, Hoddle, Lineker (69' Hateley), Barnes
ZSRR: Dasajew, Bezsonow, Chidijatullin, Kuzniecow, Alejnikau, Łytowczenko, Mychajłyczenko, Zawarow (85' Gocmanow), Rac, Biełanow (46' Pasulko), Protasow
Żółta kartka: ZSRR – Protasow
Sędziował: José Rosa dos Santos (Portugalia)

18 CZERWCA, GELSENKIRCHEN (PARKSTADION)
IRLANDIA – HOLANDIA 0:1 (0:0)
Bramka: Holandia – 82' Kieft
Irlandia: Bonner, Morris (46' Sheedy), McCarthy, Moran, Hughton, Whelan, McGrath, Houghton, Galvin, Aldridge, Stapleton (83' Cascarino)
Holandia: van Breukelen, van Aerle, R. Koeman, Rijkaard, van Tiggelen, Wouters, Gullit, Mühren (79' Bosman), E. Koeman (50' Kieft), Vanenburg, van Basten
Żółta kartka: Holandia – Wouters
Sędziował: Horst Brummeier (Austria)

1986–1988

Poz.	Kraj	Mecze	Punkty	Bramki
1	**ZSRR**	3	5	5-2
2	**Holandia**	3	4	4-2
3	Irlandia	3	3	2-2
4	Anglia	3	0	2-7

PÓŁFINAŁY

21 CZERWCA, HAMBURG (VOLKSPARKSTADION)
RFN – HOLANDIA 1:2 (0:0)
Bramki: RFN – 55' Matthäus (rz. k.); Holandia – 74' R. Koeman, 88' van Basten
RFN: Immel, Brehme, Herget (44' Pflügler), Kohler, Borowka, Rolff, Matthäus, Thon, Klinsmann, Völler, Mill (79' Littbarski)
Holandia: van Breukelen, van Aerle, R. Koeman, Rijkaard, van Tiggelen, Wouters, Mühren (58' Kieft), Gullit, E. Koeman (89' Suvrijn), Vanenburg, van Basten
Żółta kartka: Holandia – van Basten
Sędziował: Ioan Igna (Rumunia)

22 CZERWCA, STUTTGART (NECKARSTADION)
ZSRR – WŁOCHY 2:0 (0:0)
Bramki: ZSRR – 60' Łytowczenko, 62' Protasow
ZSRR: Dasajew, Bezsonow (36' Demjanenko), Chidijatullin, Kuzniecow, Rac, Łytowczenko, Mychajłyczenko, Zawarow, Alejnikau, Protasow, Gocmanow
Włochy: Zenga, Bergomi, Baresi, Ferri, Maldini (65' De Agostini), Donadoni, Giannini, Ancelotti, De Napoli, Mancini (46' Altobelli), Vialli
Żółte kartki: ZSRR – Bezsonow, Kuzniecow, Gocmanow; Włochy – Baresi, Ferri, De Napoli
Sędziował: Alexis Ponnet (Belgia)

FINAŁ

Finałowe spotkanie stanowiło dla reprezentacji Holandii rewanż za przegraną 0:1 potyczkę ze Związkiem Radzieckim w pierwszej fazie rozgrywek. Na murawie rywalizowały najlepszy atak z najlepszą obroną. Marco van Basten przewodził na liście strzelców. Związek Radziecki przystąpił do tego meczu pewny swego po wyeliminowaniu jednego z faworytów turnieju, zespołu włoskiego. Trener Łobanowski niejednokrotnie zrywał się z ławki, pokrzykując na

Celny strzał Holendrów na bramkę Dasajewa podczas meczu finałowego Holandii z ZSRR, 25 czerwca 1988 r.

Mistrzostwa Europy 1986–1988

swoich podopiecznych, których największym atutem był pressing na całym boisku. Tego dnia było to jednak za mało, by pokonać Holendrów. Rinat Dasajew z niejednej opresji wychodził obronną ręką. Ale w 33. minucie spotkania Ruud Gullit głową, a w 54. minucie Marco van Basten silnym strzałem przesądzili o losach spotkania. Jeszcze przy stanie 2:0 po faulu holenderskiego bramkarza van Breukelena pojawiła się szansa na kontaktową bramkę. Nieudany strzał Biełanowa z rzutu karnego został jednak obroniony.

Niezwykle emocjonujący finałowy pojedynek spełnił oczekiwania kibiców. Tytuł dla najlepszej drużyny Starego Kontynentu i liczne zaszczyty zgarnęli pomarańczowi – najskuteczniejsi w całym turnieju. Jeszcze nigdy Holandia nie zdobyła pierwszego miejsca. W 1976 r. zajęła trzecie miejsce na ME, dwa lata później w finale MŚ (1978) musiała ustąpić Argentynie. Trener Holandii Rinus Michels w finale MŚ – jako piłkarz – przegrał z RFN w 1974 r. Teraz doprowadził zespół do mistrzostwa Europy w iście mistrzowskim stylu. Tym bardziej radość ze zwycięstwa była ogromna. Cały turniej w zgodnej opinii fachowców otrzymał noty najwyższe z dotychczasowych, a piłkarze wznieśli się na wyżyny swoich umiejętności. Sukces ucieszył wszystkich, którzy pragnęli widowiskowego futbolu.

25 CZERWCA, MONACHIUM (OLYMPIASTADION)
HOLANDIA – ZSRR 2:0 (1:0)
Bramki: Holandia – 33' Gullit, 54' van Basten; w 73. minucie sędzia podyktował rzut karny dla ZSRR, strzał Biełanowa obronił van Breukelen.
Holandia: van Breukelen, van Aerle, R. Koeman, Rijkaard, van Tiggelen, Wouters, Gullit, Mühren, E. Koeman, Vanenburg, van Basten
ZSRR: Dasajew, Demjanenko, Chidijatullin, Alejnikau, Rac, Łytowczenko, Zawarow, Mychajłyczenko, Gocmanow (68' Bałtacza), Protasow (71' Pasulko), Biełanow
Żółte kartki: Holandia – Wouters, van Aerle; ZSRR – Chidijatullin, Łytowczenko, Biełanow
Sędziował: Michel Vautrot (Francja)

STRZELCY BRAMEK TURNIEJU FINAŁOWEGO
5 – van Basten (Holandia)
2 – Völler (Niemcy), Protasow (ZSRR)
1 – Adams, Robson (Anglia), M. Laudrup, Povlsen (Dania), Butragueño, Gordillo, Míchel (Hiszpania), Gullit, Kieft, R. Koeman (Holandia), Houghton, Whelan (Irlandia), Brehme, Klinsmann, Matthäus, Thon (RFN), Altobelli, De Agostini, Mancini, Vialli (Włochy), Alejnikau, Łytowczenko, Mychajłyczenko, Pasulko, Rac (ZSRR)

O NICH SIĘ MÓWIŁO
Marco van Basten (ur. 31 października 1964 r. w Utrechcie) karierę sportową zaczął od uprawiania… gimnastyki. Grę w piłkę nożną podjął w lokalnym klubie Elinkwijk. W drużynie Ajaxu Amsterdam zadebiutował 3 kwietnia 1982 r. i w 20 występach strzelił osiem bramek. Następny sezon był zdecydowanie lepszy – Marco van Basten zdobył już 28 bramek. Wysoki, szybki, dobrze wyszkolony technicznie napastnik stanowił nieustanne zagrożenie pod bramką rywali. O umiejętności wykorzystywania sytuacji podbramkowych świadczyło 37 strzelonych bramek w sezonie 1985/1986 i zdobycie przez piłkarza prestiżowego Złotego Buta. Z Ajaxem van Basten trzykrotnie sięgnął po tytuł mistrza kraju, trzykrotnie zdobył Puchar Holandii i trzykrotnie został królem strzelców ligi.

Od 1987 r. piłkarską karierę rozwijał we włoskiej Serie A w drużynie AC Milan, z którą m.in. trzy razy zdobył tytuł mistrza

1986–1988

Włoch, dwa razy Superpuchar, dwa razy klubowy Puchar Europy i Puchar Interkontynentalny; dwukrotnie zapisał się w historii jako najskuteczniejszy piłkarz ligi włoskiej. W rozegranych 147 spotkaniach strzelił 90 bramek. Doskonała gra w reprezentacji narodowej na ME w 1988 r., znakomita współpraca przy współtworzeniu akcji ofensywnych z Ruudem Gullitem i Frankiem Rijkaardem zaowocowały zdobyciem tytułu mistrza Starego Kontynentu i najskuteczniejszego strzelca turnieju. Ukoronowaniem wspaniałej kariery w reprezentacji i klubowej drużynie było wybranie Marco van Bastena najlepszym piłkarzem Europy 1988 r.

Ruud Gullit (ur. 1 września 1962 r. w Amsterdamie) grę rozpoczynał w Haarlemie. Z Feyenoordem Rotterdam (1982–1985) dwukrotnie sięgnął po mistrzostwo kraju i Puchar Holandii. W następnych sezonach (1985–1987) występował w PSV Eindhoven, z którym również dwa razy zdobył mistrzostwo Holandii. W 1987 r. przeniósł się do włoskiej Serie A. Grał w AC Milan (1987–1993, 1994) i Sampdorii Genua (1993–1994, 1995). Przez kolejne dwa sezony na angielskich boiskach reprezentował londyńską Chelsea (1995–1997).

W reprezentacji Holandii zadebiutował 1 września 1981 r. w spotkaniu ze Szwajcarią. Największe triumfy święcił z narodową drużyną w 1988 r., prowadząc ją jako kapitan i reżyser gry do zdobycia mistrzostwa Europy. Wraz z Marco van Bastenem i Frankiem Rijkaardem tworzył wspaniały tercet piłkarski. Szybki, wszechstronnie utalentowany, wzbudzał zachwyt na trybunach nie tylko z powodu niecodziennej fryzury, lecz przede wszystkim z racji piłkarskiego kunsztu. Precyzyjnie podawał piłki do wybiegających na pozycję strzelecką zawodników, sam zdobywał gole, potrafił również szybko wrócić pod własną bramkę, wspomagając kolegów w obronie. Jego finezyjna gra została doceniona i wyróżniona. W 1987 r. wybrano go najlepszym piłkarzem w Europie i na świecie. Jeszcze raz FIFA uznała go za najlepszego piłkarza w 1989 r.

MISTRZOSTWA EUROPY
1990–1992

Co cztery lata piłkarski świat i piłkarska Europa przeżywają emocje związane z występami na boiskach najlepszych drużyn. Na szczęście odbywają się one bezkolizyjnie co dwa lata z korzyścią dla licznych sympatyków futbolu. Propozycja zorganizowania kolejnych **mistrzostw w Szwecji** zrodziła się po sukcesie sportowym zimowych igrzysk olimpijskich we francuskim Albertville w 1984 r. Kandydatem pretendującym do organizowania piłkarskich ME była również Hiszpania. Jednak letnia olimpiada w Barcelonie, a wcześniej MŚ w piłce nożnej przeważyły szalę na korzyść Skandynawów i UEFA postanowiła dać szansę Szwecji. Szwecja, kraj goszczący w 1992 r. osiem najlepszych drużyn europejskich, była już obiektem zainteresowania piłkarskich kręgów w 1958 r. W tym to bowiem roku odbyły się rozgrywki o mistrzostwo świata, na których reprezentacja Szwecji dopiero w finale uległa fenomenalnej Brazylii, mającej w swoich szeregach wschodzącą gwiazdę futbolu – Pelego.

Przemiany polityczne zachodzące w krajach Europy Środkowo-Wschodniej, a szczególnie wcześniejsza pieriestrojka w Związku Radzieckim, wpłynęły na tendencje zjednoczeniowe w państwach niemieckich. Reprezentacja Niemiec po raz pierwszy wystąpiła pod jedną, wspólną flagą, a Związek Radziecki (jak się nazywał jeszcze podczas eliminacji) po rozpadzie przyjął nazwę Wspólnoty Niepodległych Państw i w turnieju finałowym miał już nowe miano. Trwająca od miesięcy wojna domowa w Jugosławii spowodowała, że drużyna tego kraju została wykluczona z rozgrywek finałowych. W jej miejsce zgłoszono Danię, która w swojej grupie zajęła drugie miejsce (tuż za Jugosławią) oraz zdobyła najwięcej punktów ze wszystkich zespołów zajmujących drugie miejsca w poszczególnych grupach (jak się później okazało, Dania stała się rewelacją tych mistrzostw). Żal było oczywiście jugosłowiańskich piłkarzy, którzy wywalczyli awans i zamierzali grać bez względu na politykę. Organizatorzy turnieju przyznali Danii dodatkowo 9000 biletów. Przemówiły za tą decyzją pokaźne wpływy z dodatkowych kibiców-turystów, a co najważniejsze – kibiców gwarantujących spokój na trybunach.

Uroczysta ceremonia otwarcia mistrzostw doskonale wprowadziła zebranych w nastrój sportowej rywalizacji. Reprezentacja Francji przyjechała na mistrzostwa pod wodzą Michela Platiniego, reprezentacja Niemiec – z Bertim Vogtsem jako selekcjonerem. Obaj zaliczali się niedawno do elity światowego piłkarstwa i przybyli z nadziejami na odniesienie sukcesu w roli trenera. Francja ponadto rewelacyjnie przeszła przez eliminacje, zostawiając w pobitym polu Czechosłowację i Hiszpanię. Była to w zgodnej opinii fachowców przysłowiowa grupa śmierci. Polskich kibiców piłkarze zdążyli już przyzwyczaić do nieobecności w tej imprezie.

1990–1992

W meczu otwarcia **grupy pierwszej** Francja zremisowała z gospodarzami 1:1. Takie mecze z reguły nie należą do pasjonujących. Nerwy i świadomość, że porażka w pierwszym spotkaniu może skomplikować sytuację w grupie, powodowały, iż gra skupiała się w środkowej części boiska. Dużo było biegania, mniej emocji i w rezultacie tylko remis. W innym meczu Dania spotkała się z drużyną Anglii. Na stadionie w Malmö obiecująco zaczęła się pierwsza połowa. Ataki Briana Laudrupa, choć trochę egoistyczne, uwidoczniły jego nieprzeciętne umiejętności piłkarskie. Druga odsłona ukazała nieustanne ataki Duńczyków. Kiedy Jensen uderzył silnie z powietrza w długi róg, wydawało się, że padnie bramka. Ale piłka odbiła się od słupka i wyszła w pole. Spotkanie obiecywało wiele emocji, jednak skończyło się na wyniku bezbramkowym.

W kolejnym meczu Anglia spotkała się z Francją, zatem oczekiwano dobrego futbolu na wysokim poziomie. Czyhanie na błędy rywali i pilnowanie dostępu do własnej bramki nie dostarczyły w sumie ani emocji, ani bramek. Silne strzały Shearera i Linekera nie przysporzyły kłopotów francuskiemu bramkarzowi Martiniemu. Druga połowa była ciekawsza ze względu na częste i szybkie ataki trójkolorowych. Tuż przed zakończeniem meczu Anglik Pearce silnym strzałem próbował zaskoczyć w bramce Martiniego, ale piłka minimalnie przeleciała nad murem obrońców. Z kolei dobre widowisko obejrzeli kibice w Sztokholmie, gdzie starły się ze sobą jedenastki Szwecji i Danii. Gospodarze od pierwszych minut narzucili ostre tempo gry, choć okazji do zdobycia gola więcej mieli Duńczycy. Brian Laudrup dwukrotnie dał się we znaki bramkarzowi Ravellemu, ale ten był tego dnia w dobrej formie i pewnie zażegnał niebezpieczeństwo. Z kolei Szwed Dahlin po przeciwnej stronie boiska próbował przelobować piłkę ponad rosłym Schmeichelem. W drugiej połowie tempo akcji nie zmalało. W 59. minucie spotkania stadion Råsunda oszalał z radości, gdy Brolin umieścił piłkę w siatce. Do końca spotkania wynik nie uległ już zmianie.

Peter Schmeichel broni rzutu karnego Marco van Bastena podczas meczu półfinałowego Danii z Holandią 21 czerwca 1992 r.

Niezwykłe emocje rozgorzały na stadionie w Sztokholmie podczas meczu gospodarzy turnieju z Anglią. Zaczęło się obiecująco dla podopiecznych Grahama Taylora, którzy już w czwartej minucie pokonali w bramce Ravellego. Ale to wszystko, na co było stać Anglię w tym meczu. Stadion dopingował gospodarzy, za ewidentny faul na Brolinie sędzia nie podyktował rzutu karnego i publiczność długo protestowała. Ostatecznie Szwedzi wygrali 2:1. Z kolei na stadionie w Malmö spotkali się Duńczycy z reprezentacją Francji. Michel Platini i jego drużyna nie wytrzymali dopingu Skandynawów i wspaniałej postawy podopiecznych Nielsena. W pierwszej części spotkania Larsen huknął z całej siły i Dania prowadziła 1:0. Niemrawe ataki Francuzów na bramkę Schmeichela nie zdały się na nic. Platini był załamany, Francja przegrała 1:2.

Mistrzostwa Europy 1990–1992

W **grupie drugiej** naprzeciw siebie stanęły drużyny Holandii i Szkocji. Obrońcy tytułu mieli w swoim podstawowym składzie aż ośmiu zawodników z poprzednich zwycięskich mistrzostw. Szkocja przegrała, ale tak zaciętego oporu nie stawiła Holandii dawno żadna z drużyn. Ruud Gullit często strzelał, jednak niecelnie – nawet przy niewielkiej odległości zabrakło mu precyzji. Szkoci przypuszczali ataki w angielskim stylu, długimi podaniami szybko przemieszczali się pod bramkę przeciwnika. Grali żywiołowo, ale nie stanowili zagrożenia. O zwycięstwie pomarańczowych przesądził Bergkamp po otrzymaniu dokładnego podania od Rijkaarda. Faworyci mimo zwycięstwa nie zachwycili kibiców. W meczu zjednoczonych niemieckich sił ze Wspólnotą Niepodległych Narodów niewielki wzrostem, ale piekielnie szybki Häßler uratował dla Niemców remis. W 90. minucie spotkania precyzyjnym, silnym strzałem posłał piłkę do siatki. Wcześniej musiał opuścić boisko Rudi Völler, którego kontuzja wykluczyła z dalszej gry. Stanowiło to poważne osłabienie zespołu niemieckiego.

Pasjonujące widowisko stworzyli Niemcy ze swoim drugim przeciwnikiem – Szkocją. Piłkarze obu drużyn mieli wiele okazji do zdobycia bramki. Tuż po rozpoczęciu gry Illgner piąstkował piłkę nad poprzeczką, następnie groźnie uderzał McAllister, ale futbolówka minimalnie minęła słupek niemieckiej bramki. Po kolejnym kontrataku Klinsmann podał do Riedlego, który wreszcie strzelił gola. W drugiej połowie emocji również nie brakowało, ale padła tylko jeszcze jedna bramka pieczętująca zwycięstwo Niemców. Kolejne spotkanie z Holandią mimo porażki 1:3 dało awans piłkarzom Vogsta do następnej rundy. Nadzieje piłkarzy WNP na grę w dalszej fazie rozgrywek dawało tylko zwycięstwo nad Szkocją. Szkocja zaprezentowała jednak w tym meczu wszystkie swoje walory. Prowadząc po 17 minutach już 2:0, nie pozwoliła sobie na utratę żadnej bramki, wygrała ostatecznie 3:0 i... odpadła.

W pierwszym meczu **półfinałowym** Niemcy – Szwecja obie jedenastki spotkały się po raz pierwszy od MŚ w 1958 r. Początek meczu należał do ofensywnie grających Niemców. Celny strzał Häßlera posłał piłkę do bramki Szwedów. Doskonale bronił Bodo Illgner. W 60. minucie Riedle podwyższył wynik 2:0, ale ostatecznie po ciężkim boju Niemcy zwyciężyli 3:2. W drugim półfinale zwycięzcę wyłoniono dopiero po serii rzutów karnych. Obrońcy tytułu, Holendrzy, byli tym razem bezradni wobec śmiałych poczynań Duńczyków. Larsen, Povlsen i Laudrup tryskali niespotykaną energią. Finałowy mecz z Niemcami miał być popisem radości Duńczyków z gry w piłkę nożną.

WYNIKI SPOTKAŃ KWALIFIKACYJNYCH
Drużynę awansującą do następnej rundy oznaczono pogrubieniem.

ELIMINACJE GRUPOWE
Awansują zwycięzcy siedmiu grup.

GRUPA 1

Islandia – Albania	2:0 (1:0)
Islandia – Francja	1:2 (0:1)
Czechosłowacja – Islandia	1:0 (1:0)
Hiszpania – Islandia	2:1 (1:0)
Francja – Czechosłowacja	2:1 (0:0)
Czechosłowacja – Hiszpania	3:2 (2:1)
Albania – Francja	0:1 (0:0)
Hiszpania – Albania	9:0 (4:0)
Francja – Hiszpania	3:1 (1:1)
Francja – Albania	5:0 (4:0)
Albania – Czechosłowacja	0:2 (0:0)
Albania – Islandia	1:0 (0:0)

Islandia – Czechosłowacja	0:1 (0:1)
Czechosłowacja – Francja	1:2 (1:0)
Islandia – Hiszpania	2:0 (0:0)
Hiszpania – Francja	1:2 (1:2)
Czechosłowacja – Albania	2:1 (2:0)
Hiszpania – Czechosłowacja	2:1 (1:0)
Francja – Islandia	3:1 (1:0)
Albania – Hiszpania	meczu nie rozegrano

Poz.	Kraj	Mecze	Punkty	Bramki
1	**Francja**	8	16	20-6
2	Czechosłowacja	8	10	12-9
3	Hiszpania	7	6	17-12
4	Islandia	8	4	7-10
5	Albania	7	2	2-21

GRUPA 2

Szwajcaria – Bułgaria	2:0 (1:0)
Szkocja – Rumunia	2:1 (1:1)
Rumunia – Bułgaria	0:3 (0:1)
Szkocja – Szwajcaria	2:1 (1:0)
Bułgaria – Szkocja	1:1 (0:1)
San Marino – Szwajcaria	0:4 (0:3)
Rumunia – San Marino	6:0 (3:0)
Szkocja – Bułgaria	1:1 (0:0)
San Marino – Rumunia	1:3 (1:2)
Szwajcaria – Rumunia	0:0
Bułgaria – Szwajcaria	2:3 (2:0)
San Marino – Szkocja	0:2 (0:0)
San Marino – Bułgaria	0:3 (0:2)
Szwajcaria – San Marino	7:0 (3:0)
Szwajcaria – Szkocja	2:2 (2:0)
Bułgaria – San Marino	4:0 (3:0)
Rumunia – Szkocja	1:0 (1:0)
Szkocja – San Marino	4:0 (3:0)
Rumunia – Szwajcaria	1:0 (0:0)
Bułgaria – Rumunia	1:1 (0:1)

Poz.	Kraj	Mecze	Punkty	Bramki
1	**Szkocja**	8	11	14-7
2	Szwajcaria	8	10	19-7
3	Rumunia	8	10	13-7
4	Bułgaria	8	9	15-8
5	San Marino	8	0	1-33

Mistrzostwa Europy 1990–1992

GRUPA 3

ZSRR – Norwegia	2:0 (1:0)
Norwegia – Węgry	0:0
Węgry – Włochy	1:1 (1:0)
Węgry – Cypr	4:2 (3:1)
Włochy – ZSRR	0:0
Cypr – Norwegia	0:3 (0:1)
Cypr – Włochy	0:4 (0:3)
Cypr – Węgry	0:2 (0:2)
Węgry – ZSRR	0:1 (0:1)
Norwegia – Cypr	3:0 (0:0)
Włochy – Węgry	3:1 (2:0)
ZSRR – Cypr	4:0 (1:0)
Norwegia – Włochy	2:1 (2:0)
Norwegia – ZSRR	0:1 (0:0)
ZSRR – Węgry	2:2 (1:1)
ZSRR – Włochy	0:0
Węgry – Norwegia	0:0
Włochy – Norwegia	1:1 (0:0)
Cypr – ZSRR	0:3 (0:1)
Włochy – Cypr	2:0 (1:0)

Poz.	Kraj	Mecze	Punkty	Bramki
1	**ZSRR**	8	13	13-2
2	Włochy	8	10	12-5
3	Norwegia	8	9	9-5
4	Węgry	8	8	10-9
5	Cypr	8	0	2-25

GRUPA 4

Wyspy Owcze – Austria	1:0 (0:0)
Irlandia Płn. – Jugosławia	0:2 (0:1)
Dania – Wyspy Owcze	4:1 (2:1)
Irlandia Płn. – Dania	1:1 (0:1)
Jugosławia – Austria	4:1 (2:1)
Dania – Jugosławia	0:2 (0:0)
Austria – Irlandia Płn.	0:0
Jugosławia – Irlandia Płn.	4:1 (1:1)
Jugosławia – Dania	1:2 (0:1)
Irlandia Płn. – Wyspy Owcze	1:1 (1:0)
Jugosławia – Wyspy Owcze	7:0 (2:0)
Austria – Wyspy Owcze	3:0 (1:0)
Dania – Austria	2:1 (1:0)
Wyspy Owcze – Irlandia Płn.	0:5 (0:3)
Wyspy Owcze – Dania	0:4 (0:2)

Austria – Dania	0:3 (0:3)	
Wyspy Owcze – Jugosławia	0:2 (0:1)	
Irlandia Płn. – Austria	2:1 (2:1)	
Dania – Irlandia Płn.	2:1 (2:0)	
Austria – Jugosławia	0:2 (0:2)	

Poz.	Kraj	Mecze	Punkty	Bramki
1	**Jugosławia**	8	14	24-4
2	Dania	8	13	18-7
3	Irlandia Płn.	8	7	11-11
4	Austria	8	3	6-14
5	Wyspy Owcze	8	3	3-26

GRUPA 5

Walia – Belgia	3:1 (1:1)
Luksemburg – Niemcy	2:3 (0:2)
Luksemburg – Walia	0:1 (0:1)
Belgia – Luksemburg	3:0 (3:0)
Belgia – Walia	1:1 (0:0)
Niemcy – Belgia	1:0 (1:0)
Walia – Niemcy	1:0 (0:0)
Luksemburg – Belgia	0:2 (0:1)
Niemcy – Walia	4:1 (3:0)
Walia – Luksemburg	1:0 (0:0)
Belgia – Niemcy	0:1 (0:1)
Niemcy – Luksemburg	4:0 (2:0)

Poz.	Kraj	Mecze	Punkty	Bramki
1	**Niemcy**	6	10	13-4
2	Walia	6	9	8-6
3	Belgia	6	5	7-6
4	Luksemburg	6	0	2-14

GRUPA 6

Finlandia – Portugalia	0:0
Portugalia – Holandia	1:0 (0:0)
Grecja – Malta	4:0 (2:0)
Holandia – Grecja	2:0 (2:0)
Malta – Finlandia	1:1 (0:0)
Malta – Holandia	0:8 (0:3)
Grecja – Portugalia	3:2 (1:1)
Malta – Portugalia	0:1 (0:1)
Portugalia – Malta	5:0 (3:0)
Holandia – Malta	1:0 (1:0)

Holandia – Finlandia	2:0 (1:0)
Finlandia – Malta	2:0 (0:0)
Finlandia – Holandia	1:1 (0:0)
Portugalia – Finlandia	1:0 (1:0)
Finlandia – Grecja	1:1 (0:0)
Holandia – Portugalia	1:0 (1:0)
Grecja – Finlandia	2:0 (0:0)
Portugalia – Grecja	1:0 (1:0)
Grecja – Holandia	0:2 (0:1)
Malta – Grecja	1:1 (1:0)

Poz.	Kraj	Mecze	Punkty	Bramki
1	**Holandia**	8	13	17-2
2	Portugalia	8	11	11-4
3	Grecja	8	8	11-9
4	Finlandia	8	6	5-8
5	Malta	8	2	2-23

GRUPA 7

Irlandia – Turcja	5:0 (2:0)
Anglia – Polska	2:0 (1:0)
Irlandia – Anglia	1:1 (0:0)
Turcja – Polska	0:1 (0:1)
Anglia – Irlandia	1:1 (1:1)
Polska – Turcja	3:0 (0:0)
Irlandia – Polska	0:0
Turcja – Anglia	0:1 (0:1)
Polska – Irlandia	3:3 (0:1)
Anglia – Turcja	1:0 (1:0)
Polska – Anglia	1:1 (1:0)
Turcja – Irlandia	1:3 (1:1)

Poz.	Kraj	Mecze	Punkty	Bramki
1	**Anglia**	6	9	7-3
2	Irlandia	6	8	13-6
3	Polska	6	7	8-6
4	Turcja	6	0	1-14

1990–1992

TURNIEJ FINAŁOWY
10.–26.06.1992.
ORGANIZATOR: SZWECJA

GRUPA 1	GRUPA 2
Dania	Holandia
Anglia	Szkocja
Szwecja	Wspólnota Niepodległych Państw
Francja	Niemcy

GRUPA 1

10 CZERWCA, SZTOKHOLM (RÅSUNDASTADION)
SZWECJA – FRANCJA 1:1 (1:0)
Bramki: Szwecja – 25' Eriksson; Francja – 59' Papin
Szwecja: Ravelli, Nilsson, Eriksson, P. Andersson, Björklund, Ingesson, Thern, Schwarz, Limpar, K. Andersson (72' Dahlin), Brolin
Francja: Martini, Boli, Blanc, Casoni, Amoros, Angloma (66' Fernandez), Sauzée, Deschamps, Vahirua (46' Perez), Cantona, Papin
Żółte kartki: Szwecja – Schwarz, Thern; Francja – Angloma, Cantona
Sędziował: Aleksiej Spirin (WNP)

11 CZERWCA, MALMÖ
DANIA – ANGLIA 0:0
Dania: Schmeichel, Sivebæk, Olsen, Christofte, Nielsen, Andersen, Jensen, Vilfort, Povlsen, B. Laudrup, Christensen
Anglia: Woods, Curie (61' Daley), Keown, Walker, Pearce, Steven, Palmer, Platt, Merson (71' Webb), Lineker, Smith
Żółte kartki: Dania – Sivebæk; Anglia – Keown, Curie, Daley
Sędziował: John Blankenstein (Holandia)

14 CZERWCA, SZTOKHOLM (RÅSUNDASTADION)
SZWECJA – DANIA 1:0 (0:0)
Bramka: Szwecja – 59' Brolin
Szwecja: Ravelli, Nilsson, Eriksson, P. Andersson, Björklund, Limpar, Thern, Schwarz, Ingesson, Brolin, Dahlin (79' Ekström)
Dania: Schmeichel, Sivebæk, Nielsen, Olsen, Andersen (64' Larsen), Christofte, Jensen, Vilfort, B. Laudrup, Povlsen, Christiansen (52' Frank)
Żółta kartka: Szwecja – P. Andersson
Sędziował: Aron Schmidhuber (Niemcy)

14 CZERWCA, MALMÖ
FRANCJA – ANGLIA 0:0
Francja: Martini, Amoros, Blanc, Boli, Casoni, Deschamps, Sauzée (46' Angloma), Fernandez (77' Perez), Durand, Papin, Cantona
Anglia: Woods, Steven, Keown, Pearce, Walker, Platt, Palmer, Batty, Sinton, Lineker, Shearer
Żółte kartki: Francja – Amoros; Anglia – Batty
Sędziował: Sándor Puhl (Węgry)

17 CZERWCA, SZTOKHOLM (RÅSUNDASTADION)
SZWECJA – ANGLIA 2:1 (0:1)
Bramki: Szwecja – 52' Eriksson, 84' Brolin; Anglia – 4' Platt
Szwecja: Ravelli, Nilsson, Eriksson, P. Andersson, Björklund, Ingesson, Schwarz, Thern, Limpar (46' Ekström), Brolin, Dahlin
Anglia: Woods, Batty, Walker, Keown, Pearce, Webb, Platt, Palmer, Sinton (76' Merson), Lineker (61' Smith), Daley
Żółte kartki: Szwecja – P. Andersson, Schwarz, Björklund; Anglia – Daley, Webb
Sędziował: José Rosa dos Santos (Portugalia)

17 CZERWCA, MALMÖ
DANIA – FRANCJA 2:1 (1:0)
Bramki: Dania – 9' Larsen, 78' Elstrup; Francja – 61' Papin
Dania: Schmeichel, Sivebæk, Olsen, Nielsen (61' Piechnik), Andersen, Larsen, Christofte, Jensen, B. Laudrup (66' Elstrup), Frank, Povlsen
Francja: Martini, Boli, Blanc, Casoni, Amoros, Deschamps, Perez (78' Cocard), Divert, Vahirua (46' Fernandez), Cantona, Papin
Żółte kartki: Dania – Povlsen, Frank; Francja – Casoni, Perez, Boli, Deschamps
Sędziował: Herbert Forstinger[1] (Austria)

Poz.	Kraj	Mecze	Punkty	Bramki
1	**Szwecja**	3	5	4-2
2	**Dania**	3	3	2-2
3	Francja	3	2	2-3
4	Anglia	3	2	1-2

GRUPA 2

12 CZERWCA, GÖTEBORG (ULLEVI)
HOLANDIA – SZKOCJA 1:0 (0:0)
Bramka: Holandia – 77' Bergkamp
Holandia: van Breukelen, van Aerle, R. Koeman, van Tiggelen, Rijkaard, Wouters (56' Jonk), Bergkamp, Witschge (86' Winter), Gullit, van Basten, Roy
Szkocja: Goram, McKimmie, Gough, McPherson, Malpas, McStay, McAllister, McCall, McClair (80' Ferguson), Durie, McCoist (74' Gallacher)
Żółta kartka: Holandia – Witschge
Sędziował: Bo Karlsson (Szwecja)

12 CZERWCA, NORRKÖPING (IDROTTSPARKEN)
NIEMCY – WNP 1:1 (0:0)
Bramki: Niemcy – 90' Häßler; WNP – 63' Dobrowolski (rz. k.)
Niemcy: Illgner, Reuter (64' Klinsmann), Binz, Buchwald, Kohler, Brehme, Häßler, Effenberg, Doll, Riedle, Völler (46' Möller)
WNP: Charin, O. Kuzniecow, Czernyszow, Cwejba, Kanczelskis, Luty (46' Onopko), Mychajłyczenko, D. Kuzniecow, Szalimow (84' Iwanow), Koływanow, Dobrowolski
Żółte kartki: WNP – Dobrowolski, Cwejba, Charin
Sędziował: Gerard Biguet (Francja)

---

[1] Według źródeł UEFA: Hubert Forstinger.

1990–1992

15 czerwca, Göteborg (Ullevi)
HOLANDIA – WNP 0:0
Holandia: van Breukelen, van Aerle, R. Koeman, van Tiggelen, Rijkaard, Gullit (59' van 't Schip), Wouters, Bergkamp, Witschge, van Basten, Roy
WNP: Charin, Czernyszow, O. Kuzniecow, Cwejba, Kanczelskis, Alejnikau (58' D. Kuzniecow), Mychajłyczenko, Onopko, Koływanow, Dobrowolski, Juran (65' Kirjakow)
Żółte kartki: Holandia – R. Koeman, Wouters; WNP – Cwejba
Sędziował: Peter Mikkelsen (Dania)

15 czerwca, Norrköping (Idrottsparken)
NIEMCY – SZKOCJA 2:0 (1:0)
Bramki: Niemcy – 29' Riedle, 47' Effenberg
Niemcy: Illgner, Kohler, Binz, Buchwald, Häßler, Effenberg, Sammer, Möller, Brehme, Klinsmann, Riedle (69' Reuter, 75' Schultz)
Szkocja: Goram, McPherson, Gough, Malpas, McKimmie, McCall, McAllister, McStay, McClair, Durie (56' Nevin), McCoist (70' Gallacher)
Żółte kartki: Niemcy – Häßler; Szkocja – McCall
Sędziował: Guy Goethals (Belgia)

18 czerwca, Göteborg (Ullevi)
HOLANDIA – NIEMCY 3:1 (2:0)
Bramki: Holandia – 4' Rijkaard, 15' Witschge, 71' Bergkamp; Niemcy – 53' Klinsmann
Holandia: van Breukelen, van Tiggelen, R. Koeman, de Boer (61' Winter), Gullit, Wouters, Rijkaard, Bergkamp (87' Bosz), Witschge, van Basten, Roy
Niemcy: Illgner, Kohler, Binz (46' Sammer), Helmer, Brehme, Häßler, Effenberg, Möller, Frontzeck, Riedle (75' Doll), Klinsmann
Żółta kartka: Niemcy – Kohler
Sędziował: Pierluigi Pairetto (Włochy)

18 czerwca, Norrköping (Idrottsparken)
SZKOCJA – WNP 3:0 (2:0)
Bramki: Szkocja – 8' McStay, 17' McClair, 84' McAllister (rz. k.)
Szkocja: Goram, McKimmie, Gough, McPherson, Boyd, McAllister, McCall, McStay, McClair, Gallacher (80' Nevin), McCoist
WNP: Charin, O. Kuzniecow, Czernyszow, Cchadadze, Kanczelskis, Mychajłyczenko, Alejnikau (46' Korniejew), Onopko, Kirjakow (46' Koływanow), Dobrowolski, Juran
Żółte kartki: Szkocja – McCall; WNP – Czernyszow, Mychajłyczenko
Sędziował: Stephan Röthlisberger[2] (Szwajcaria)

Poz.	Kraj	Mecze	Punkty	Bramki
1	Holandia	3	5	4-1
2	Niemcy	3	3	4-4
3	Szkocja	3	2	3-3
4	WNP	3	2	1-4

---

[2] Według źródeł UEFA: Kurt Röthlisberger.

Mistrzostwa Europy 1990–1992

PÓŁFINAŁY

21 CZERWCA, SZTOKHOLM (RÅSUNDASTADION)
NIEMCY – SZWECJA 3:2 (1:0)
Bramki: Niemcy – 12' Häßler, 60' Riedle, 89' Riedle; Szwecja – 66' Brolin (rz. k.), 90' K. Andersson
Niemcy: Illgner, Reuter, Helmer, Kohler, Buchwald, Brehme, Häßler, Sammer, Effenberg, Riedle, Klinsmann (89' Doll)
Szwecja: Ravelli, Nilsson, Eriksson, Björklund, Ljung, Joakim (67' Limpar), Ingesson, Thern, Brolin, K. Andersson, Dahlin (74' Ekström)
Żółte kartki: Niemcy – Effenberg, Riedle, Buchwald, Reuter; Szwecja – Ljung, Dahlin
Sędziował: Tulio Lanese (Włochy)

21 CZERWCA, GÖTEBORG (ULLEVI)
HOLANDIA – DANIA 2:2 (1:2, 2:2, 2:2), rz. k. 4:5
Bramki: Holandia – 24' Bergkamp, 86' Rijkaard; Dania – 6' Larsen, 33' Larsen
Rzuty karne: 1:0 R. Koeman, 1:1 Larsen (strzał van Bastena obronił Schmeichel), 1:2 Povlsen, 2:2 Bergkamp, 2:3 Elstrup, 3:3 Rijkaard, 3:4 Vilfort, 4:4 Witschge, 4:5 Christofte
Holandia: van Breukelen, van Tiggelen, R. Koeman, de Boer (46' Kieft), Gullit, Rijkaard, Wouters, Bergkamp, Witschge, van Basten, Roy (116' van 't Schip)
Dania: Schmeichel, Sivebæk, Olsen, Christofte, Piechnik, Jensen, Vilfort, Larsen, Andersen (67' Christiansen), Povlsen, B. Laudrup (56' Elstrup)
Żółte kartki: Holandia – Rijkaard; Dania – Andersen
Sędziował: Emilio Soriano Aladrén (Hiszpania)

FINAŁ

Niemcy w finale... to oczywiste. Ale czy ktoś przypuszczał, że będą w parze z reprezentacją Danii, która w ostatniej chwili zastąpiła Jugosławię i decyzją władz UEFA wystąpiła na boiskach Szwecji? Na ten mecz kibice z Danii zjechali całymi rodzinami i nikt z organizatorów – ba! – nawet z kibiców ani przez moment nie wątpił, że atmosfera na trybunach będzie godna finału. Gromkie oklaski, chóralne śpiewy, kolorowe czapeczki, szaliki, niebywała radość z występu własnej drużyny w finale. Duńczycy nie byli faworytami, ale starali się kontrolować przebieg meczu. Klinsmann dobrze grał w powietrzu, dogrywał do kolegów z zespołu, błyskotliwy Häßler umiejętnie dryblował, ale tego dnia to nie wystarczyło na bramkarza Schmeichela. On, jak na mistrza przystało, zanotował najlepszy występ w najważniejszym

Drużyna Danii tuż po zakończeniu zwycięskiego dla niej meczu finałowego z Niemcami, 26 czerwca 1992 r.

spotkaniu. Bezbłędnie wyłapywał wszystkie dośrodkowania, dalekimi, celnymi wyrzutami pod nogi kolegów uruchamiał szybkie kontrataki. Znakomity duet duński – Povlsen i Laudrup – wywoływał nieustanny alarm w szeregach obrony niemieckiej. Piękną bramkę zdobył w 19. minucie Jensen i stadion eksplodował radością. Niemcy grali rozważnie w obronie, jednak ich akcjom ofensywnym brakowało dynamiki. Ruszali pod bramkę rywala, licząc na jego potknięcie i zdobycie wyrównującego gola. Kalkulacje te przerwał Vilfort, w 79. minucie meczu zupełnie pogrążając Niemców. Zwyciężyło piękno i świeżość futbolu, czyli to, o czym kibice dawno zapomnieli, a reprezentacja Danii wprowadziła na szwedzką murawę. Czym wytłumaczyć fakt zdobycia przez drużynę duńską tytułu najlepszej w Europie, skoro na przygotowanie miała zaledwie… osiem dni? Piłkarze na co dzień występujący w najlepszych ligach europejskich Włoch, Hiszpanii, Anglii, Niemiec po wyczerpującym sezonie znaleźli jeszcze rezerwy na twardą walkę w reprezentacji narodowej. Profesjonalizm zobowiązuje bowiem do zachowania poziomu. Brawa dla nowego mistrza Europy.

26 czerwca, Göteborg (Ullevi)
DANIA – NIEMCY 2:0 (1:0)
Bramki: Dania – 19' Jensen, 79' Vilfort
Dania: Schmeichel, Sivebæk (67' Christiansen), Olsen, Nielsen, Christofte, Piechnik, Vilfort, Larsen, Jensen, Povlsen, B. Laudrup
Niemcy: Illgner, Buchwald, Helmer, Kohler, Reuter, Häßler, Sammer (46' Doll), Effenberg (81' Thom), Brehme, Klinsmann, Riedle
Żółte kartki: Dania – Jensen; Niemcy – Reuter, Häßler, Doll, Klinsmann, Sammer
Sędziował: Bruno Galler (Szwajcaria)

STRZELCY BRAMEK TURNIEJU FINAŁOWEGO
3 – Larsen (Dania), Bergkamp (Holandia), Riedle (Niemcy), Brolin (Szwecja)
2 – Papin (Francja), Rijkaard (Holandia), Häßler (Niemcy), Eriksson (Szwecja)
1 – Platt (Anglia), Elstrup, Jensen, Vilfort (Dania), Witschge (Holandia), Effenberg, Klinsmann (Niemcy), McAllister, McClair, McStay (Szkocja), K. Andersson (Szwecja), Dobrowolski (WNP)

O NIM SIĘ MÓWIŁO
Peter Schmeichel (ur. 18 listopada 1963 r. w Gladsaxe) – bramkarz pochodzenia duńsko-polskiego, zaliczany do grona najlepszych. Karierę rozpoczynał w Brøndby, w 1991 r. został zakupiony przez Manchester United, którego barw bronił do 1999. Z klubem tym święcił największe triumfy: pięciokrotnie zdobył tytuł mistrza Anglii (1993, 1994, 1996, 1997, 1999), dwukrotnie Puchar Anglii (1994, 1996). W następnych latach bronił bramki Sportingu Lizbona (1999–2001) i Aston Villi (2001–2002). W 2003 r. występował jeszcze w Manchesterze City. Z narodową reprezentacją Danii w znakomitym stylu sięgnął po mistrzostwo Europy. Wysoki, dobrze zbudowany, pewnie bronił dostępu do bramki przed najgroźniejszymi strzałami. Skuteczny w bramce, na przedpolu wyłapywał górne piłki i dalekimi wyrzutami inicjował groźne kontrataki. Głównie dzięki jego znakomitej grze Dania zdobyła mistrzostwo kontynentu. Od 2005 r. mogliśmy go oglądać na ekranie telewizyjnym w zupełnie innej roli – jako sympatycznego prezentera prowadzącego amerykański serial popularnonaukowy *Brudna robota*.

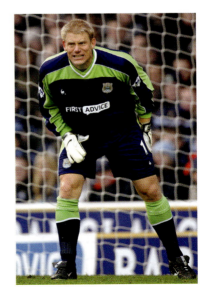

MISTRZOSTWA EUROPY
1994-1996

Jubileuszowe, dziesiąte z kolei ME zostały rozegrane w **Anglii** – kraju, który ustalił reguły gry w piłkę nożną. Mecze w grupach eliminacyjnych przeszły bez echa i niespodzianek. Faworyci awansowali, nie napotykając większych problemów. Jedynie Holendrzy męczyli się w dodatkowym meczu barażowym z Irlandią oraz zabrakło gospodarzy poprzednich mistrzostw, Szwedów, których niespodziewanie pokonali Szwajcarzy i Turcy. Nasi piłkarze tradycyjnie nie uporali się z przeciwnikami.

Ceremonia otwarcia odbiła się szerokim echem wśród dziennikarzy, obserwatorów na stadionie i dużego grona kibiców zgromadzonych przed telewizorami. Stadion Wembley utonął w oślepiającym błysku fleszy – przedstawienie historii Wysp Brytyjskich uznano za imponujące. Mecz otwarcia w **grupie A** nie miał już takich recenzji. Gospodarze turnieju w spotkaniu ze Szwajcarią uważani byli za faworytów. Silne strzały Neville'a i McManamana na bramkę Marco Pascolo długo nie przynosiły upragnionego gola. Dopiero w 22. minucie meczu wobec precyzyjnego uderzenia Shearera szwajcarski bramkarz okazał się bezradny. W drugiej połowie Anglicy starali się grać na utrzymanie wyniku, ale taka strategia z reguły nie popłaca. Za zagranie ręką w polu karnym w 82. minucie sędzia podyktował jedenastkę, którą Türkyılmaz zamienił na bramkę. Wynik remisowy nie usatysfakcjonował gospodarzy, lecz mimo ich usilnych starań utrzymał się do końca spotkania.

W innym meczu tej grupy Holandia bezbramkowo zremisowała ze Szkocją. Widowisko nie należało do zaciętych i nie mogło spodobać się wybrednej publiczności, ponieważ wiele sytuacji podbramkowych zostało niewykorzystanych. Spotkanie Holandii ze Szwajcarią zakończyło się zwycięstwem pomarańczowych 2:0. Grę prowadzono w szybkim tempie, ale ciekawych akcji było niewiele. Jeszcze przed przerwą groźnie strzelał Szwajcar Hottiger, ale piłka przeszła nad bramką. Po zmianie stron Holendrzy ruszyli do ataku, uzyskując wyraźną przewagę. Najpierw w 66. minucie Jordi Cruijff (syn Johanna), a później w 80. minucie silnym strzałem przy słupku Bergkamp ustalili końcowy wynik meczu.

Starcie odwiecznych rywali, Anglii i Szkocji, tradycyjnie zapowiadało zaciętą walkę na całym boisku. W pierwszej odsłonie Anglicy częściej przebywali pod bramką Gorama, ale liczne niecelne podania spowodowały, że szkocki golkiper długo zachowywał czyste konto. W drugiej połowie Szkoci nieustępliwie walczyli o każdy metr boiska. Prowadzone wzdłuż linii bocznych akcje ofensywne McCoista i Collinsa czyniły sporo zamieszania w obronie Anglików. Seaman był jednak tego dnia w dobrej formie. Przy stanie 2:0 dla swojej drużyny obronił rzut karny. W spotkaniu przypomniał o sobie Paul Gascoigne, zdobywca drugiej bramki.

Z kolei interesująco zapowiadał się mecz Anglii i Holandii. Oba zespoły spotkały się w grupie eliminacyjnej na ME w 1988 r. i zwycięstwo 3:1 odnieśli wówczas Holendrzy, późniejsi mistrzowie. Na stadionie Wembley oczekiwano rewanżu. Widowisko mogło się podobać – żywiołowa gra Bergkampa i Seedorfa przeciwko nieustannym kontratakom w wykonaniu Shearera i McManamana. Prowadzenie 1:0 po skutecznie wykonanym przez Shearera rzucie karnym utrzymywało się przez całą pierwszą połowę. W drugiej odsłonie Anglicy rozpoczęli ofensywną grę, która najpierw w 51. minucie po główce Sheringhama, a w 57. minucie po uderzeniu Shearera przyniosła kolejne bramki. Dokończył oddany z małej odległości strzał Pearce'a, którzy van der Sar jeszcze obronił, jednak przy precyzyjnej dobitce Sheringhama bramkarz był bezradny. Jednobramkowe zwycięstwo Szkocji nad Szwajcarią nie wystarczyło na grę w następnej rundzie.

Mecz Anglii z Holandią, 18 czerwca 1996 r.; przy piłce Alan Shearer, po lewej Steve McManaman.

W pierwszym meczu **grupy B** spotkały się południowe temperamenty – Hiszpania z Bułgarią. Początkowe minuty i wzajemny respekt obu drużyn nie zapowiadały ostrej, zaciętej walki. Doskonale rozumiał się duet Stoiczkow-Kostadinow, wspomagany przez Leczkowa. Znakomita gra Zubizarrety utrudniała jednak zdobycie bramki. Wyśmienita okazja nadarzyła się w 65. minucie. Piłka po rzucie karnym wykonywanym przez Stoiczkowa najpierw trafiła w lewy słupek, a następnie wpadła do siatki. Z prowadzenia Bułgarzy cieszyli się niecałe 10 minut. Pierwszy kontakt z piłką wprowadzonego do gry Alfonsa zakończył się celnym strzałem do bramki Michajłowa. Remis został okupiony siedmioma żółtymi i dwoma czerwonymi kartkami.

W innym meczu tej grupy Francja spotkała się z Rumunią. Widowisko nie należało do najciekawszych, Francuzi dużo biegali po boisku, a piłkarze Rumunii nie wykazywali chęci do częstych ataków, tylko Hagi i Lăcătuş popisali się efektownymi strzałami na bramkę Lamy. Raz też pomylił się bramkarz Stelea i kosztowało to jego drużynę porażkę 0:1. Piłkarzom obu zespołów wyraźnie brakowało pomysłu na dobrą grę. Mecze odwiecznych rywali zza miedzy – Rumunii z Bułgarią – rzadko należą do interesujących. Dominuje w nich dużo chaosu, nieprzepisowych zagrań i z reguły nie ma goli. Tym razem Bułgarzy po solowym rajdzie Stoiczkowa bardzo szybko zdobyli bramkę. W 31. minucie po strzale Munteanu piłka odbiła się od poprzeczki i całym swym obwodem przeszła linię bramkową. Sędzia zakwestionował ten fakt i nie uznał gola. Gra stawała się coraz bardziej nerwowa, aż w końcu Rumunom zabrakło czasu na odrobienie strat.

Drugie spotkania każdej grupy zwykle decydują o awansie drużyn do następnej fazy rozgrywek. Nie inaczej było w meczu Francji z Hiszpanią. Krótko po przerwie, po szybko przeprowadzonym ataku Francuzi zdobyli prowadzenie. Kiedy wydawało się, że Hiszpanie będą musieli rezerwować bilety powrotne, trener zdecydował się na zmianę. Silny strzał z wo-

Mistrzostwa Europy 1994–1996

leja Caminero trafił do siatki i uchronił drużynę od przedwczesnego pożegnania z turniejem. Francuzom udał się jednak rewanż za... MŚ 1994 r., w których przegrali z Bułgarią. Tym razem nie pozostawili Bułgarom złudzeń, pokonując ich pewnie 3:1 i tym samym eliminując z dalszych gier.

W **grupie C** uważani za faworytów Niemcy nie zawiedli. W spotkaniu z Czechami zaprezentowali znakomitą dyspozycję i skuteczną grę, dzięki czemu odnieśli zasłużone zwycięstwo 2:0. W konfrontacji z zespołem rosyjskim wykazali również wolę walki o najwyższe trofeum oraz znakomite zgranie w drużynie. Jürgen Klinsmann potwierdził swoją wysoką klasę i niezawodność w sytuacjach podbramkowych. Wyrównane spotkanie z Włochami tylko w pierwszej połowie mogło zainteresować kibiców. Niemcy, pewni awansu, kontrolowali przebieg meczu, choć nie obeszło się bez nerwowych poczynań piłkarzy. Czerwoną kartkę – zupełnie niepotrzebnie – ujrzał Strunz, który do składu powrócił dopiero na pełen dramatyzmu finał.

Pasjonujące widowisko zaprezentowały w ostatnim meczu tej grupy zespoły Rosji i Czech. Była to ostra walka o punkty i każdy metr na boisku. Po bramkach Suchopárka i Kuki Czesi zbyt szybko uwierzyli w łatwe zwycięstwo i oddali inicjatywę przeciwnikowi. Było o co walczyć, gdyż poza drużyną Niemiec – w awans której mało kto wątpił – pozostałe trzy zespoły również do końca zachowały szansę na wyjście z grupy. Tak więc zaraz po przerwie wprowadzony do gry Mostovoj skutecznym uderzeniem zdobył kontaktową bramkę. Kiedy pięć minut później Tetradze po akcji zainicjowanej przez Cymbałara uzyskał wyrównanie, kibice ożyli. Nareszcie zaczęły padać bramki, a sytuacji do ich zdobycia więcej stworzyli piłkarze znad Wełtawy. Nikt nawet na moment nie myślał o odpuszczeniu gry. Na pięć minut przed końcowym gwizdkiem wydawało się, że bramkę na wagę zwycięstwa strzelił Bieszczastnych, ale wkrótce potem Czechów uchronił od porażki Šmicer, strzelając wyrównującego gola. Szkoda tylko, że takie spotkania oglądają kibice, gdy o awansie decyduje zwykle ostatni mecz. Czesi dzięki bezpośredniemu zwycięstwu wyeliminowali Włochów mimo tej samej ilości punktów i gorszej różnicy bramek.

W **grupie D** obrońcy tytułu spotkali się z reprezentacją Portugalii. Dojrzalsi o cztery lata Duńczycy pokazali maksimum swoich umiejętności, ale wystarczyło to jedynie do remisu 1:1. Fakt, że drużyna Danii straciła tylko jedną bramkę, był zasługą doskonałej postawy bramkarza Schmeichela. W innym meczu tej grupy reprezentacja Chorwacji spotkała się z outsiderem – Turcją. Zastopowanie ataków Bobana i Šukera na bramkę Rüştü to wynik dobrej gry obronnej. Wyszkoleniem technicznym i umiejętnościami górowali Chorwaci, ale ambicją i wolą walki nie ustępował im żaden z tureckich piłkarzy. Kiedy wydawało się, że bezbramkowy remis uznany zostanie za jedną z nielicznych dotychczas niespodzianek, w 86. minucie Vlaović zdobył bramkę na wagę zwycięstwa.

Natomiast w meczu przeciwko reprezentacji Danii Chorwaci nie pozostawili cienia wątpliwości co do tego, kto jest faworytem grupy. Doskonale współpracujący duet Prosinečki-Boban tak precyzyjnie rozdzielał piłki pomiędzy kolegów, że Šuker i Boban nie mieli kłopotów z umieszczeniem ich w bramce. Nawet Schmeichel (na co dzień zawodnik Manchesteru United), doskonale znający atmosferę angielskich stadionów, wobec silnych strzałów chorwackich napastników był bezradny. Zresztą uchronił swoją drużynę od wyższej porażki. Zdetronizowani mistrzowie w meczu z Turcją grali już tylko o zachowanie twarzy. Zwycięstwo 3:0 nie odzwierciedlało sytuacji, jaka panowała na boisku. Brian Laudrup dwukrotnie wpisał się na listę strzelców, ale pozostali zawodnicy strzelali obok słupków lub wysoko ponad bramką. Takiej defensywnej postawy ze strony Turcji nie zauważono w pierwszych spotkaniach.

Mecze **ćwierćfinałowe** – jak na tę fazę rozgrywek przystało – musiały wyłonić zwycięzcę w jednym tylko spotkaniu. Dreszczu emocji i wspaniałego widowiska dostarczyły pojedynki Hiszpanii z Anglią oraz Francji z Holandią. Pierwsze spotkanie miało swego faworyta – Anglię. Wyspiarze, bezradni i chaotyczni wobec ambitnej i doskonale zorganizowanej drużyny Hiszpanii, nie stworzyli sobie zbyt wielu sytuacji strzeleckich. Ponadto potwierdziła się wyborna forma Zubizarrety. Jeżeli prawdą jest, że gospodarzom sprzyjają ściany, tym razem zadbał o to prowadzący mecz Marc Batta. Nie uznał prawidłowo strzelonej bramki Hierro i niepotrzebnie wprowadził wiele nerwowości do dalszej gry. Ani 90-minutowy mecz, ani dogrywka nie przyniosły rozstrzygnięcia. Decydować musiały rzuty karne. W takich sytuacjach często nie wystarczają umiejętności. Potrzebne jest opanowanie, duża odporność psychiczna i… łut szczęścia. Los uśmiechnął się do Anglików.

W drugim spotkaniu ćwierćfinałowym starły się reprezentacje Holandii i Francji. Cztery lata wcześniej na ME Holendrzy w rzutach karnych właśnie w ćwierćfinale pogrzebali swój los, ulegając rewelacyjnej Danii. Wówczas strzał Marco van Bastena obronił Schmeichel, dziś Lama skutecznie zastopował akcję Seedorfa. W innych spotkaniach ćwierćfinałowych Niemcy nie pozostawili złudzeń co do walki o finał, pokonując Chorwację. Niespodziewane zwycięstwo odnieśli Czesi nad Portugalią.

Tak więc w **półfinałach** spotkały się pary: Francja – Czechy i Niemcy – Anglia. W przeddzień półfinałowego meczu pierwszej pary prasa niewiele pisała o prognozach związanych z szansami na finał. Z powodu żółtych kartek pauzowali Suchopárek, Bejbl i Látal. Ale zmiennicy nie zawiedli. Pokazali klasę i niezwykły piłkarski kunszt. Liczne, stale przypuszczane ataki pod jedną i drugą bramką, parady Lamy i Kouby wystawiały obu bramkarzom najwyższe noty. Przyszła więc kolej na rzuty karne. A to prawdziwa loteria… Trener Uhrin postawił na dobrych egzekutorów i nasi południowi sąsiedzi po raz drugi zagrali w finale.

Jeden z celnych rzutów karnych na końcu meczu Niemiec z Anglią, 26 czerwca 1996 r.; strzelił Paul Gascoigne.

O drugim pojedynku półfinałowym z kolei rozpisywano się tak, jakby turniej miał się zakończyć na tym spotkaniu. Klasyk Anglia – Niemcy. Ile to już razy spotykały się te dwie jedenastki podczas ważnych turniejów? Ileż było w nich dramaturgii, emocji, zaskakujących rozstrzygnięć? Można by nimi obdzielić niejedną imprezę najwyższej rangi. Ale wróćmy do obecnego półfinału. Niemieccy piłkarze, przygotowani kondycyjnie na całe mistrzostwa, już w trzeciej minucie przegrywali 0:1. Solidność, konsekwencję oraz upór w dążeniu do zmiany niekorzystnego dla siebie wyniku mają zakodowane w trakcie rozgrywania każdego meczu. Wyrównujący gol padł szybko: w 16. minucie Kuntz pokonał Seamana. I znów skończyło się na rzutach karnych. Anglicy nie powtórzyli wyczynu z ćwierćfinałów. Strzał Southgate'a obronił Köpke i Niemcy znaleźli się w finale. Na pewno Euro'96 pozostanie w pamięci kibiców jako mistrzostwa… w wykonywaniu rzutów karnych.

Mistrzostwa Europy 1994–1996

WYNIKI SPOTKAŃ KWALIFIKACYJNYCH
Drużynę awansującą do następnej rundy oznaczono pogrubieniem.

ELIMINACJE GRUPOWE
Awansują zwycięzcy ośmiu grup oraz sześć najlepszych drużyn z drugich miejsc; siódma i ósma drużyna zagrają jeden mecz barażowy.

GRUPA 1

Izrael – Polska	2:1 (1:0)
Rumunia – Azerbejdżan	3:0 (1:0)
Słowacja – Francja	0:0
Francja – Rumunia	0:0
Izrael – Słowacja	2:2 (2:2)
Polska – Azerbejdżan	1:0 (1:0)
Rumunia – Słowacja	3:2 (1:0)
Polska – Francja	0:0
Azerbejdżan – Izrael	0:2 (0:1)
Azerbejdżan – Francja	0:2 (0:1)
Izrael – Rumunia	1:1 (0:0)
Izrael – Francja	0:0
Słowacja – Azerbejdżan	4:1 (3:0)
Rumunia – Polska	2:1 (1:1)
Polska – Izrael	4:3 (1:2)
Azerbejdżan – Rumunia	1:4 (1:2)
Francja – Słowacja	4:0 (2:0)
Polska – Słowacja	5:0 (1:0)
Rumunia – Izrael	2:1 (1:0)
Azerbejdżan – Słowacja	0:1 (0:0)
Francja – Polska	1:1 (0:1)
Polska – Rumunia	0:0
Słowacja – Izrael	1:0 (0:0)
Francja – Azerbejdżan	10:0 (3:0)
Słowacja – Polska	4:1 (1:1)
Izrael – Azerbejdżan	2:0 (1:0)
Rumunia – Francja	1:3 (0:2)
Azerbejdżan – Polska	0:0
Słowacja – Rumunia	0:2 (0:0)
Francja – Izrael	2:0 (0:0)

Poz.	Kraj	Mecze	Punkty	Bramki
1	**Rumunia**	10	21	18-9
2	**Francja**	10	20	22-2
3	Słowacja	10	14	14-18
4	Polska	10	13	14-12
5	Izrael	10	12	13-13
6	Azerbejdżan	10	1	2-29

GRUPA 2

Macedonia – Dania	1:1 (0:1)
Cypr – Hiszpania	1:2 (1:1)
Belgia – Armenia	2:0 (0:0)
Armenia – Cypr	0:0
Macedonia – Hiszpania	0:2 (0:0)
Dania – Belgia	3:1 (1:1)
Cypr – Armenia	2:0 (1:0)
Belgia – Macedonia	1:1 (0:0)
Hiszpania – Dania	3:0 (2:0)
Macedonia – Cypr	3:0 (1:0)
Belgia – Hiszpania	1:4 (1:2)
Cypr – Dania	1:1 (0:1)
Hiszpania – Belgia	1:1 (0:0)
Armenia – Hiszpania	0:2 (0:1)
Dania – Macedonia	1:0 (1:0)
Belgia – Cypr	2:0 (1:0)
Armenia – Macedonia	2:2 (1:2)
Dania – Cypr	4:0 (3:0)
Macedonia – Belgia	0:5 (0:2)
Hiszpania – Armenia	1:0 (0:0)
Armenia – Dania	0:2 (0:0)
Macedonia – Armenia	1:2 (1:1)
Belgia – Dania	1:3 (1:2)
Hiszpania – Cypr	6:0 (4:0)
Armenia – Belgia	0:2 (0:1)
Cypr – Macedonia	1:1 (0:0)
Dania – Hiszpania	1:1 (0:1)
Cypr – Belgia	1:1 (0:0)
Dania – Armenia	3:1 (1:0)
Hiszpania – Macedonia	3:0 (2:0)

Poz.	Kraj	Mecze	Punkty	Bramki
1	**Hiszpania**	10	26	25-4
2	**Dania**	10	21	19-9
3	Belgia	10	15	17-13
4	Macedonia	10	7	9-18
5	Cypr	10	7	6-20
6	Armenia	10	5	5-17

GRUPA 3

Islandia – Szwecja	0:1 (0:1)
Węgry – Turcja	2:2 (1:0)
Turcja – Islandia	5:0 (3:0)
Szwajcaria – Szwecja	4:2 (2:0)

Mistrzostwa Europy 1994–1996

Szwecja – Węgry	2:0 (1:0)
Szwajcaria – Islandia	1:0 (0:0)
Turcja – Szwajcaria	1:2 (1:1)
Węgry – Szwajcaria	2:2 (0:1)
Turcja – Szwecja	2:1 (2:0)
Szwajcaria – Turcja	1:2 (1:1)
Węgry – Szwecja	1:0 (0:0)
Szwecja – Islandia	1:1 (1:0)
Islandia – Węgry	2:1 (2:0)
Islandia – Szwajcaria	0:2 (0:1)
Szwecja – Szwajcaria	0:0
Turcja – Węgry	2:0 (1:0)
Islandia – Turcja	0:0
Szwajcaria – Węgry	3:0 (2:0)
Węgry – Islandia	1:0 (0:0)
Szwecja – Turcja	2:2 (0:1)

Poz.	Kraj	Mecze	Punkty	Bramki
1	**Szwajcaria**	8	17	15-7
2	**Turcja**	8	15	16-8
3	Szwecja	8	9	9-10
4	Węgry	8	8	7-13
5	Islandia	8	5	3-12

GRUPA 4

Estonia – Chorwacja	0:2 (0:1)
Ukraina – Litwa	0:2 (0:1)
Słowenia – Włochy	1:1 (0:0)
Estonia – Włochy	0:2 (0:2)
Chorwacja – Litwa	2:0 (1:0)
Ukraina – Słowenia	0:0
Ukraina – Estonia	3:0 (2:0)
Słowenia – Litwa	1:2 (1:0)
Włochy – Chorwacja	1:2 (0:1)
Chorwacja – Ukraina	4:0 (3:0)
Włochy – Estonia	4:1 (2:0)
Litwa – Chorwacja	0:0
Słowenia – Estonia	3:0 (1:0)
Ukraina – Włochy	0:2 (0:2)
Estonia – Ukraina	0:1 (0:0)
Litwa – Włochy	0:1 (0:1)
Chorwacja – Słowenia	2:0 (1:0)
Litwa – Słowenia	2:1 (2:0)
Estonia – Słowenia	1:3 (1:1)
Ukraina – Chorwacja	1:0 (0:0)

Estonia – Litwa	0:1 (0:1)	
Chorwacja – Estonia	7:1 (3:0)	
Litwa – Ukraina	1:3 (0:2)	
Włochy – Słowenia	1:0 (0:0)	
Chorwacja – Włochy	1:1 (1:0)	
Słowenia – Ukraina	3:2 (2:0)	
Litwa – Estonia	5:0 (2:0)	
Włochy – Ukraina	3:1 (2:0)	
Słowenia – Chorwacja	1:2 (0:0)	
Włochy – Litwa	4:0 (1:0)	

Poz.	Kraj	Mecze	Punkty	Bramki
1	**Chorwacja**	10	23	22-5
2	**Włochy**	10	23	20-6
3	Litwa	10	16	13-12
4	Ukraina	10	13	11-15
5	Słowenia	10	11	13-13
6	Estonia	10	0	3-31

GRUPA 5

Czechy – Malta	6:1 (3:1)
Norwegia – Białoruś	1:0 (0:0)
Luksemburg – Holandia	0:4 (0:1)
Malta – Czechy	0:0
Białoruś – Luksemburg	2:0 (1:0)
Norwegia – Holandia	1:1 (0:1)
Białoruś – Norwegia	0:4 (0:3)
Holandia – Czechy	0:0
Malta – Norwegia	0:1 (0:0)
Holandia – Luksemburg	5:0 (2:0)
Malta – Luksemburg	0:1 (0:0)
Czechy – Białoruś	4:2 (2:1)
Luksemburg – Norwegia	0:2 (0:1)
Holandia – Malta	4:0 (3:0)
Białoruś – Malta	1:1 (0:1)
Norwegia – Luksemburg	5:0 (3:0)
Czechy – Holandia	5:1 (3:1)
Norwegia – Malta	2:0 (1:0)
Białoruś – Holandia	1:0 (0:0)
Luksemburg – Czechy	1:0 (1:0)
Norwegia – Czechy	1:1 (0:0)
Luksemburg – Malta	1:0 (0:0)
Holandia – Białoruś	1:0 (1:0)
Czechy – Norwegia	2:0 (1:0)
Białoruś – Czechy	0:2 (0:0)

Mistrzostwa Europy 1994–1996

Malta – Holandia	0:4 (0:3)	
Luksemburg – Białoruś	0:0	
Malta – Białoruś	0:2 (0:0)	
Czechy – Luksemburg	3:0 (1:0)	
Holandia – Norwegia	3:0 (2:0)	

Poz.	Kraj	Mecze	Punkty	Bramki
1	**Czechy**	10	21	21-6
2	Holandia	10	20	23-5
3	Norwegia	10	20	17-7
4	Białoruś	10	11	8-13
5	Luksemburg	10	10	3-21
6	Malta	10	2	2-22

GRUPA 6

Irlandia Płn. – Liechtenstein	4:1 (3:0)
Liechtenstein – Austria	0:4 (0:0)
Irlandia Płn. – Portugalia	1:2 (0:1)
Łotwa – Irlandia	0:3 (0:2)
Łotwa – Portugalia	1:3 (0:0)
Irlandia – Liechtenstein	4:0 (3:0)
Austria – Irlandia Płn.	1:2 (1:0)
Portugalia – Austria	1:0 (0:0)
Liechtenstein – Łotwa	0:1 (0:1)
Irlandia Płn. – Irlandia	0:4 (0:3)
Portugalia – Liechtenstein	8:0 (5:0)
Irlandia – Irlandia Płn.	1:1 (0:1)
Austria – Łotwa	5:0 (3:0)
Austria – Liechtenstein	7:0 (4:0)
Łotwa – Irlandia Płn.	0:1 (0:0)
Irlandia – Portugalia	1:0 (0:0)
Liechtenstein – Irlandia	0:0
Portugalia – Łotwa	3:2 (2:0)
Irlandia Płn. – Łotwa	1:2 (1:1)
Irlandia – Austria	1:3 (1:2)
Liechtenstein – Portugalia	0:7 (0:2)
Łotwa – Austria	3:2 (2:0)
Portugalia – Irlandia Płn.	1:1 (0:1)
Łotwa – Liechtenstein	1:0 (0:0)
Austria – Irlandia	3:1 (2:1)
Liechtenstein – Irlandia Płn.	0:4 (0:3)
Irlandia – Łotwa	2:1 (2:0)
Austria – Portugalia	1:1 (0:1)
Irlandia Płn. – Austria	5:3 (3:3)
Portugalia – Irlandia	3:0 (2:0)

Poz.	Kraj	Mecze	Punkty	Bramki
1	**Portugalia**	10	23	29-7
2	<u>Irlandia</u>	10	17	17-11
3	Irlandia Płn.	10	17	20-15
4	Austria	10	16	29-14
5	Łotwa	10	12	11-20
6	Liechtenstein	10	1	1-40

GRUPA 7

Walia – Albania	2:0 (1:0)
Gruzja – Mołdawia	0:1 (0:0)
Mołdawia – Walia	3:2 (2:0)
Bułgaria – Gruzja	2:0 (1:0)
Albania – Niemcy	1:2 (1:1)
Gruzja – Walia	5:0 (3:0)
Bułgaria – Mołdawia	4:1 (1:0)
Albania – Gruzja	0:1 (0:1)
Mołdawia – Niemcy	0:3 (0:3)
Walia – Bułgaria	0:3 (0:2)
Niemcy – Albania	2:1 (2:0)
Albania – Mołdawia	3:0 (1:0)
Bułgaria – Walia	3:1 (1:1)
Gruzja – Niemcy	0:2 (0:1)
Mołdawia – Bułgaria	0:3 (0:2)
Gruzja – Albania	2:0 (1:0)
Niemcy – Walia	1:1 (0:1)
Mołdawia – Albania	2:3 (1:2)
Walia – Gruzja	0:1 (0:0)
Bułgaria – Niemcy	3:2 (2:2)
Albania – Bułgaria	1:1 (0:1)
Walia – Mołdawia	1:0 (0:0)
Niemcy – Gruzja	4:1 (3:0)
Bułgaria – Albania	3:0 (2:0)
Niemcy – Mołdawia	6:1 (4:0)
Gruzja – Bułgaria	2:1 (2:0)
Walia – Niemcy	1:2 (1:1)
Albania – Walia	1:1 (0:1)
Mołdawia – Gruzja	3:2 (2:1)
Niemcy – Bułgaria	3:1 (2:0)

Mistrzostwa Europy 1994-1996

Poz.	Kraj	Mecze	Punkty	Bramki
1	**Niemcy**	10	25	27-10
2	**Bułgaria**	10	22	24-10
3	Gruzja	10	15	14-13
4	Mołdawia	10	9	11-27
5	Albania	10	8	10-16
6	Walia	10	8	9-19

GRUPA 8

Wyspy Owcze – Grecja	1:5 (1:4)
Finlandia – Szkocja	0:2 (0:1)
Rosja – San Marino	4:0 (3:0)
Szkocja – Wyspy Owcze	5:1 (3:0)
Grecja – Finlandia	4:0 (2:0)
Finlandia – Wyspy Owcze	5:0 (3:0)
Szkocja – Rosja	1:1 (0:1)
Grecja – San Marino	2:0 (0:0)
Finlandia – San Marino	4:1 (1:0)
Grecja – Szkocja	1:0 (0:0)
San Marino – Finlandia	0:2 (0:1)
Rosja – Szkocja	0:0
Wyspy Owcze – Finlandia	0:4 (0:3)
San Marino – Szkocja	0:2 (0:1)
Grecja – Rosja	0:3 (0:2)
Rosja – Wyspy Owcze	3:0 (3:0)
Wyspy Owcze – San Marino	3:0 (1:0)
Wyspy Owcze – Szkocja	0:2 (0:1)
San Marino – Rosja	0:7 (0:4)
Finlandia – Grecja	2:1 (1:0)
Finlandia – Rosja	0:6 (0:4)
Szkocja – Grecja	1:0 (0:0)
Wyspy Owcze – Rosja	2:5 (1:3)
Szkocja – Finlandia	1:0 (0:0)
San Marino – Grecja	0:4 (0:3)
Rosja – Grecja	2:1 (2:0)
San Marino – Wyspy Owcze	1:3 (1:1)
Rosja – Finlandia	3:1 (1:1)
Grecja – Wyspy Owcze	5:0 (3:0)
Szkocja – San Marino	5:0 (2:0)

1994–1996

Poz.	Kraj	Mecze	Punkty	Bramki
1	**Rosja**	10	26	34-5
2	**Szkocja**	10	23	19-3
3	Grecja	10	18	23-9
4	Finlandia	10	15	18-18
5	Wyspy Owcze	10	6	10-35
6	San Marino	10	0	2-36

DODATKOWY MECZ BARAŻOWY
Irlandia – **Holandia**   0:2 (0:0)

TURNIEJ FINAŁOWY
8.–30.06.1996.
ORGANIZATOR: ANGLIA

GRUPA A	GRUPA B	GRUPA C	GRUPA D
Anglia	Hiszpania	Niemcy	Dania
Szwajcaria	Bułgaria	Czechy	Portugalia
Holandia	Francja	Rosja	Chorwacja
Szkocja	Rumunia	Włochy	Turcja

GRUPA A
8 CZERWCA, LONDYN (WEMBLEY)
ANGLIA – SZWAJCARIA 1:1 (1:0)
Bramki: Anglia – 22' Shearer; Szwajcaria – 82' Türkyılmaz (rz. k.)
Anglia: Seaman, G. Neville, Adams, Southgate, Pearce, Anderton, Ince, Gascoigne (76' Platt), McManaman (69' Stone), Sheringham (67' Barmby), Shearer
Szwajcaria: Pascolo, Jeanneret, Henchoz, Vogel, Vega, Geiger (67' Geiger), Sforza, Bonvin (69' Kohler), Quentin, Grassi, Türkyılmaz[3]
Żółte kartki: Anglia – G. Neville, Adams; Szwajcaria – Geiger, Grassi, Quentin, Vega
Sędziował: Manuel Díaz Vega (Hiszpania)

10 CZERWCA, BIRMINGHAM (VILLA PARK)
HOLANDIA – SZKOCJA 0:0
Holandia: van der Sar, Reiziger, de Kock, Bogarde, R. de Boer (68' Winter), Davids, Seedorf, Witschge (78' Cocu), Jordi Cruijff, Taument (63' Kluivert), Bergkamp
Szkocja: Goram, McKimmie (85' Burley), Hendry, Calderwood, Boyd, McCall, McAllister, Gallacher (55' McKinlay), Collins, Booth (46' Spencer), Durie
Żółte kartki: Holandia – Witschge, Taument; Szkocja – Boyd, Gallacher
Sędziował: Leif Sundell (Szwecja)

---

[3] Według źródeł UEFA: Pascolo, Jeanneret, Henchoz, Vega, Quentin, Vogel, Geiger (71' Koller), Sforza, Bonvin (67' Chapuisat), Grassi, Türkyılmaz (przyp. red.).

Mistrzostwa Europy 1994–1996

13 czerwca, Birmingham (Villa Park)
SZWAJCARIA – HOLANDIA 0:2 (0:0)
Bramki: Holandia – 66' Jordi Cruijff, 80' Bergkamp
Szwajcaria: Pascolo, Hottiger, Vega, Henchoz, Jeanneret (69' Comisetti), Sforza, Vogel, Quentin, Grassi, Türkyılmaz, Chapuisat
Holandia: van der Sar, Reiziger, Blind, Bogarde, Winter, Seedorf (26' de Kock), R. de Boer (80' Davids), Witschge, Jordi Cruijff (85' Kluivert), Bergkamp, Hoekstra
Żółte kartki: Szwajcaria – Jeanneret, Chapuisat, Türkyılmaz, Grassi; Holandia – Seedorf
Sędziował: Atanas Uzunow (Bułgaria)

15 czerwca, Londyn (Wembley)
SZKOCJA – ANGLIA 0:2 (0:0)
Bramki: Anglia – 53' Shearer, 79' Gascoigne
Szkocja: Goram, Calderwood, Hendry, Boyd, McKimmie, McCall, McAllister, Collins, McKinlay (82' Burley), Spencer (67' McCoist), Durie (87' Jess)
Anglia: Seaman, G. Neville, Adams, Pearce (46' Redknapp, 85' Campbell), Anderton, Ince (80' Stone), Gascoigne, Southgate, McManaman, Sheringham, Shearer
Żółte kartki: Szkocja – Collins, Spencer, Hendry; Anglia – Ince, Shearer
Sędziował: Pierluigi Pairetto (Włochy)

18 czerwca, Birmingham (Villa Park)
SZKOCJA – SZWAJCARIA 1:0 (1:0)
Bramka: Szkocja – 36' McCoist
Szkocja: Goram, Burley, Calderwood, Hendry, Boyd, Collins, McAllister, McKinlay (61' Booth), McCall, McCoist (83' Spencer), Durie
Szwajcaria: Pascolo, Hottiger, Vega, Henchoz, Quentin (80' Comisetti), Vogel, Sforza, Koller (46' Wicky), Türkyılmaz, Bonvin, Chapuisat (46' Fournier)
Żółte kartki: Szkocja – Calderwood, McCall, Collins; Szwajcaria – Vega, Wicky, Fournier
Sędziował: Václav Krondl (Czechy)

18 czerwca, Londyn (Wembley)
HOLANDIA – ANGLIA 1:4 (0:1)
Bramki: Holandia – 78' Kluivert; Anglia – 23' Shearer (rz. k.), 51' Sheringham, 57' Shearer, 63' Sheringham
Holandia: van der Sar, Reiziger, Blind, Bogarde, Winter, R. de Boer (72' Kluivert), Seedorf, Witschge (46' de Kock), Jordi Cruijff, Bergkamp, Hoekstra (72' Cocu)
Anglia: Seaman, G. Neville, Adams, Southgate, Pearce, McManaman, Ince (68' Platt), Gascoigne, Anderton, Shearer (76' Barmby), Sheringham (76' Fowler)
Żółte kartki: Holandia – Winter, Bergkamp; Anglia – Sheringham, Ince, Southgate
Sędziował: Gerd Grabher (Austria)

Poz.	Kraj	Mecze	Punkty	Bramki
1	**Anglia**	3	7	7-2
2	**Holandia**	3	4	3-4
3	Szkocja	3	4	1-2
4	Szwajcaria	3	1	1-4

GRUPA B

9 CZERWCA, LEEDS (ELLAND ROAD)
Hiszpania – Bułgaria 1:1 (1:0)
Bramki: Hiszpania – 25' Alfonso; Bułgaria – 65' Stoiczkow (rz. k.)
Hiszpania: Zubizarreta, Belsué, Alkorta, Abelardo, Sergi, Amor (74' Alfonso), Hierro, Caminero (82' Donato), Guerrero (52' Amavisca), Luis Enrique, Pizzi
Bułgaria: Michajłow, Kisziszew, Chubczew, Iwanow, Kirjakow (72' Cwetanow), Leczkow, Jankow, Bałykow, Kostadinow (73' Jordanow), Penew (78' Borimirow), Stoiczkow
Żółte kartki: Hiszpania – Caminero, Sergi, Amor, Alfonso, Abelardo; Bułgaria – Stoiczkow, Kisziszew
Czerwone kartki: Hiszpania – 75' Pizzi; Bułgaria – 71' Chubczew
Sędziował: Piero Ceccarini (Włochy)

10 CZERWCA, NEWCASTLE (ST. JAMES PARK)
RUMUNIA – FRANCJA 0:1 (0:1)
Bramka: Francja – 24' Dugarry
Rumunia: Stelea, Petrescu (78' Filipescu), Mihali, Belodedici, Selymes, Lupescu, Popescu, Hagi, Munteanu, Lăcătuş (56' Ilie), Răducioiu (46' Moldovan)
Francja: Lama, Thuram, Blanc, Di Meco (68' Lizarazu), Karembeu, Desailly, Deschamps, Djorkaeff, Guérin, Dugarry (68' Loko), Zidane (80' Roche)
Żółte kartki: Rumunia – Mihali, Selymes, Ilie; Francja – Di Meco
Sędziował: Hellmut Krug (Niemcy)

13 CZERWCA, NEWCASTLE (ST. JAMES PARK)
BUŁGARIA – RUMUNIA 1:0 (1:0)
Bramka: Bułgaria – 3' Stoiczkow
Bułgaria: Michajłow, Kisziszew, Iwanow, Jordanow, Cwetanow, Leczkow (88' Ginczew), Jankow, Bałakow, Kostadinow (32' Borimirow), Penew (71' Sirakow), Stoiczkow
Rumunia: Stelea, Petrescu, Selymes, Belodedici, Prodan, Hagi, Popescu (77' Ilie), Lupescu (46' Gâlcă), Munteanu, Lăcătuş (29' Moldovan), Răducioiu
Żółte kartki: Bułgaria – Kisziszew, Cwetanow
Sędziował: Peter Mikkelsen (Dania)

15 CZERWCA, LEEDS (ELLAND ROAD)
FRANCJA – HISZPANIA 1:1 (0:0)
Bramki: Francja – 48' Djorkaeff; Hiszpania – 84' Caminero
Francja: Lama, Angloma (70' Roche), Blanc, Desailly, Lizarazu, Karembeu, Deschamps, Zidane, Guérin (79' Thuram), Djorkaeff, Loko (73' Dugarry)
Hiszpania: Zubizarreta, López, Alkorta, Abelardo, Otero (58' Kiko), Hierro, Sergi, Caminero, Luis Enrique (55' Manjarín), Amavisca, Alfonso (82' Salinas)
Żółte kartki: Francja – Karembeu, Blanc, Djorkaeff; Hiszpania – Otero, Luis Enrique, Amavisca
Sędziował: Wadim Żuk (Białoruś)

18 CZERWCA, NEWCASTLE (ST. JAMES PARK)
FRANCJA – BUŁGARIA 3:1 (1:0)
Bramki: Francja – 20' Blanc, 63' Penew (samobójcza), 90' Loko; Bułgaria – 68' Stoiczkow
Francja: Lama, Thuram, Desailly, Blanc, Di Meco, Karembeu, Deschamps, Guérin, Djorkaeff, Zidane (62' Pedros), Dugarry (70' Loko)
Bułgaria: Michajłow, Iwanow, Chubczew, Kremenliew, Leczkow, Jankow (79' Borimirow), Bałakow (82' Donkow), Cwetanow, Jordanow, Stoiczkow, Penew

Żółte kartki: Francja – Desailly, Dugarry; Bułgaria – Iwanow, Kremenliew
Sędziował: Dermot Gallagher (28' Paul Durkin), obaj – Anglia

18 CZERWCA, LEEDS (ELLAND ROAD)
RUMUNIA – HISZPANIA 1:2 (1:1)
Bramki: Rumunia – 29' Răducioiu; Hiszpania – 10' Manjarín, 85' Amor
Rumunia: Prunea, Petrescu, Prodan (86' Lupescu), Doboş, Selymes, Stângă, Popescu, Gâlcă, Hagi, Răducioiu (78' Vlădoiu), Ilie (66' Munteanu)
Hiszpania: Zubizarreta, López, Alkorta, Abelardo (64' Amor), Sergi, Manjarín, Hierro, Nadal, Kiko, Amavisca, Pizzi (57' Alfonso)
Żółte kartki: Rumunia – Popescu, Hagi, Ilie, Gâlcă; Hiszpania – Kiko, Nadal
Sędziował: Ahmet Çakar (Turcja)

Poz.	Kraj	Mecze	Punkty	Bramki
1	**Francja**	3	7	5-2
2	**Hiszpania**	3	5	4-3
3	Bułgaria	3	4	3-4
4	Rumunia	3	0	1-4

GRUPA C
9 CZERWCA, MANCHESTER (OLD TRAFFORD)
NIEMCY – CZECHY 2:0 (2:0)
Bramki: Niemcy – 26' Ziege, 31' Möller
Niemcy: Köpke, Kohler (14' Babbel), Sammer, Helmer, Reuter, Häßler, Möller, Eilts, Ziege, Bobic (65' Strunz), Kuntz (82' Bierhoff)
Czechy: Kouba, Horňák, Kadlec, Suchopárek, Látal, Bejbl, Frýdek (46' Berger), Němec, Nedvěd, Poborský (46' Drulák), Kuka
Żółte kartki: Niemcy – Ziege, Kuntz, Möller, Babbel, Reuter, Häßler; Czechy – Bejbl, Nedvěd, Kadlec, Drulák
Sędziował: David Elleray (Anglia)

11 CZERWCA, LIVERPOOL (ANFIELD)
WŁOCHY – ROSJA 2:1 (1:1)
Bramki: Włochy – 5' Casiraghi, 52' Casiraghi; Rosja – 21' Cymbałar
Włochy: Peruzzi, Mussi, Costacurta, Apollini, Maldini, Di Livio (62' Fuser), Albertini, Di Matteo, Del Piero (46' Donadoni), Zola, Casiraghi (80' Ravanelli)
Rosja: Czerczesow, Tetradze, Buszmanow (46' Koływanow), Onopko, Kowtun, Kanczelskis, Karpin (63' Kirjakow), Mostowoj, Radimow, Cymbałar (70' Dobrowolski), Koływanow
Żółte kartki: Włochy – Albertini, Donadoni; Rosja – Onopko, Koływanow, Kowtun
Sędziował: Leslie Mottram (Szkocja)

14 CZERWCA, MANCHESTER (OLD TRAFFORD)
ROSJA – NIEMCY 0:3 (0:0)
Bramki: Niemcy – 57' Sammer, 77' Klinsmann, 90' Klinsmann
Rosja: Charin, Onopko, Nikiforow, Kowtun, Kanczelskis, Tetradze, Chochłow (66' Simutienkow), Radimow (46' Karpin), Cymbałar, Mostowoj, Koływanow
Niemcy: Köpke, Babbel, Sammer, Helmer, Reuter, Häßler (67' Freund), Möller (87' Strunz), Eilts, Ziege, Klinsmann, Bierhoff (85' Kuntz)
Żółte kartki: Rosja – Onopko, Kowtun; Niemcy – Babbel, Bierhoff

Czerwona kartka: Rosja – 72' Kowtun
Sędziował: Kim Milton Nielsen (Dania)

14 czerwca, Liverpool (Anfield)
CZECHY – WŁOCHY 2:1 (2:1)
Bramki: Czechy – 4' Nedvěd, 35' Bejbl; Włochy – 18' Chiesa
Czechy: Kouba, Horňák, Kadlec, Suchopárek, Látal (88' Němeček), Poborský, Bejbl, Berger (64' Šmicer), Němec, Nedvěd, Kuka
Włochy: Peruzzi, Mussi, Apolloni, Costacurta, Maldini, Fuser, Albertini, D. Baggio (35' Carboni), Donadoni, Ravanelli (58' Casiraghi), Chiesa (78' Zola)
Żółte kartki: Czechy – Suchopárek, Látal, Kuka, Kadlec; Włochy – Apolloni, Fuser
Czerwona kartka: Włochy – 29' Apolloni
Sędziował: Antonio López Nieto (Hiszpania)

19 czerwca, Manchester (Old Trafford)
WŁOCHY – NIEMCY 0:0
Włochy: Peruzzi, Mussi, Costacurta, Maldini, Carboni (78' Torricelli), Fuser (83' Di Livio), Di Matteo (68' Chiesa), Albertini, Donadoni, Casiraghi, Zola
Niemcy: Köpke, Freund, Sammer, Helmer, Strunz, Häßler, Eilts, Möller (89' Bode), Ziege, Klinsmann, Bobic
Żółte kartki: Włochy – Casiraghi; Niemcy – Strunz
Czerwona kartka: Niemcy – 59' Strunz
Sędziował: Guy Goethals (Belgia)

19 czerwca, Liverpool (Anfield)
ROSJA – CZECHY 3:3 (0:2)
Bramki: Rosja – 49' Mostowoj, 54' Tetradze, 85' Biesczastnych; Czechy – 6' Suchopárek, 19' Kuka, 89' Šmicer
Rosja: Czerczesow, Tetradze, Nikiforow, Gorłukowicz, Janowski, Karpin, Chochłow, Radimow, Cymbałar (66' Szalimow), Koływanow (46' Mostowoj), Simutienkow (46' Biesczastnych)
Czechy: Kouba, Horňák, Kubík, Suchopárek, Látal, Bejbl, Berger (90' Němeček), Nedvěd, Němec, Poborský, Kuka (68' Šmicer)
Żółte kartki: Rosja – Nikiforow, Radimow, Cymbałar, Janowski; Czechy – Nedvěd, Němec
Sędziował: Anders Frisk (Szwecja)

Poz.	Kraj	Mecze	Punkty	Bramki
1	Niemcy	3	7	5-0
2	Czechy	3	4	5-6
3	Włochy	3	4	3-3
4	Rosja	3	1	4-8

GRUPA D
9 czerwca, Sheffield (Hillsborough)
Dania – Portugalia 1:1 (1:0)
Bramki: Dania – 22' B. Laudrup; Portugalia – 53' Sá Pinto
Dania: Schmeichel, Helveg, Rieper, Høgh, Risager, Nielsen, Thomsen (84' Piechnik), M. Laudrup, Larsen (90' Vilfort), Beck, B. Laudrup
Portugalia: Baía, Paulinho Santos, Hélder, Couto, Dimas, Oceano (37' Folha), Rui Costa, Sousa (80' Tavares), Figo (62' Domingos), João Pinto, Sá Pinto

Żółte kartki: Dania – Helveg, Beck, Nielsen; Portugalia – Paulinho Santos, Oceano, Sá Pinto, Rui Costa, João Pinto
Sędziował: Mario van der Ende (Holandia)

11 CZERWCA, NOTTINGHAM (CITY GROUND)
TURCJA – CHORWACJA 0:1 (0:0)
Bramka: Chorwacja – 86' Vlaović
Turcja: Rüştü, Vedat, Rahim, Alpay, Ogün, Sergen, Tolunay (89' Saffet), Tugay, Abdullah, Hakan, Arif (82' Hami)
Chorwacja: Ladić, Bilić, Jerkan, Stimać, Jarni, Stanić, Asanović, Prosinečki, Bokšić (73' Vlaović), Šuker (90' Pavličić), Boban (57' Soldo)
Żółte kartki: Turcja – Tolunay; Chorwacja – Asanović, Boban, Soldo
Sędziował: Serge Muhmenthaler (Szwajcaria)

14 CZERWCA, NOTTINGHAM (CITY GROUND)
PORTUGALIA – TURCJA 1:0 (0:0)
Bramka: Portugalia – 67' Couto
Portugalia: Baía, Paulinho Santos, Couto, Hélder, Dimas, Sousa, Folha (46' Tavares), Figo, Rui Costa, João Pinto (77' Porfírio), Sá Pinto (65' Cadete)
Turcja: Rüştü, Alpay, Ogün (46' Rahim), Vedat, Recep, Tugay, Oğuz (69' Arif), Sergen, Abdullah, Saffet (63' Tolunay), Hakan
Żółte kartki: Portugalia – Santos, Rui Costa, Figo, Tavares; Turcja – Vedat, Abdullah, Rahim, Tolunay
Sędziował: Sándor Puhl (Węgry)

16 CZERWCA, SHEFFIELD (HILLSBOROUGH)
CHORWACJA – DANIA 3:0 (0:0)
Bramki: Chorwacja – 53' Šuker, 89' Šuker, 80' Boban
Chorwacja: Ladić, Bilić, Jerkan, Stomać, Stanić, Asanović, Boban (81' Soldo), Prosinečki (88' Mladenović), Jarni, Šuker, Vlaović (81' Jurčević)
Dania: Schmeichel, Rieper, Høgh, Schjønberg, Helveg (46' Larsen), Vilfort (58' Beck), Steen Nielsen, Thomsen, Larsen (69' Tøfting), M. Laudrup, B. Laudrup
Żółte kartki: Chorwacja – Stanić, Prosinečki, Vlaović
Sędziował: Marc Batta (Francja)

19 CZERWCA, NOTTINGHAM (CITY GROUND)
CHORWACJA – PORTUGALIA 0:3 (0:2)
Bramki: Portugalia – 4' Figo, 33' João Pinto, 82' Domingos
Chorwacja: Mrmić, Jarni, Bilić, Soldo, Pavličić, Prosinečki (46' Šuker), Mladenović (46' Asanović), Šimić, Pamić (46' Boban), Vlaović, Jurčević
Portugalia: Baía, Secretário, Couto, Hélder, Dimas, Oceano, Sousa (70' Tavares), Rui Costa (62' Barbosa), Figo, Sá Pinto (46' Domingos), João Pinto
Żółte kartki: Chorwacja – Pamić, Jarni, Pavličić
Sędziował: Bernd Heynemann (Niemcy)

19 CZERWCA, SHEFFIELD (HILLSBOROUGH)
TURCJA – DANIA 0:3 (0:0)
Bramki: Dania – 50' B. Laudrup, 69' Nielsen, 84' B. Laudrup
Turcja: Rüştü, Alpay, Ogün, Vedat, Recep (68' Bülent), Tugay, Hami, Tayfun, Abdullah, Okan (68' Saffet), Hakan (46' Arif)
Dania: Schmeichel, Thomson, Høgh, Rieper, Helveg, Schjønberg (46' Larsen), Steen Nielsen, Nielsen, M. Laudrup, B. Andersen (88' S. Andersen), B. Laudrup

Żółte kartki: Turcja – Tugay, Tayfun, Rüştü; Dania – Helveg, Larsen
Sędziował: Nikołaj Lewnikow (Rosja)

Poz.	Kraj	Mecze	Punkty	Bramki
1	**Niemcy**	3	7	5-0
2	**Czechy**	3	4	5-6
3	Włochy	3	4	3-3
4	Rosja	3	1	4-8

ĆWIERĆFINAŁY

22 CZERWCA, LONDYN (WEMBLEY)
HISZPANIA – ANGLIA 0:0 (0:0, 0:0, 0:0), rz. k. 2:4

Rzuty karne: 1:0 Shearer (strzał Hierro w poprzeczkę), 2:0 Platt, 2:1 Amor, 3:1 Pearce, 3:2 Belsué, 4:2 Gascoigne (strzał Nadala obronił Seaman)
Hiszpania: Zubizarreta, Belsue, Nadal, Alkorta (73' López), Abelardo, Manjarín (46' Caminero), Hierro, Amor, Serghi, Kiko, Salinas (46' Alfonso)
Anglia: Seaman, G. Neville, Adams, Southgate, Pearce, McManaman (109' Barmby), Platt, Gascoigne, Anderton (109' Fowler), Shearer, Sheringham (109' Stone)
Żółte kartki: Hiszpania – Abelardo, Alfonso; Anglia – G. Neville
Sędziował: Marc Batta (Francja)

22 CZERWCA, LIVERPOOL (ANFIELD ROAD)
FRANCJA – HOLANDIA 0:0 (0:0, 0:0, 0:0), rz. k. 5:4

Rzuty karne: 0:1 de Kock, 1:1 Zidane, 1:2 de Boer, 2:2 Djorkaeff, 2:3 Kluivert, 3:3 Lizarazu (strzał Seedorfa obronił Lama), 4:3 Guérin, 4:4 Blind, 5:4 Blanc
Francja: Lama, Thuram, Blanc, Desailly, Karembeu, Guérin, Deschamps, Zidane, Lizarazu, Loco (62' Dugarry, 80' Pedros), Djorkaeff
Holandia: van der Sar, Reiziger, Blind, de Kock, Bogarde, R. de Boer, Witschge (80' Mulder), Bergkamp (60' Seedorf), Cocu, Kluivert, Jordi Cruijff (70' Winter)
Żółte kartki: Francja – Karembeu, Deschamps; Holandia – Bogarde, Kluivert, de Kock
Sędziował: Antonio López Nieto (Hiszpania)

23 CZERWCA, MANCHESTER (OLD TRAFFORD)
NIEMCY – CHORWACJA 2:1 (1:0)

Bramki: Niemcy – 21' Klinsmann, 59' Sammer; Chorwacja – 51' Šuker
Niemcy: Köpke, Reuter, Sammer, Babbel, Helmer, Ziege, Scholl (88' Häßler), Eilts, Möller, Klinsmann (39' Freund), Bobic (46' Kuntz)
Chorwacja: Ladić, Bilić, Jerkan, Stimać, Stanić, Asanović, Boban, Vlaović, Jarni, Šuker, Jurčević (77' Mladenović)
Żółte kartki: Niemcy – Sammer, Klinsmann; Chorwacja – Stimać
Czerwona kartka: Chorwacja – 56' Stimać
Sędziował: Leif Sundell (Szwecja)

23 CZERWCA, BIRMINGHAM (VILLA PARK)
CZECHY – PORTUGALIA 1:0 (0:0)

Bramka: Czechy – 53' Poborský
Czechy: Kouba, Horňák, Kadlec, Suchopárek, Poborský, Látal, Němeček (90' Berger), Bejbl, Němec, Šmicer (84' Kubík), Kuka
Portugalia: Baía, Secretário, Couto, Hélder, Dimas, Rui Costa, Oceano (64' Folha), Sousa, Figo (81' Cadete), Sá Pinto (46' Domingos), João Pinto

Mistrzostwa Europy 1994–1996

Żółte kartki: Czechy – Suchopárek, Šmicer, Látal, Bejbl, Kuka; Portugalia – Hélder, Sá Pinto, Secretário, João Pinto
Czerwona kartka: Czechy – 81' Látal
Sędziował: Hellmut Krug (Niemcy)

PÓŁFINAŁY
26 czerwca, Manchester (Old Trafford)
FRANCJA – CZECHY 0:0 (0:0, 0:0, 0:0), rz. k. 5:6
Rzuty karne: 1:0 Zidane, 1:1 Kubík, 2:1 Djorkaeff, 2:2 Nedvěd, 3:2 Lizarazu, 3:3 Berger, 4:3 Guérin, 4:4 Poborský, 5:4 Blanc, 5:5 Rada (strzał Pedrosa obronił Kouba), 5:6 Kadlec
Francja: Lama, Thuram (83' Angloma), Blanc, Roche, Lizarazu, Lamouchi (62' Pedros), Djorkaeff, Desailly, Zidane, Guérin, Loko
Czechy: Kouba, Horňák, Kadlec, Rada, Novotný, Poborský, Nedvěd, Němeček, Němec (83' Kubík), Šmicer (46' Berger), Drulák (70' Kotulek)
Żółte kartki: Francja – Thuram, Roche; Czechy – Nedvěd, Němeček, Kubík
Sędziował: Leslie Mottram (Szkocja)

26 czerwca, Londyn (Wembley)
ANGLIA – NIEMCY 1:1 (1:1, 1:1, 1:1), rz. k. 5:6
Bramki: Anglia – 3' Shearer; Niemcy – 16' Kuntz
Rzuty karne: 1:0 Shearer, 1:1 Häßler, 2:1 Platt, 2:2 Strunz, 3:2 Pearce, 3:3 Reuter, 4:3 Gascoigne, 4:4 Ziege, 5:4 Sheringham, 5:5 Kuntz (strzał Southgate'a obronił Köpke), 5:6 Möller
Anglia: Seaman, Southgate, Adams, Pearce, Anderton, Platt, Ince, Gascoigne, McManaman, Shearer, Sheringham
Niemcy: Köpke, Reuter, Babbel, Sammer, Eilts, Helmer (110' Bode), Freund (119' Strunz), Ziege, Scholl (77' Häßler), Möller, Kuntz
Żółte kartki: Anglia – Gascoigne; Niemcy – Reuter, Möller
Sędziował: Sándor Puhl (Węgry)

FINAŁ
Niemcy w finale. Po pasjonującym półfinałowym spotkaniu z Anglią opinie wielu sprawozdawców i dziennikarzy sportowych były jednoznaczne, że rozegrał się przedwczesny finał. W meczu decydującym o tytule mistrza Europy spotkały się jedenastki Niemiec i Czech. Atmosferę podgrzewała obecność angielskiej królowej Elżbiety II, która osobiście zeszła na murawę, gdzie przedstawiono jej oba zespoły. Rewanż po 20 latach zapowiadał się interesująco. Czesi wyszli z tzw. grupy śmierci, w której nie byli faworytami. Drużyna Niemiec też

Strzał Stefana Kuntza na bramkę przeciwnika podczas zwycięskiego dla Niemców meczu z Czechami, 30 czerwca 1996 r.

nie miała łatwej drogi. Od początku spotkania zachwyt wzbudzał żywiołowy Poborský, ale Niemcy również kilkakrotnie próbowali zagrozić bramce Kouby. Po zmianie stron widowisko zrobiło się ciekawsze. Arbiter – podobnie jak piłkarz lub komentator – też może się pomylić. Sędzia podyktował wątpliwy rzut karny za faul przed 16. metrem pola karnego. Radość Czechów nie trwała długo. Bohaterem meczu został okrzyknięty rezerwowy Oliver Bierhoff, który przepięknym uderzeniem głową doprowadził do wyrównania wyniku. Wprowadzony bezpośrednio przed finałami przepis o złotej bramce (w dogrywce zwycięski gol automatycznie kończy mecz) nie uatrakcyjnił spotkań. Piłkarzom i kibicom odebrał emocje, a kibicom także ewentualną możliwość oglądania rzutów karnych. W 95. minucie Bierhoff przesądził o zwycięstwie. Uwolnił się od czeskiego obrońcy, strzelił, Kouba odbił piłkę nieprecyzyjnie, a Niemiec głową skierował ją ponownie do siatki. Faworyci nie zawiedli, ale na sukces musieli ciężko zapracować. Udał się rewanż za finał 1976 r. Niemiecka solidność, walczący w obronie napastnicy i ofensywni obrońcy okazali się niezawodni. Po raz trzeci reprezentacja Niemiec sięgnęła po Puchar Delaunaya.

30 CZERWCA, LONDYN (WEMBLEY)
NIEMCY – CZECHY 2:1 (0:0, 1:1, 2:1)
Bramki: Niemcy – 73' Bierhoff, 90+5' Bierhoff; Czechy – 60' Berger (rz. k.)
Niemcy: Köpke, Babbel, Sammer, Helmer, Strunz, Eilts (46' Bode), Häßler, Scholl (69' Bierhoff), Ziege, Kuntz, Klinsmann
Czechy: Kouba, Suchopárek, Kadlec, Rada, Horňák, Poborský (88' Šmicer), Bejbl, Nedvěd, Berger, Němec, Kuka
Żółte kartki: Niemcy – Helmer, Sammer, Ziege; Czechy – Horňák
Sędziował: Pierluigi Pairetto (Włochy)

STRZELCY BRAMEK TURNIEJU FINAŁOWEGO
5 – Shearer (Anglia)
3 – Stoiczkow (Bułgaria), Šuker (Chorwacja), B. Laudrup (Dania), Klinsmann (Niemcy)
2 – Sheringham (Anglia), Bierhoff, Sammer (Niemcy), Casiraghi (Włochy)
1 – Gascoigne (Anglia), Boban, Vlaović (Chorwacja), Bejbl, Berger, Kuka, Nedvěd, Poborský, Šmicer, Suchopárek (Czechy), Nielsen (Dania), Blanc, Djorkaeff, Dugarry, Loko (Francja), Alfonso, Amor, Manjarín, Sahnas (Hiszpania), Bergkamp, J. Cruijff, Kluivert (Holandia), Kuntz, Möller, Ziege (Niemcy), Couto, Dominges, Figo, João Pinto, Sá Pinto (Portugalia), Biesczastnych, Cymbałar, Mostowoj, Tetradze (Rosja), Răducioiu (Rumunia), McCoist (Szkocja), Türkyılmaz (Szwajcaria), Chiesa (Włochy)
1 samobójcza – Penew (Bułgaria)

O NIM SIĘ MÓWIŁO

Alan Shearer (ur. 31 sierpnia 1970 r.) karierę piłkarską rozpoczynał w Southampton, z którego w 1992 r. pozyskał go Blackburn Rovers. W sezonie 1994/95 strzelił 34 bramki, przyczyniając się do zdobycia pierwszego w historii tego klubu tytułu mistrza Anglii. W 1994 r. w plebiscycie „France Football" wybrano go najlepszym piłkarzem świata. Został pierwszym w historii Premiership zawodnikiem, który strzelił ponad 100 bramek. Widnieje również w księdze piłkarskich rekordów – jako najmłodszy piłkarz, który w ligowych zmaganiach popisał się hat trickiem (trzy bramki strzelił Arsenalowi Londyn). W reprezentacji Anglii zadebiutował w wieku 17 lat. W swoich 63 występach w reprezentacji kraju strzelił 30 bramek. Wśród obrońców i bramkarzy budził wielki respekt.

MISTRZOSTWA EUROPY
1998–2000

Mistrzostwa Europy w piłce nożnej u schyłku XX w. zorganizowano po raz pierwszy w dwóch krajach: **Holandii i Belgii**. Ponownie w imprezie uczestniczyło 16 reprezentacji narodowych, które uzyskały najlepsze wyniki w rozgrywkach eliminacyjnych. Same eliminacje przebiegały tym razem bez większych niespodzianek. Spośród dawnych faworytów odpadli jedynie Rosjanie i Chorwaci, a Anglicy i Duńczycy swoją wyższość musieli udowodnić dopiero w meczach barażowych. Nasi piłkarze znowu zawiedli, chociaż początek mieli doskonały, zwyciężając na wyjeździe zawsze mocną drużynę Bułgarii. Szczęście tym razem było blisko i do meczów barażowych zabrakło niewiele, mieliśmy bowiem tyle samo punktów co Anglicy. Ale to oni w końcu pojechali na mistrzostwa. Ekipy gospodarzy – Holandia i Belgia – miały zagwarantowany udział z urzędu. W nowej roli – trenerów – wystąpili znakomici jeszcze niedawno zawodnicy: Dino Zoff (z Włochami) i Frank Rijkaard (z Holandią).

Wielki entuzjazm towarzyszył rozgrywkom na stadionach krajów Beneluksu. Czy zanotowano niespodzianki w pierwszej fazie rozgrywek? Owszem. W **grupie A** za głównych i niekwestionowanych faworytów uchodziły drużyny Niemiec i Anglii. Żadna z nich... nawet nie wyszła z grupy! Niemcy po raz pierwszy od wielu lat okazali się pozbawieni formy, a ich trener w efekcie stracił posadę. Efektywna, żmudna i konsekwentna praca wybitnych szkoleniowców (Herbergera, Schöna i Beckenbauera) została przerwana. W przegranym meczu z Portugalią 0:3 Sérgio Conceição – zdobywca hat tricka i bohater widowiska – obnażył niemieckie słabości. Z kolei Rumunia, oceniana jako dostarczyciel punktów, nie ugięła się przed piłkarzami występującymi na co dzień w najsilniejszych ligach Europy. Inna drużyna z tej grupy, Portugalia, też nie była stawiana w roli faworyta. Charakter i swoją wartość pokazali piłkarze z tego kraju we wspomnianym wcześniej meczu z Niemcami.

Mecz z Anglią początkowo nie zapowiadał zwycięstwa Portugalczyków, gdyż Anglicy już w trzeciej minucie po bramce Beckhama, a następnie w 18. minucie dzięki strzałowi McManamana prowadzili 2:0. Jednak jeszcze w pierwszej połowie koncert umiejętności pokazały wschodzące gwiazdy młodzieżowych MŚ: Figo, Rui Costa i Conceição. Ten mecz zgodnie uznano za najlepszy w fazie grupowej turnieju. Kibice obejrzeli piękne bramki Figo, João Pinto i Nuno Gomesa. Strzałów na bramkę oddano 17, nie dziwi więc znakomita postawa piłkarzy z Półwyspu Iberyjskiego, którzy zachowali dużo zimnej krwi, więcej odporności psychicznej i fenomenalne przygotowanie techniczne. Jedno nie ulegało wątpliwości: reprezentacja Niemiec nie obroni tytułu sprzed czterech lat.

W **grupie B** występowali współorganizatorzy turnieju Belgowie. Jednak Wilmots, Nilis i spółka nie zachwycili i Belgia nie wyszła z grupy. Niecodzienne zdarzenie miało miejsce w meczu Belgii z Turcją. Kontuzji uległ główny arbiter, Duńczyk Kim Milton, którego już do końca zastąpił Austriak Günther Benkö. Słabo zaprezentowali się Szwedzi i szybko wrócili do domu. Wykorzystała to Turcja, a filar reprezentacji Hakan Şükür strzelał bramki w najważniejszych momentach. Na tle tych zespołów czwarty uczestnik – Włochy – prezentował się wyśmienicie. W bezpośrednim pojedynku najlepszych drużyn w tej grupie nikt nie składał broni. Akcje podbramkowe inicjował ruchliwy Antonio Conte, ponadto dwukrotnie silnymi strzałami próbował zaskoczyć bramkarza przeciwników. Ostatecznie tę rywalizację rozstrzygnęli na swoją korzyść Włosi, wygrywając 2:1.

Mecz Portugalii z Anglią, 12 czerwca 2000 r.; przy piłce David Beckham, po prawej Dimas.

Za wyrównaną uchodziła **grupa C**, w której rywalizacja była zaostrzona do samego końca pierwszej fazy rozgrywek. Jugosłowianie (z powodów politycznych wielcy nieobecni w finałach 1992 i 1996 r.) odrobili straty 0:3, zremisowali w spotkaniu ze Słowenią, zwyciężyli Norwegię i wyszli z grupy. Doskonałą formę zaprezentowali Hiszpanie, a wyczyny ich golkipera Cañizaresa nagradzane były licznymi brawami.

I wreszcie **grupa D** – uważana za najsilniejszą – gromadząca aktualnych mistrzów świata Francuzów, wicemistrzów Europy z 1996 r. Czechów, zawsze nieobliczalną Danię i żądną spektakularnego sukcesu przed własną publicznością Holandię. Rywalizację w tej grupie nieoczekiwanie rozstrzygnięto dość szybko, co świadczyło o kryzysie zespołów, które odpadły. Dania z mało skuteczną grą tym razem była bez szans. Porażkę Czechów uznano za sensację, choć w spotkaniu z Holandią główny arbiter meczu nie popisał się – podyktował jedenastkę za mało widowiskowy upadek w polu karnym. Frank de Boer strzelił skutecznie. Po wznowieniu gry sędzia szybko odgwizdał koniec tego mało porywającego starcia. Najlepszy na całym boisku, najbardziej żywiołowy, pożyteczny w ataku i obronie Pavel Nedvěd opuszczał murawę ze łzami w oczach, Czesi bowiem nie powinni byli tego meczu przegrać.

W pierwszej parze **ćwierćfinalistów** spotkały się jedenastki rewelacyjnej Portugalii i Turcji. Luís Figo rozdzielał piłki pomiędzy kolegów, a Nuno Gomes wyłapywał co celniejsze i skutecznie strzelał na bramkę Rüştü. Dwukrotnie wpisał się na listę strzelców, siejąc popłoch w tureckiej defensywie. Emocji nie brakowało. Turcy stanęli jeszcze przed szansą odrobienia strat przy stanie 0:1, ale rzutu karnego nie wykorzystał Arif. To było porywające widowisko, niewątpliwie zadowalające kibiców. Wierny kibic Portugalii, legendarny Eusebio (Czarna Perła z Mozambiku), żywo reagował na poczynania swych młodszych kolegów i towarzyszył im nie tylko na meczach. Drugą parę ćwierćfinalistów tworzyły jedenastki Włoch i Rumunii. W 33. minucie gry Włosi objęli prowadzenie po bramce Tottiego. Rumuni dostali wkrótce szansę wyrównania, ale strzał napastnika rumuńskiego minimalnie przeszedł nad bramką Tolda. Przed przerwą Inzaghi podwyższył wynik na 2:0. Druga połowa nie przyniosła już bramek. Spotkanie oceniono jako zacięte, z dużą liczbą ostrych starć. Po jednym z nich Georghe Hagi ujrzał czerwoną kartkę. Nie zachwycił w tym meczu i należy tylko żałować, że kończąc karierę, opuszczał boisko ukarany za niesportowe zachowanie.

Mecz Portugalii z Turcją, 24 czerwca 2000 r.; Rui Costa i Hakan Ünsal pod bramką Rüştü.

W meczu Jugosławii i Holandii kibice wreszcie ujrzeli to, czego zwykle pragną najbardziej – grad bramek. Czterema trafieniami popisał się Kluivert, dwa gole zdobył Overmars. Radość pomarańczowych była tym większa, że występowali przed własną publicznością. Honor Jugosławii uratował Milošević, który w 90. minucie strzelił bramkę. Czy wypada drużynie – faworytowi do złotego medalu – tak dalece opuścić sobie czujność i pozwolić na utratę gola w ostatniej minucie? Ostatnie ćwierćfinałowe spotkanie należało do Francji. Świetnie dotychczas broniący hiszpańskiej bramki Cañizares skapitulował przy silnym, precyzyjnym uderzeniu Zidane'a oddanym z ponad 25 m. Hiszpanie odrobili straty, Mendieta skutecznie wykonywał rzut karny, który powinien być egzekwowany już przy stanie 0:0. Ale sędzia Collina był innego zdania. I kiedy wszyscy myśleli o przerwie, Djorkaeff huknął do siatki Cañizaresa. Francja znalazła się w półfinale.

A jak **półfinały**, to z reguły niezwykłe emocje, dogrywki, czasem karne… I tylko przegranych żal. W pierwszej parze wystąpiły jedenastki trójkolorowych i rewelacyjnej Portugalii. Na ME w 1984 r. Francja pokonała Portugalię 3:2, a złotą bramkę strzelił wówczas bohater całej imprezy Michel Platini. Przyszła więc pora na rewanż. Mecz rozpoczął się spokojnie. Przeciwnicy wykazywali względem siebie dużo respektu. Okazji strzeleckich nie było zbyt wiele. Dopiero w 19. minucie spotkania Portugalia objęła prowadzenie, zaskakując w bramce Bartheza. Aktywni, waleczni Figo i Nuno Gomes próbowali licznymi strzałami zmusić francuskiego golkipera do ponownej kapitulacji. I znowu w niechlubnej roli wystąpił sędzia główny, który kontrowersyjną decyzją uznał bramkę strzeloną przez Francuzów z pozycji spalonej. Wyczerpująca dogrywka zbliżała się ku końcowi. Oczekiwano serii rzutów karnych. I ponownie arbiter ukazał się w roli zbawcy dla Francji. Vítor Baía, rewelacja tych mistrzostw, wykazywał się prawdziwym kunsztem na swojej pozycji. Wybronił piekielnie silny strzał Trezegueta, po którym piłka wpadła pod nogi Wiltorda, jego strzał z bliskiej odległości zablokował z kolei Xavier, a sędzia… podyktował rzut karny. Portugalczycy próbowali interweniować, w konsekwencji czego Nuno Gomes musiał opuścić plac gry. Niezawodny w takiej sytuacji Zidane uderzył silnie i nie do obrony. Portugalczycy, przegrani kaprysem losu, przeżyli gorycz porażki, a wraz z nimi szerokie grono ich najwierniejszych kibiców. Piłkarze z Półwyspu Iberyjskiego przebojem dotarli do półfinału i niesprawiedliwie odpadli. Mogli jednak wracać do domu z podniesionym czołem.

Mecz półfinałowy Portugalii z Francją, 28 czerwca 2000 r.; Zinadine Zidane celnie strzela rzut karny na bramkę Vítora Baíi.

Czego oczekiwali holenderscy kibice, którzy na pomarańczowo przybrali stadion i śpiewem zagrzewali do walki swoich idoli? Zapewne nie mniejszych emocji, pięknych bramek, podań zapierających dech w piersiach i… oczywiście zwycięstwa, otwierającego drogę do finału. Ale Włosi to drużyna z charakterem, w której pierwsze skrzypce grał doświadczony obrońca i kapitan Paolo Maldini. To on inicjował akcje zaczepne Włochów i pilnował linii obrony. Bohaterem meczu był jednak bramkarz Francesco Toldo – nie miał co prawda wielu okazji do bramkarskich parad, ale to właśnie dzięki niemu Włosi zagrali w wielkim finale. Holendrzy nie byli przygotowani na tak zacięty pojedynek. Wysokie zwycięstwo nad Jugosławią uśpiło ich czujność, co znalazło wyraz w tym spotkaniu. Ważnym, trudnym, obfitującym w ostre i nieprzepisowe zagrania, z powodu których Zambrotta w 34. minucie meczu opuścił boisko. Włosi przez prawie godzinę grali w dziesiątkę, Holendrzy stanęli więc przed szansą. Pierwszą okazję otrzymał Frank de Boer, ustawiając piłkę na punkcie 11 metrów przed Toldo. Lekkie, sygnalizowane uderzenie bramkarz wybronił bez większych kłopotów. Rozentuzjazmowany stadion na chwilę ucichł. Włosi podnieśli ręce z radości. Niedługo cieszyli się tą sytuacją. Ponownie przed szansą stanął w 62. minucie meczu zdobywca czterech bramek z meczu z Jugosławią – Patrick Kluivert. Chciał zmylić bramkarza, lecz piłka trafiła w słupek. Pech, nieodpowiednie przygotowanie, a może to los zakpił? Któż więc miał strzelać te bramki, jeśli piłkarze z renomowanych klubów piłkarskich pudłują w stuprocentowych sytuacjach? Osłabieni brakiem Zambrotty Włosi nie złożyli broni. Dotrwali do końca, a w serii rzutów karnych wykazali się większą odpornością psychiczną, upokarzając zbyt pewnych siebie Holendrów. Nie pozostawili cienia wątpliwości, że miejsce w finale należy im się słusznie.

WYNIKI SPOTKAŃ KWALIFIKACYJNYCH
Drużynę awansującą do następnej rundy oznaczono pogrubieniem.

ELIMINACJE GRUPOWE
Awansują zwycięzcy dziewięciu grup oraz najlepsza drużyna z drugiego miejsca; o pozostałe cztery miejsca w dwumeczach barażowych walczą drużyny, które zajęły w swych grupach drugie miejsca.

GRUPA 1

Walia – Włochy	0:2 (0:1)
Białoruś – Dania	0:0
Dania – Walia	1:2 (0:0)
Włochy – Szwajcaria	2:0 (1:0)
Walia – Białoruś	3:2 (1:1)
Szwajcaria – Dania	1:1 (0:0)
Białoruś – Szwajcaria	0:1 (0:0)
Dania – Włochy	1:2 (0:1)
Szwajcaria – Walia	2:0 (1:0)
Włochy – Białoruś	1:1 (1:1)
Dania – Białoruś	1:0 (1:0)
Włochy – Walia	4:0 (3:0)
Walia – Dania	0:2 (0:0)
Szwajcaria – Włochy	0:0
Białoruś – Walia	1:2 (1:1)
Dania – Szwajcaria	2:1 (0:0)
Szwajcaria – Białoruś	2:0 (0:0)
Włochy – Dania	2:3 (2:1)
Walia – Szwajcaria	0:2 (0:1)
Białoruś – Włochy	0:0

Poz.	Kraj	Mecze	Punkty	Bramki
1	**Włochy**	8	15	13-5
2	Dania	8	14	11-8
3	Szwajcaria	8	14	9-5
4	Walia	8	9	7-16
5	Białoruś	8	3	4-10

GRUPA 2

Gruzja – Albania	1:0 (0:0)
Grecja – Słowenia	2:2 (0:1)
Norwegia – Łotwa	1:3 (1:1)
Łotwa – Gruzja	1:0 (1:0)
Słowenia – Norwegia	1:2 (1:1)
Grecja – Gruzja	3:0 (3:0)
Norwegia – Albania	2:2 (0:1)
Słowenia – Łotwa	1:0 (0:0)
Albania – Grecja	0:0
Grecja – Norwegia	0:2 (0:1)
Gruzja – Słowenia	1:1 (1:0)
Łotwa – Grecja	0:0
Łotwa – Albania	0:0
Gruzja – Norwegia	1:4 (0:4)
Norwegia – Gruzja	1:0 (1:0)

Albania – Norwegia	1:2 (1:1)
Łotwa – Słowenia	1:2 (1:2)
Gruzja – Grecja	1:2 (0:0)
Albania – Słowenia	0:1 (0:1)
Grecja – Łotwa	1:2 (1:1)
Słowenia – Albania	2:0 (0:0)
Norwegia – Grecja	1:0 (1:0)
Albania – Łotwa	3:3 (1:1)
Słowenia – Gruzja	2:1 (0:0)
Gruzja – Łotwa	2:2 (1:0)
Norwegia – Słowenia	4:0 (3:0)
Grecja – Albania	2:0 (1:0)
Słowenia – Grecja	0:3 (0:2)
Albania – Gruzja	2:1 (2:0)
Łotwa – Norwegia	1:2 (0:0)

Poz.	Kraj	Mecze	Punkty	Bramki
1	**Norwegia**	10	25	21-9
2	Słowenia	10	17	12-14
3	Grecja	10	15	13-8
4	Łotwa	10	13	13-12
5	Albania	10	7	8-14
6	Gruzja	10	5	8-18

GRUPA 3

Finlandia – Mołdawia	3:2 (2:2)
Turcja – Irlandia Płn.	3:0 (1:0)
Irlandia Płn. – Finlandia	1:0 (1:0)
Turcja – Niemcy	1:0 (0:0)
Mołdawia – Niemcy	1:3 (1:3)
Turcja – Finlandia	1:3 (0:1)
Irlandia Płn. – Mołdawia	2:2 (1:1)
Irlandia Płn. – Niemcy	0:3 (0:2)
Turcja – Mołdawia	2:0 (1:0)
Mołdawia – Irlandia Płn.	0:0
Niemcy – Finlandia	2:0 (2:0)
Niemcy – Mołdawia	6:1 (1:0)
Finlandia – Turcja	2:4 (2:1)
Mołdawia – Finlandia	0:0
Irlandia Płn. – Turcja	0:3 (0:1)
Finlandia – Niemcy	1:2 (0:2)
Niemcy – Irlandia Płn.	4:0 (4:0)
Mołdawia – Turcja	1:1 (1:0)
Finlandia – Irlandia Płn.	4:1 (1:0)
Niemcy – Turcja	0:0

Mistrzostwa Europy 1998-2000

Poz.	Kraj	Mecze	Punkty	Bramki
1	**Niemcy**	8	19	20-4
2	Turcja	8	17	15-6
3	Finlandia	8	10	13-13
4	Irlandia Płn.	8	5	4-19
5	Mołdawia	8	4	7-17

GRUPA 4

Armenia – Andora	3:1 (1:0)
Islandia – Francja	1:1 (1:1)
Ukraina – Rosja	3:2 (2:0)
Andora – Ukraina	0:2 (0:2)
Armenia – Islandia	0:0
Rosja – Francja	2:3 (1:2)
Islandia – Rosja	1:0 (0:0)
Ukraina – Armenia	2:0 (1:0)
Francja – Andora	2:0 (0:0)
Andora – Islandia	0:2 (0:2)
Armenia – Rosja	0:3 (0:1)
Francja – Ukraina	0:0
Ukraina – Islandia	1:1 (0:0)
Rosja – Andora	6:1 (3:0)
Francja – Armenia	2:0 (2:0)
Islandia – Armenia	2:0 (1:0)
Ukraina – Andora	4:0 (2:0)
Francja – Rosja	2:3 (0:1)
Rosja – Islandia	1:0 (1:0)
Armenia – Ukraina	0:0
Andora – Francja	0:1 (0:0)
Islandia – Andora	3:0 (2:0)
Rosja – Armenia	2:0 (1:0)
Ukraina – Francja	0:0
Islandia – Ukraina	0:1 (0:1)
Andora – Rosja	1:2 (1:1)
Armenia – Francja	2:3 (1:1)
Andora – Armenia	0:3 (0:1)
Francja – Islandia	3:2 (2:0)
Rosja – Ukraina	1:1 (0:0)

Poz.	Kraj	Mecze	Punkty	Bramki
1	**Francja**	10	21	17-10
2	<u>Ukraina</u>	10	20	14-4
3	Rosja	10	19	22-12
4	Islandia	10	15	12-7
5	Armenia	10	8	8-15
6	Andora	10	0	3-28

GRUPA 5

Szwecja – Anglia	2:1 (2:1)
Bułgaria – Polska	0:3 (0:2)
Anglia – Bułgaria	0:0
Polska – Luksemburg	3:0 (2:0)
Bułgaria – Szwecja	0:1 (0:0)
Luksemburg – Anglia	0:3 (0:2)
Anglia – Polska	3:1 (2:1)
Szwecja – Luksemburg	2:0 (1:0)
Luksemburg – Bułgaria	0:2 (0:2)
Polska – Szwecja	0:1 (0:1)
Polska – Bułgaria	2:0 (1:0)
Anglia – Szwecja	0:0
Bułgaria – Anglia	1:1 (1:1)
Luksemburg – Polska	2:3 (0:2)
Anglia – Luksemburg	6:0 (5:0)
Szwecja – Bułgaria	1:0 (0:0)
Luksemburg – Szwecja	0:1 (0:1)
Polska – Anglia	0:0
Szwecja – Polska	2:0 (0:0)
Bułgaria – Luksemburg	3:0 (1:0)

Poz.	Kraj	Mecze	Punkty	Bramki
1	**Szwecja**	8	22	10-1
2	<u>Anglia</u>	8	13	14-4
3	Polska	8	13	12-8
4	Bułgaria	8	8	6-8
5	Luksemburg	8	0	2-23

GRUPA 6

Austria – Izrael	1:1 (1:0)
Cypr – Hiszpania	3:2 (1:0)
Cypr – Austria	0:3 (0:0)
San Marino – Izrael	0:5 (0:3)
San Marino – Austria	1:4 (0:0)
Izrael – Hiszpania	1:2 (0:0)

Mistrzostwa Europy 1998–2000

San Marino – Cypr	0:1 (0:1)
Cypr – San Marino	4:0 (3:0)
Hiszpania – Austria	9:0 (5:0)
Izrael – Cypr	3:0 (1:0)
San Marino – Hiszpania	0:6 (0:2)
Austria – San Marino	7:0 (3:0)
Hiszpania – San Marino	9:0 (4:0)
Izrael – Austria	5:0 (1:0)
Austria – Hiszpania	1:3 (0:1)
Cypr – Izrael	3:2 (1:1)
Izrael – San Marino	8:0 (3:0)
Hiszpania – Cypr	8:0 (5:0)
Hiszpania – Izrael	3:0 (2:0)
Austria – Cypr	3:1 (2:0)

Poz.	Kraj	Mecze	Punkty	Bramki
1	Hiszpania	8	21	42-5
2	Izrael	8	13	25-9
3	Austria	8	13	19-20
4	Cypr	8	12	12-21
5	San Marino	8	0	1-44

GRUPA 7

Rumunia – Liechtenstein	7:0 (4:0)
Słowacja – Azerbejdżan	3:0 (3:0)
Węgry – Portugalia	1:3 (1:0)
Liechtenstein – Słowacja	0:4 (0:3)
Azerbejdżan – Węgry	0:4 (0:0)
Portugalia – Rumunia	0:1 (0:0)
Liechtenstein – Azerbejdżan	2:1 (0:0)
Węgry – Rumunia	1:1 (0:0)
Słowacja – Portugalia	0:3 (0:2)
Portugalia – Azerbejdżan	7:0 (2:0)
Węgry – Liechtenstein	5:0 (3:0)
Rumunia – Słowacja	0:0
Słowacja – Węgry	0:0
Azerbejdżan – Rumunia	0:1 (0:0)
Liechtenstein – Portugalia	0:5 (0:1)
Azerbejdżan – Liechtenstein	4:0 (2:0)
Portugalia – Słowacja	1:0 (0:0)
Rumunia – Węgry	2:0 (2:0)
Węgry – Słowacja	0:1 (0:0)
Portugalia – Liechtenstein	8:0 (3:0)
Rumunia – Azerbejdżan	4:0 (2:0)
Azerbejdżan – Portugalia	1:1 (0:0)

Liechtenstein – Węgry 0:0
Słowacja – Rumunia 1:5 (1:2)
Słowacja – Liechtenstein 2:0 (1:0)
Węgry – Azerbejdżan 3:0 (1:0)
Rumunia – Portugalia 1:1 (1:1)
Azerbejdżan – Słowacja 0:1 (0:0)
Portugalia – Węgry 3:0 (2:0)
Liechtenstein – Rumunia 0:3 (0:1)

Poz.	Kraj	Mecze	Punkty	Bramki
1	**Rumunia**	10	24	25-3
2	**Portugalia**	10	23	32-4
3	Słowacja	10	17	12-9
4	Węgry	10	12	14-10
5	Azerbejdżan	10	4	6-26
6	Liechtenstein	10	4	2-39

GRUPA 8

Irlandia – Chorwacja 2:0 (2:0)
Macedonia – Malta 4:0 (1:0)
Malta – Chorwacja 1:4 (1:0)
Chorwacja – Macedonia 3:2 (2:1)
Irlandia – Malta 5:0 (2:0)
Malta – Macedonia 1:2 (0:0)
Jugosławia – Irlandia 1:0 (0:0)
Malta – Jugosławia 0:3 (0:1)
Macedonia – Chorwacja 1:1 (0:1)
Jugosławia – Malta 4:1 (1:1)
Irlandia – Macedonia 1:0 (0:0)
Jugosławia – Chorwacja 0:0
Chorwacja – Malta 2:1 (1:0)
Irlandia – Jugosławia 2:1 (0:0)
Chorwacja – Irlandia 1:0 (0:0)
Jugosławia – Macedonia 3:1 (1:0)
Macedonia – Jugosławia 2:4 (0:4)
Malta – Irlandia 2:3 (0:2)
Chorwacja – Jugosławia 2:2 (1:2)
Macedonia – Irlandia 1:1 (0:1)

Poz.	Kraj	Mecze	Punkty	Bramki
1	**Jugosławia**	8	17	18-8
2	Irlandia	8	16	14-6
3	Chorwacja	8	15	13-9
4	Macedonia	8	8	13-14
5	Malta	8	0	6-27

Mistrzostwa Europy 1998–2000

GRUPA 9

Estonia – Wyspy Owcze	5:0 (2:0)
Bośnia i Hercegowina – Wyspy Owcze	1:0 (0:0)
Litwa – Szkocja	0:0
Bośnia i Hercegowina – Estonia	1:1 (0:1)
Wyspy Owcze – Czechy	0:1 (0:0)
Szkocja – Estonia	3:2 (0:1)
Bośnia i Hercegowina – Czechy	1:3 (0:1)
Litwa – Wyspy Owcze	0:0
Czechy – Estonia	4:1 (4:0)
Litwa – Bośnia i Hercegowina	4:2 (1:1)
Szkocja – Wyspy Owcze	2:1 (2:0)
Czechy – Litwa	2:0 (1:0)
Litwa – Estonia	1:2 (0:0)
Szkocja – Czechy	1:2 (0:2)
Wyspy Owcze – Szkocja	1:1 (0:1)
Estonia – Czechy	0:2 (0:1)
Bośnia i Hercegowina – Litwa	2:0 (1:0)
Estonia – Litwa	1:2 (1:0)
Wyspy Owcze – Bośnia i Hercegowina	2:2 (1:1)
Czechy – Szkocja	3:2 (0:1)
Wyspy Owcze – Estonia	0:2 (0:0)
Litwa – Czechy	0:4 (0:0)
Bośnia i Hercegowina – Szkocja	1:2 (1:2)
Wyspy Owcze – Litwa	0:1 (0:0)
Estonia – Szkocja	0:0
Czechy – Bośnia i Hercegowina	3:0 (1:0)
Szkocja – Bośnia i Hercegowina	1:0 (1:0)
Szkocja – Litwa	3:0 (0:0)
Estonia – Bośnia i Hercegowina	1:4 (1:1)
Czechy – Wyspy Owcze	2:0 (1:0)

Poz.	Kraj	Mecze	Punkty	Bramki
1	**Czechy**	10	30	26-5
2	Szkocja	10	18	15-10
3	Estonia	10	11	15-17
4	Bośnia i Hercegowina	10	11	14-17
5	Litwa	10	11	8-16
6	Wyspy Owcze	10	3	4-17

MECZE BARAŻOWE

Izrael – Dania	0:5 (0:2)
Dania – Izrael	3:0 (2:0)
Irlandia – Turcja	1:1 (0:0)
Turcja – Irlandia	0:0

Szkocja – Anglia	0:2 (0:2)
Anglia – Szkocja	0:1 (0:1)
Słowenia – Ukraina	2:1 (0:1)
Ukraina – **Słowenia**	1:1 (0:0)

TURNIEJ FINAŁOWY
12.06.–2.07.2000.
ORGANIZATOR: BELGIA I HOLANDIA

GRUPA A	GRUPA B	GRUPA C	GRUPA D
Niemcy	Belgia	Hiszpania	Holandia
Rumunia	Szwecja	Norwegia	Czechy
Portugalia	Turcja	Jugosławia	Francja
Anglia	Włochy	Słowenia	Dania

GRUPA A
12 czerwca, Liège (Stade de Sclessin)
NIEMCY – RUMUNIA 1:1 (1:1)
Bramki: Niemcy – 28' Scholl; Rumunia – 5' Moldovan
Niemcy: Kahn, Linke (46' Rehmer), Matthäus (77' Deisler), Nowotny, Babbel, Häßler (73' Hamann), Jeremies, Scholl, Ziege, Rink, Bierhoff
Rumunia: Stelea, Filipescu, Popescu, Ciobotariu, Chivu, Petrescu (69' Contra), Hagi (73' Mutu), Gâlcă, Munteanu, Moldovan (85' Lupescu), Ilie
Żółte kartki: Rumunia – Ilie, Hagi
Sędziował: Kim Milton Nielsen (Dania)

12 czerwca, Eindhoven (Philips Stadion)
PORTUGALIA – ANGLIA 3:2 (2:2)
Bramki: Portugalia – 22' Figo, 37' João Pinto, 59' Nuno Gomes; Anglia – 3' Scholes, 18' McManaman
Portugalia: Baía, Xavier, Couto, Jorge Costa, Dimas, Figo, Vidigal, Rui Costa (85' Beto), Bento, João Pinto (75' S. Conceição), Nuno Gomes (90' Capucho)
Anglia: Seaman, G. Neville, Adams (82' Keown), Campbell, Ph. Neville, Beckham, Ince, Scholes, McManaman (58' Wise), Shearer, Owen (46' Heskey)
Żółte kartki: Portugalia – Baía; Anglia – Ince
Sędziował: Anders Frisk (Szwecja)

17 czerwca, Arnhem (GelreDome)
RUMUNIA – PORTUGALIA 0:1 (0:0)
Bramka: Portugalia – 90' Costinha
Rumunia: Stelea, Contra, Popescu, Filipescu, Petrescu (65' Petre), Gâlcă, Hagi, Munteanu, Chivu, Moldovan (66' Ganea), Ilie (78' Roşu)
Portugalia: Baía, Secretario, Couto, Dimas, Jorge Costa, Rui Costa (87' Costinha), Vidigal, Bento, Figo, Nuno Gomes (56' Sá Pinto), João Pinto (56' S. Conceição)
Żółte kartki: Rumunia – Hagi, Petrescu, Contra; Portugalia – Figo
Sędziował: Gilles Veissière (Francja)

17 czerwca, Charleroi (Stade du Pays de Charleroi)
ANGLIA – NIEMCY 1:0 (0:0)
Bramka: Anglia – 53' Shearer
Anglia: Seaman, G. Neville, Keown, Campbell, Ph. Neville, Beckham, Ince, Scholes (72' Barmby), Wise, Owen (61' Gerrard), Shearer
Niemcy: Kahn, Babbel, Matthäus, Nowotny, Deisler (72' Ballack), Hamann, Jeremies (78' Bode), Scholl, Ziege, Jancker, Kirsten (70' Rink)
Żółte kartki: Anglia – Beckham; Niemcy – Jeremies, Babbel
Sędziował: Pierluigi Collina (Włochy)

20 czerwca, Charleroi (Stade du Pays de Charleroi)
ANGLIA – RUMUNIA 2:3 (2:1)
Bramki: Anglia – 41' Shearer, 45' Owen; Rumunia – 22' Chivu, 48' Munteanu, 88' Ganea
Anglia: Martyn, G. Neville, Campbell, Keown, Ph. Neville, Beckham, Ince, Scholes (81' Southgate), Wise (75' Barmby), Shearer, Owen (67' Heskey)
Rumunia: Stelea, Filipescu, Popescu (31' Belodedici), Contra, Petrescu, Gâlcă (68' Roşu), Mutu, Munteanu, Chivu, Moldovan, Ilie (74' Ganea)
Żółte kartki: Anglia – Shearer; Rumunia – Chivu, Petrescu, Contra, Ilie, Filipescu
Sędziował: Urs Meier (Szwajcaria)

20 czerwca, Rotterdam (De Kuip)
PORTUGALIA – NIEMCY 3:0 (1:0)
Bramki: Portugalia – 35' S. Conceição, 54' S. Conceição, 71' S. Conceição
Portugalia: Espinha (89' Quim), Jorge Costa, Couto, Rui Jorge, Beto, Costinha, Sousa (72' Vidigal), S. Conceição, João Pinto, Pauleta (67' Nuno Gomes), Capucho
Niemcy: Kahn, Rehmer, Linke, Matthäus, Nowotny, Deisler, Ballack (46' Rink), Hamann, Scholl (60' Häßler), Bode, Jancker (69' Kirsten)
Żółte kartki: Portugalia – Beto; Niemcy – Ballack, Jancker, Deisler, Rink
Sędziował: Dick Jol (Holandia)

Poz.	Kraj	Mecze	Punkty	Bramki
1	**Portugalia**	3	9	7-2
2	**Rumunia**	3	4	4-4
3	Anglia	3	3	5-6
4	Niemcy	3	1	1-5

GRUPA B
10 czerwca, Bruksela (King Baudouin Stadium)
BELGIA – SZWECJA 2:1 (1:0)
Bramki: Belgia – 43' Goor, 46' É. Mpenza; Szwecja – 54' Mjällby
Belgia: De Wilde, Deflandre, Valgaeren, Staelens, Leonard (72' van Kerckhoven), Verheyen (89' Peeters), Vanderhaeghe, Wilmots, Goor, É. Mpenza, Strupar (69' Nilis)
Szwecja: Hedman, R. Nilsson (46' Lučić), P. Andersson, Björklund, Mellberg, Alexandersson, D. Andersson (70' Osmanovski), Mjällby, Ljungberg, K. Andersson, Petterson (50' Larsson)
Żółte kartki: Belgia – van Kerckhoven, Nilis, Verheyen; Szwecja – P. Andersson
Czerwona kartka: Szwecja – 81' P. Andersson
Sędziował: Markus Merk (Niemcy)

11 czerwca, Arnhem (GelreDome)
TURCJA – WŁOCHY 1:2 (0:0)
Bramki: Turcja – 60' Okan; Włochy – 52' Conte, 70' Inzaghi
Turcja: Rüştü, Tayfur, Ogün, Fatih, Alpay, Sergen (81' Arif), Tayfun, Abdullah, Ümit (76' Tugay), Şükür, Okan (89' Ergün)
Włochy: Toldo, Albertini, Cannavaro, Maldini, Conte, Pessotto (63' Juliano), Nesta, Zambrotta, Fiore (74' Del Piero), Inzaghi, Totti (83' Di Livio)
Sędziował: Hugh Dallas (Szkocja)

14 czerwca, Bruksela (King Baudouin Stadium)
WŁOCHY – BELGIA 2:0 (1:0)
Bramki: Włochy – 6' Totti, 65' Fiore
Włochy: Toldo, Cannavaro, Maldini, Nesta, Juliano, Zambrotta, Conte, Albertini, Fiore (82' Ambrosini), Inzaghi (87' Delvecchio), Totti (83' Del Piero)
Belgia: De Wilde, Deflandre, Valgaeren, Staelens, van Kerckhoven (44' Hendrikx), Verheyen (67' M. Mpenza), Vanderhaeghe, Wilmots, Goor, Strupar (57' Nilis), É. Mpenza
Żółte kartki: Włochy – Conte, Zambrotta; Belgia – Wilmots
Sędziował: José María García-Aranda (Hiszpania)

15 czerwca, Eindhoven (Philips Stadion)
SZWECJA – TURCJA 0:0
Szwecja: Hedman, Lučić, Mellberg, Björklund, Sundgren, Mild, Mjällby, Ljungberg, Alexandersson (63' A. Andersson), Larsson (78' Svensson), K. Andersson (46' Pettersson)
Turcja: Rüştü, Alpay, Fatih, Ogün (59' Tugay), Ümit D., Suat, Izzet (58' Sergen), Okan, Hakan Ü.[4] (45' Tayfun), Arif, Şükür[5]
Żółte kartki: Szwecja – Mjällby; Turcja – Suat
Sędziował: Dick Jol (Holandia)

19 czerwca, Bruksela (King Baudouin Stadium)
TURCJA – BELGIA 2:0 (1:0)
Bramki: Turcja – 45' Şükür, 70' Şükür
Turcja: Rüştü, Ogün (37' Tayfur), Fatih, Alpay, Arif (85' Osman), Tugay, Okan (77' Ergün), Şükür, Suat, Abdullah, Tayfun
Belgia: De Wilde, Deflandre, Valgaeren, Staelens, van Kerckhoven, Vanderhaeghe, Wilmots, Goor (60' Hendrikx), Verheyen (63' Strupar), É. Mpenza, Nilis (77' De Bilde)
Żółte kartki: Turcja – Tayfun, Osman; Belgia – Vanderhaeghe, É. Mpenza
Czerwona kartka: Belgia – 84' De Wilde
Sędziował: Kim Milton Nielsen (Dania)

19 czerwca, Eindhoven (Philips Stadion)
WŁOCHY – SZWECJA 2:1 (1:0)
Bramki: Włochy – 39' Di Biagio, 88' Del Piero; Szwecja – 76' Larsson
Włochy: Toldo, Ferrara, Negro, Juliano (46' Cannavaro), Maldini (41' Nesta), Di Livio (64' Fiore), Ambrosini, Di Biagio, Pessotto, Montella, Del Piero

---

[4] Według źródeł UEFA: Hakan Ünsal (przyp. red.).
[5] Tu i dalej według źródeł UEFA: Hakan Şükür (przyp. red.).

Szwecja: Hedman, P. Andersson, Björklund, Gustafsson (74' K. Andersson), Mellberg, Mild, Ljungberg, Mjällby (56' D. Andersson), Osmanovski, Larsson, Svensson (51' Alexandersson)
Sędziował: Vítor Melo Pereira (Portugalia)

Poz.	Kraj	Mecze	Punkty	Bramki
1	Włochy	3	9	6-2
2	Turcja	3	4	3-2
3	Belgia	3	3	2-5
4	Szwecja	3	1	2-4

GRUPA C
13 czerwca, Rotterdam (De Kuip)
NORWEGIA – HISZPANIA 1:0 (0:0)
Bramka: Norwegia – 66' Iversen
Norwegia: Myhre, Heggem, Berg (58' Eggen), Bragstad, Bergdølmo, Mykland, Skammelsrud, Bakke, Iversen (90' Riseth), Solskjær, Flo (69' Carew)
Hiszpania: Molina, Salgado, Hierro, Paco, Aranzábal, Etxeberria (72' Alfonso), Guardiola, Valerón (80' Helguera), Fran (72' Mendieta), Raúl, Urzaiz
Żółte kartki: Norwegia – Bergdølmo; Hiszpania – Etxeberria, Salgado
Sędziował: Gamal El Ghandour (Egipt)

13 czerwca, Charleroi (Stade du Pays de Charleroi)
JUGOSŁAWIA – SŁOWENIA 3:3 (0:1)
Bramki: Jugosławia – 66' Milošević, 70' Drulović, 72' Milošević; Słowenia – 23' Zahovič, 52' Pavlin, 57' Zahovič
Jugosławia: Kralj, Dudić, Đukić, Mihajlović, Stanković (36' Stojković), Jokanović, Jugović, Nađ, Drulović, Kovačević (51' Milošević), Mijatović (82' Kežman)
Słowenia: Dabanovič, Galič, Milinovič, Milanič, Novak, Čeh, Pavlin (74' Pavlovič), Zahovič, Karič (78' Osterc), Udovič (65' Ačimovič), Rudonja
Żółte kartki: Jugosławia – Mihajlović; Słowenia – Milanič
Czerwona kartka: Jugosławia – 60' Mihajlović
Sędziował: Vítor Melo Pereira (Portugalia)

18 czerwca, Amsterdam (Arena)
HISZPANIA – SŁOWENIA 2:1 (1:0)
Bramki: Hiszpania – 4' Raúl, 60' Etxeberria; Słowenia – 59' Zahovič
Hiszpania: Cañizares, Salgado, Hierro, Abelardo, Aranzábal, Etxeberria, Guardiola (80' Helguera), Valerón (88' Engonga), Mendieta, Raúl, Alfonso (70' Urzaiz)
Słowenia: Dabanovič, Galič, Milinovič, Milanič (68' Knavs), Novak, Čeh, Pavlin (81' Ačimovič), Zahovič, Karič, Rudonja, Udovič (46' Osterc)
Żółte kartki: Hiszpania – Aranzábal, Helguera; Słowenia – Čeh, Karič, Novak, Pavlin
Sędziował: Markus Merk (Niemcy)

18 czerwca, Liège (Stade de Sclessin)
JUGOSŁAWIA – NORWEGIA 1:0 (1:0)
Bramka: Jugosławia – 8' Milošević
Jugosławia: Kralj, Komljenović, Saveljić, Đukić, Đorović, Stojković (84' Nađ), Jokanović (89' Govedarica), Jugović, Drulović, Mijatović (87' Kežman), Milošević

1998–2000

Norwegia: Myhre, Heggem (35' Bjørnbye), Eggen, Bragstad, Bergdølmo, Iversen (70' Carew), Bakke (75' Strand), Skammelsrud, Mykland, Solskjær, Flo
Żółte kartki: Jugosławia – Jokanović, Jugović, Drulović, Nađ; Norwegia – Mykland
Czerwona kartka: Jugosławia – 88' Kežman
Sędziował: Hugh Dallas (Szkocja)

21 czerwca, Brugia (Stade Jan Breydel)
JUGOSŁAWIA – HISZPANIA 3:4 (1:1)
Bramki: Jugosławia – 31' Milošević, 51' Govedarica, 75' Komljenović; Hiszpania – 39' Alfonso, 52' Munitis, 90' Mendieta, 90' Alfonso
Jugosławia: Kralj, Komljenović, Mihajlović, Đukić, Đorović (13' Stanković), Jugović (46' Govedarica), Stojković (69' Saveljić), Jokanović, Drulović, Milošević, Mijatović
Hiszpania: Cañizares, Salgado (46' Munitis), Abelardo, Paco (65' Urzaiz), Sergi, Mendieta, Guardiola, Helguera, Fran (23' Etxeberria), Alfonso, Raúl
Żółte kartki: Jugosławia – Komljenović, Jokanović, Stanković, Stojković, Saveljić; Hiszpania – Sergi
Czerwona kartka: Jugosławia – 63' Jokanović
Sędziował: Gilles Veissière (Francja)

21 czerwca, Arnhem (GelreDome)
SŁOWENIA – NORWEGIA 0:0
Słowenia: Dabanovič, Milinovič, Knavs, Galič (83' Ačimovič), Novak, Aleš[6], Pavlin, Rudonja, Šiljak (86' Osterc), Karič, Zahovič
Norwegia: Myhre, Bergdølmo, Bragstad, Eggen, Mykland, Solbakken (82' Strand), Bjørnbye, Iversen, Carew (61' Bakke), Solskjær, Flo
Żółte kartki: Słowenia – Pavlin; Norwegia – Mykland, Solskjær
Sędziował: Graham Poll (Anglia)

Poz.	Kraj	Mecze	Punkty	Bramki
1	Hiszpania	3	6	6-5
2	Jugosławia	3	4	7-7
3	Norwegia	3	4	1-1
4	Słowenia	3	2	4-5

GRUPA D
11 czerwca, Brugia (Stade Jan Breydel)
FRANCJA – DANIA 3:0 (1:0)
Bramki: Francja – 16' Blanc, 65' Henry, 89' Wiltord
Francja: Barthez, Thuram, Blanc, Desailly, Lizarazu, Deschamps, Djorkaeff (58' Vieira), Zidane, Petit, Henry, Anelka (82' Wiltord)
Dania: Schmeichel, Schjønberg, Henriksen, Heintze, Colding, Tøfting (72' Gravesen), Nielsen, Bisgaard (72' Jorgensen), Grønkjær, Tomasson (80' Beck), Sand
Sędziował: Günther Benkö (Austria)

11 czerwca, Amsterdam (Arena)
HOLANDIA – CZECHY 1:0 (0:0)
Bramka: Holandia – 89' F. de Boer

---
[6] Według źródeł UEFA: Aleş Čeh (przyp. red.).

Mistrzostwa Europy 1998–2000

Holandia: van der Sar, Reiziger, Stam (74' Konterman), F. de Boer, van Bronckhorst, Zenden (78' Overmars), Seedorf (57' R. de Boer), Cocu, Davids, Kluivert, Bergkamp
Czechy: Srníček, Řepka, Látal (70' Bejbl), Rada, Gabriel, Nedvěd (90' Lokvenc), Němec, Poborský, Rosický, Koller, Šmicer (83' Kuka)
Żółte kartki: Holandia – F. de Boer, van Bronckhorst; Czechy – Nedvěd, Poborský, Řepka
Czerwona kartka: Czechy – 90' Látal (po zakończeniu meczu)
Sędziował: Pierluigi Collina (Włochy)

16 CZERWCA, BRUGIA (STADE JAN BREYDEL)
FRANCJA – CZECHY 2:1 (1:1)
Bramki: Francja – 7' Henry, 60' Djorkaeff; Czechy – 35' Poborský
Francja: Barthez, Thuram, Blanc, Desailly, Candela, Vieira, Deschamps, Zidane, Petit (46' Djorkaeff), Henry (90' Wiltord), Anelka (55' Dugarry)
Czechy: Srníček, Řepka, Rada, Gabriel (46' Fukal), Poborský, Rosický (62' Jankulovski), Bejbl (50' Lokvenc), Nedvěd, Němec, Koller, Šmicer
Żółte kartki: Francja – Thuram; Czechy – Gabriel, Jankulovski, Řepka, Němec
Sędziował: Graham Poll (Anglia)

16 CZERWCA, ROTTERDAM (DE KUIP)
HOLANDIA – DANIA 3:0 (0:0)
Bramki: Holandia – 57' Kluivert, 66' R. de Boer, 77' Zenden
Holandia: van der Sar (90' Westerveld), Reiziger, F. de Boer, Konterman, van Bronckhorst, Zenden, Cocu, Davids, Overmars (60' R. de Boer), Kluivert, Bergkamp (75' Winter)
Dania: Schmeichel, Schjønberg (82' Helveg), Henriksen, Colding, Heintze, Bisgaard, A. Nielsen (51' Tøfting), Gravesen (67' B. Nielsen), Grønkjær, Tomasson, Sand
Żółte kartki: Holandia – van Bronckhorst, Reiziger, Konterman, van der Sar; Dania – Nielsen
Sędziował: Urs Meier (Szwajcaria)

21 CZERWCA, LIÈGE (STADE DE SCLESSIN)
DANIA – CZECHY 0:2 (0:0)
Bramki: Czechy – 64' Šmicer, 67' Šmicer
Dania: Schmeichel, Helveg, Henriksen, Schjønberg, Heintze (68' Colding), Tøfting, Goldbæk, B. Nielsen, Grønkjær, Tomasson, Beck (73' Molnar)
Czechy: Srníček, Řepka, Rada, Fukal, Poborský, Nedvěd, Bejbl (62' Jankulovski), Berger, Němec, Koller (74' Kuka), Šmicer (79' Lokvenc)
Żółte kartki: Dania – Grønkjær, Tøfting, Molnar; Czechy – Poborský, Fukal, Rada
Sędziował: Gamal El Ghandour (Egipt)

21 CZERWCA, AMSTERDAM (ARENA)
FRANCJA – HOLANDIA 2:3 (2:1)
Bramki: Francja – 8' Dugarry, 30' Trezeguet; Holandia – 14' Kluivert, 51' F. de Boer, 59' Zenden
Francja: Lama, Karembeu, Leboeuf, Desailly, Candela, Pirès, Vieira (90' Deschamps), Micoud, Dugarry (68' Djorkaeff), Trezeguet, Wiltord (80' Anelka)
Holandia: Westerveld, Bosvelt, F. de Boer, Stam, Numan, Overmars (89' van Vossen), Davids, Cocu, Zenden, Bergkamp (78' Winter), Kluivert (60' Makaay)
Żółte kartki: Francja – Dugarry, Desailly, Vieira; Holandia – Davids, Cocu
Sędziował: Anders Frisk (Szwecja)

1998–2000

Poz.	Kraj	Mecze	Punkty	Bramki
1	**Holandia**	3	9	7-2
2	**Francja**	3	6	7-4
3	Czechy	3	3	3-3
4	Dania	3	0	0-8

ĆWIERĆFINAŁY

24 czerwca, Amsterdam (Arena)
PORTUGALIA – TURCJA 2:0 (1:0)
Bramki: Portugalia – 44' Nuno Gomes, 56' Nuno Gomes
Portugalia: Baía, Jorge Costa, Couto, Bento, Costinha (46' Sousa), Rui Costa (87' Capucho), Dimas, Figo, S. Conceição, João Pinto, Nuno Gomes (75' Sá Pinto)
Turcja: Rüştü, Ogün (85' Sergen), Tayfur, Fatih, Alpay, Okan (63' Oktay), Hakan Ü., Tayfun, Ergün, Şükür, Arif (63' Suat)
Żółte kartki: Portugalia – João Pinto, Couto, Rui Costa, Costinha, Sousa; Turcja – Okan, Hakan Ü., Ogün
Czerwona kartka: Turcja – 29' Alpay
Sędziował: Dick Jol (Holandia)

24 czerwca, Bruksela (King Baudouin Stadium)
WŁOCHY – RUMUNIA 2:0 (2:0)
Bramki: Włochy – 33' Totti, 43' Inzaghi
Włochy: Toldo, Cannavaro, Maldini (46' Pessotto), Nesta, Juliano, Zambrotta, Conte (56' Di Biagio), Albertini, Fiore, Inzaghi, Totti (75' Del Piero)
Rumunia: Stelea, Ciobotariu, Belodedici, Filipescu, Petre, Hagi, Gâlcă (68' Lupescu), Munteanu, Chivu, Moldovan (54' Ganea), Mutu
Żółte kartki: Włochy – Albertini; Rumunia – Hagi
Czerwona kartka: Rumunia – 59' Hagi
Sędziował: Vítor Melo Pereira (Portugalia)

25 czerwca, Rotterdam (De Kuip)
HOLANDIA – JUGOSŁAWIA 6:1 (2:0)
Bramki: Holandia – 24' Kluivert, 38' Kluivert, 51' Kluivert, 54' Kluivert, 78' Overmars, 89' Overmars; Jugosławia – 90' Milošević
Holandia: van der Sar (65' Westerveld), Bosvelt, Stam, F. de Boer, Numan, Overmars, Cocu, Davids, Zenden (80' R. de Boer), Bergkamp, Kluivert (60' Makaay)
Jugosławia: Krajl, Komljenović, Đukić, Mihajlović, Saveljić (56' J. Stanković), Jugović, Govedarica, Stojković (52' D. Stanković), Drulović (70' Kovačević), Milošević, Mijatović
Żółta kartka: Holandia – Bosvelt
Sędziował: José María García-Aranda (Hiszpania)

25 czerwca, Brugia (Stade Jan Breydel)
FRANCJA – HISZPANIA 2:1 (2:1)
Bramki: Francja – 33' Zidane, 44' Djorkaeff; Hiszpania – 38' Mendieta
Francja: Barthez, Thuram, Blanc, Desailly, Lizarazu, Deschamps, Zidane, Djorkaeff, Vieira, Dugarry, Henry (81' Anelka)
Hiszpania: Cañizares, Salgado, Abelardo, Aranzábal, Mendieta (57' Urzaiz), Paco, Guardiola, Helguera (77' Gerard), Munitis (72' Etxeberría), Raúl, Alfonso

Żółte kartki: Francja – Deschamps; Hiszpania – Alfonso, Guardiola, Salgado, Paco
Sędziował: Pierluigi Collina (Włochy)

PÓŁFINAŁY
28 CZERWCA, BRUKSELA (KING BAUDOUIN STADIUM)
PORTUGALIA – FRANCJA 1:2 (1:0, 1:1, 1:1)
Bramki: Portugalia – 19' Nuno Gomes; Francja – 51' Henry, 117' Zidane (rz. k.)
Portugalia: Baía, Xavier, Couto, Jorge Costa, Dimas (91' Rui Jorge), Vidigal (60' Bento), S. Conceição, Costinha, Figo, Rui Costa (78' João Pinto), Nuno Gomes
Francja: Barthez, Thuram, Blanc, Desailly, Lizarazu, Vieira, Deschamps, Zidane, Petit (86' Pirès), Henry (104' Trezeguet), Anelka (71' Wiltord)
Żółte kartki: Portugalia – Vidigal, Jorge Costa, Dimas, Figo, João Pinto; Francja – Vieira, Desailly
Czerwona kartka: Portugalia – 117' Nuno Gomes
Sędziował: Günther Benkö (Austria)

29 CZERWCA, AMSTERDAM (ARENA)
WŁOCHY – HOLANDIA 0:0 (0:0, 0:0, 0:0), rz. k. 3:1
Rzuty karne: 1:0 Di Biagio (strzał F. de Boera obronił Toldo), 2:0 Pesotto (Stam strzelił nad poprzeczką), 3:0 Totti, 3:1 Kluivert (strzał Malciniego obronił van der Sar, strzał Bosvelta obronił Toldo)
Włochy: Toldo, Maldini, Cannavaro, Nesta, Juliano, Di Biagio, Zambrotta, Albertini (77' Pessotto), Fiore (82' Totti), Inzaghi (67' Delvecchio), Del Piero
Holandia: van der Sar, Bosvelt, Stam, F. de Boer, van Bronckhorst, Zenden (77' van Vossen), Davids, Cocu (96' Winter), Overmars, Bergkamp (87' Seedorf), Kluivert
Żółte kartki: Włochy – Zambrotta, Juliano, Toldo, Maldini, Di Biagio; Holandia – Zenden, Davids, van Bronckhorst, Stam
Czerwona kartka: Włochy – 34' Zambrotta
Sędziował: Markus Merk (Niemcy)

FINAŁ
Naprzeciw siebie stanęły dwie godne tej rywalizacji jedenastki: aktualni mistrzowie świata i najlepsze na świecie włoskie *catenaccio*. Zarówno Francja, jak i Włochy miały już na swoim koncie tytuły mistrzów Starego Kontynentu. Pozostawało więc czekać na pojedynek tych dwóch zespołów. Włosi, niesieni dopingiem wspaniałej publiczności, przy prowadzeniu 1:0 nie wykorzystali dwóch dogodnych sytuacji strzeleckich, które Del Piero powinien był zamienić na bramki i które następnie inaczej mogły ustawić cały mecz. Niewykluczone, że pasjonujący pojedynek półfinałowy z Holandią – kiedy dopiero rzuty karne rozstrzygnęły o awansie Włochów – wyczerpał limit szczęścia u zawodników z Półwyspu Apenińskiego. Francuzi co prawda też nie mieli łatwej przeprawy w półfinale – dopiero złoty gol przyniósł im awans do finału.

Trener Lemerre, wiedziony intuicją, dokonał w trakcie spotkania zmian na wagę zwycięstwa. Postawił na frontalny atak i cała Francja oszalała z radości, a wraz z nią stadion z kibicami i oczywiście samymi piłkarzami – zwycięzcami, aktorami tego wspaniałego widowiska. Ponownie złoty gol przyniósł sukces trójkolorowym. Taki fart w dwóch meczach z rzędu, i to o najwyższą stawkę, rzadko się zdarza. Naprawdę szkoda, że tak piękny mecz jedna z drużyn musiała zakończyć porażką. Ale Włosi mogli wracać do kraju z podniesioną głową. Z kolei Francja, zwyciężywszy w mistrzostwach świata, sięgnęła po mistrzostwo Europy. Ambicji i twardej walki na boisku nie można było odmówić żadnemu z dwóch zespołów. Szczęście uśmiechnęło się do drużyny, która w finale miała go po prostu więcej. I pomyśleć, że 40 lat wcześniej – podczas pierwszych rozgrywek Pucharu Narodów Europy – francuska

1998–2000

prasa zamieściła ledwie wzmiankę o zdobyciu przez drużynę Związku Radzieckiego tego zaszczytnego trofeum. Dziś Francja była na ustach całej futbolowej Europy i francuskiej prasy, oczywiście, też.

Zwycięska drużyna Francji tuż po meczu finałowym z Włochami, 2 lipca 2000 r.

2 LIPCA, ROTTERDAM (DE KUIP)
FRANCJA – WŁOCHY 2:1 (0:0, 1:1, 2:1)
Bramki: Francja – 90' Wiltord, 103' Trezeguet; Włochy – 56' Delvecchio
Francja: Barthez, Blanc, Desailly, Lizarazu (86' Pirès), Vieira, Deschamps, Zidane, Djorkaeff (76' Trezeguet), Dugarry (58' Wiltord), Thuram, Henry
Włochy: Toldo, Cannavaro, Nesta, Juliano, Maldini, Pessotto, Di Biagio (65' Ambrosini), Albertini, Fiore (54' Del Piero), Delvecchio (86' Montella), Totti
Żółte kartki: Francja – Thuram; Włochy – Di Biagio, Cannavaro, Totti
Sędziował: Anders Frisk (Szwecja)

STRZELCY BRAMEK TURNIEJU FINAŁOWEGO
5 – Kluivert (Holandia), Milošević (Jugosławia)
3 – S. Conceição, Nuno Gomes (Portugalia), Zahovič (Słowenia)
2 – Shearer (Anglia), Šmicer (Czechy), Djorkaeff, Henry (Francja), Alfonso, Mendieta (Hiszpania), F. de Boer, Overmars, Zenden (Holandia), Şükür (Turcja), Inzaghi, Totti (Włochy)
1 – McManaman, Owen, Scholes (Anglia), Goor, É. Mpenza (Belgia), Poborský (Czechy), Blanc, Dugarry, Trezeguet, Wiltord, Zidane (Francja), Etxeberría, Munitis, Raúl (Hiszpania), R. de Boer (Holandia), Drulović, Govedarica, Komljenović (Jugosławia), Scholl (Niemcy), Iversen (Norwegia), Costinha, Figo, Pinto (Portugalia), Chivu, Ganea, Moldovan, Munteanu (Rumunia), Pavlin (Słowenia), Larsson, Mjällby (Szwecja), Okan (Turcja), Conte, Del Piero, Di Biagio, Fiore (Włochy)
1 samobójcza – Govedarica (Jugosławia)

O NICH SIĘ MÓWIŁO

Youri Djorkaeff (ur. 9 marca 1968 r. w Lyonie) karierę piłkarską rozpoczynał w Grenoble, a swoje zdolności lepiej zaprezentował w AS Monaco. Międzynarodową sławę zyskał w 1996 r., kiedy poprowadził zespół Paris Saint-Germain do zdobycia Pucharu Zdobywców Pucharów. Zaskarbił sobie uznanie *tifosich*, czyli wymagających kibiców włoskich, występując w Interze Mediolan. Na ME w 2000 r. fetował wraz z kolegami z reprezentacji zwycięstwo w całym turnieju. Nieoceniony w akcjach ofensywnych, występował jako napastnik i pomocnik.

Francesco Toldo (ur. 2 grudnia 1971 r. w Padwie), obdarzony wspaniałymi warunkami fizycznymi bramkarz klubów: AC Milan, Verona FC, Trento C. 1921 i Ravenna C. Debiutował w reprezentacji w 1995 r. w spotkaniu z Chorwacją, gdy ówczesny pierwszy bramkarz, Bucci, otrzymał czerwoną kartkę. Na następną okazję czekał aż do 1998 r., kiedy z powodów zdrowotnych nie mógł wystąpić w bramce Peruzzi. Młodego golkipera czekało siedem spotkań w reprezentacji i kolejny uśmiech losu. Z powodu nagłej kontuzji Buffona, Toldo dostał powołanie na ME do krajów Beneluksu. Występ w tym turnieju może zaliczyć do najbardziej udanych w swojej karierze, był bowiem pewnym punktem włoskiej drużyny i… wybronił pięć z sześciu strzelanych mu rzutów karnych. To zaiste fenomenalny wyczyn. W latach 2001–2010 występował w bramce Interu Mediolan, po czym przeszedł w stan spoczynku.

MISTRZOSTWA EUROPY
2002–2004

Benfica, FC Porto, Czarna Perła z Mozambiku, Figo… Jednym słowem: **Portugalia**. Kraj wybrany przez Komitet Wykonawczy UEFA na organizatora piłkarskich ME 2004 r. Obecni gospodarze na ME 2000 r. okazali się rewelacją rozgrywek i przebojem weszli do czołówki europejskiego futbolu, a MŚ w Korei i Japonii utwierdziły kibiców w przekonaniu, że to nie był przypadek. Do obecnej edycji rozgrywek zgłoszono rekordową liczbę 50 narodowych federacji piłkarskich, a następnie rozlosowano je w dziesięciu grupach po pięć zespołów. Drużyny, które zajęły pierwsze miejsca w swoich grupach, bezpośrednio awansowały do głównego turnieju. Zespoły z drugich miejsc wystąpiły w barażach. Gospodarz tradycyjnie miał awans z urzędu. W zakończonych eliminacjach większych sensacji nie odnotowano, za niespodziankę należy jednak uznać awans Grecji (jednym punktem wyprzedziła faworyta grupy szóstej – Hiszpanię), Bułgarii (wyeliminowała m.in. Chorwację i Belgię) oraz Szwajcarii (pokonała Rosję). Godny odnotowania jest również fakt, że bez porażki w eliminacjach zagrali obrońcy trofeum – reprezentacja Francji, kończąc je z imponującym dorobkiem bramkowym 29-2.

Mistrzostwa Europy w Piłce Nożnej w 2004 r. rozegrano na ośmiu wspaniale przygotowanych stadionach. W meczu otwarcia w **grupie A** gospodarze turnieju przegrali niespodziewanie z debiutującą na imprezie tej rangi Grecją. Bramka strzelona w siódmej minucie przez Karagounisa ostudziła nieco zapał Portugalczyków, którzy nie wykorzystali atutu własnego boiska i przegrali 1:2. Bardzo dobrze zaprezentował się w bramce Nikopolidis. W drugim meczu Hiszpanie nie ulękli się Rosji i wygrali 1:0 po bramce strzelonej przez wprowadzonego dopiero do gry Valeróna. Nie udało się jednak hiszpańskim zawodnikom pokonać greckich rywali, którzy solidną grą w obronie skutecznie blokowali strzały Raúla i Morientesa. Portugalia wygrała z Rosją 1:0, ale by awansować, musiała pokonać Hiszpanię. W meczu ostatniej szansy na uwagę zasługiwała gra Nuno Gomesa, który będąc w polu karnym, wykorzystał moment nieuwagi hiszpańskich obrońców i zdobył bramkę – jedyną, lecz za to na wagę awansu. Grecja sprawiła największą niespodziankę w fazie grupowej – przeszła do dalszej gry z drugiego miejsca, doprowadzając do szaleństwa już i tak zadowolonych kibiców.

W **grupie B** faworyci (Anglia i Francja) awansowali do ćwierćfinałów, mimo że w bezpośrednim pojedynku tych zespołów lepszymi okazali się podopieczni Svena-Görana Erikssona. Po golu strzelonym przez Lamparda mieli okazję podwyższyć wynik, ale rzutu karnego nie wykorzystał Beckham. Wiele uwagi po spotkaniu Anglii ze Szwajcarią poświęcono niespełna 18-letniemu Wayne'owi Rooneyowi, który w swoim debiucie na mistrzostwach Europy strzelił dwie bramki, a kolejne dwie w wygranym meczu z Chorwacją. Reprezentacja Francji szczęśliwie zremisowała z Chorwacją, gdyż sędzia nie zauważył, że gola na wagę remi-

Mistrzostwa Europy 2002-2004

su Trezeguet uzyskał, pomagając sobie ręką. Pomyłki sędziowskie mają wysoką cenę, a płacą ją pokrzywdzeni.

W **grupie C** Ibrahimović i spółka pokonali 5:0 najsłabszą w grupie Bułgarię, która z zerowym dorobkiem punktowym zakończyła udział w mistrzostwach. Spotkanie było jednostronne, a niecodzienny wynik jest tego najlepszym dowodem. Później już tak wysokich wygranych nie było. Inny zespół tej grupy, włoski, mimo że nie przegrał żadnego meczu, nie zakwalifikował się do ćwierćfinałów. Nadzieja pojawiła się przed spotkaniem ze słabo grającą Bułgarią; w drugim meczu Dania – Szwecja jedna z drużyn musiałaby przegrać, przy optymistycznym założeniu, że Włosi pokonają Bułgarię. Dania po dwóch golach Tomassona zremisowała ze Szwecją 2:2, a podopieczni Trapattoniego wymęczyli w doliczonym czasie gry zwycięstwo z Bułgarią 2:1. Doskonała postawa bramkarza Buffona w pierwszej fazie rozgrywek pozwalała mieć nadzieję na zajęcie pozycji wyjściowej do ćwierćfinałów. Ostatecznie wszystkie trzy zespoły w grupie C zdobyły równo po pięć punktów, jednak Włosi z gorszym dorobkiem bramkowym musieli uznać wyższość rywali.

Mecz eliminacyjny Grecji z Irlandią Płn., 2 kwietnia 2003 r.; z lewej Aaron Hugues, z prawej Zisis Vryzas.

Zdarza się na imprezie tej rangi co mistrzostwa Europy, że jedna z grup uchodzi za najsilniejszą. Za taką uważano **grupę D**, w której znaleźli się: wicemistrzowie świata z 2002 r. Niemcy, a także Holandia, Czechy i debiutująca na ME Łotwa. I właśnie piłkarze Łotwy sprawili największą niespodziankę w fazie grupowej, remisując bezbramkowo z piłkarskimi bywalcami europejskich turniejów – reprezentacją Niemiec. Kadra niemiecka prowadzona przez Rudiego Völlera nie odegrała na tych mistrzostwach znaczącej roli i z dorobkiem zaledwie dwóch punktów zakończyła swój udział w turnieju. Bez wyraźnego lidera piłkarze nie zachwycili.

Najbardziej interesujące spotkanie piłkarskich reprezentacji Czech i Holandii miało swoją historię. Po kontrze wyprowadzonej przez Seedorfa i celnym dośrodkowaniu do piłki doszedł Bouma i już w czwartej minucie meczu zdobył prowadzenie dla Holandii. Gdy po kwadransie gry najskuteczniejszy w drużynie van Nistelrooy podwyższył wynik na 2:0, mało kto przypuszczał, że szala przechyli się w drugą stronę. Na bramkę van der Sara uderzali kolejno: Nedvěd, Baroš i Rosický, a piłka jak zaczarowana mijała bramkarza lub słupek. Kontaktowego gola zdobył wreszcie najwyższy w czeskiej drużynie Jan Koller, który często pojawiał się pod bramką van der Sara. Wyrównującą bramkę zdobył Baroš, wymieniany obok van Nistelrooya jako jeden z pretendentów do korony króla strzelców. Czesi zaczęli śmielej atakować, a składne akcje Šmicera przy asyście Poborskiego nagrodziły drużynę zdobyciem kolejnej bramki. Mecz zakończył się zwycięstwem Czechów 3:2. Przy dwóch wygranych pozwoliło to trenerowi Brücknerowi na wystawienie rezerwowego składu w meczu z reprezentacją Niemiec, która nie podjęła wyzwania i uległa 1:2.

Pierwszą parę **ćwierćfinalistów** tworzyły zespoły Portugalii i Anglii. Już w trzeciej minucie meczu bardzo dokładne podanie Beckhama trafiło pod nogi nadbiegającego Owena, który zdobył dla Anglii prowadzenie. W trakcie spotkania obie drużyny cały czas zmierzały do zmiany wyniku. Beckham próbował strzelić gola ze swojej ulubionej pozycji rzutu wolnego, ale piłka minęła bramkę Ricarda. W obronie Anglii skuteczniej interweniowali G. Neville i Campbell. Bramkarz James nie był atutem tej reprezentacji. W końcowej części kontrataki Deco i pozycje strzeleckie Postigi ożywiły u podopiecznych Scolariego nadzieję na zmianę wyniku. Taka gra przyniosła im bramkę w 83. minucie. W dogrywce z kolei pierwsi objęli prowadzenie piłkarze Portugalii po bramce Rui Costy. Szansę gry otrzymał Nuno Gomes, brylujący w polu karnym Jamesa. Anglicy wyrównali jeszcze przed przerwą. Pierwsza seria rzutów karnych, nieprzewidywalna, trzymająca w napięciu, nie rozstrzygnęła wyniku. W drugiej skuteczniejsi i odporniejsi okazali się gospodarze turnieju, dzięki czemu awansowali do półfinału.

Mecz Czechów z Holendrami 19 czerwca 2004 r.; z lewej Jaap Stam, z prawej Milan Baroš.

Druga para ćwierćfinalistów stawiała w roli faworyta Francję, jednak grecka drużyna pod wodzą niemieckiego szkoleniowca Ottona Rehhagla nie przestraszyła się rywala. Pewni siebie obrońcy tytułu mistrzowskiego nie zmusili do wysiłku piłkarzy Grecji, będących prawdziwą niespodzianką dotychczasowych rozgrywek. Niezawodny w bramce był Nikopolidis. Karagounis i Zagorakis w bezpośrednich starciach o piłkę z Trezeguetem i Henrym, grając zespołowo, rozstrzygnęli losy spotkania w 65. minucie. Po bramce Charisteasa Grecja – ku radości kibiców – awansowała do półfinału; dla trenera Ottona Rehhagla zamierzano po powrocie zbudować lektykę.

W trzecim spotkaniu ćwierćfinalistów zwycięzcę wyłoniły rzuty karne. Żadna z dwóch drużyn nie przegrała w swoich grupach meczu, toteż oczekiwano dużych emocji.

Jeden z rzutów karnych, które rozstrzygnęły o wyniku ćwierćfinałowego meczu Szwecji z Holandią, 26 czerwca 2004 r.; na bramce Edwin van der Saar.

A tych nie brakowało. Szwed Isaksson i Holender van der Sar bronili swoich bramek jak zaczarowani, a piłki po składnych akcjach Ljungberga, Ibrahimovicia i Larssona z jednej oraz Seedorfa i van Nistelrooya z drugiej strony jak zaklęte trafiały w poprzeczkę, słupek lub przelatywały minimalnie nad poprzeczką i lądowały wśród wiwatujących kibiców. Świadczyło to o dużej determinacji zawodników, którzy za wszelką cenę starali się rozstrzygnąć losy spotkania w dogrywce. Rzuty karne to zazwyczaj loteria. Po prostu tego dnia szczęście uśmiechnęło się bardziej do piłkarzy Holandii i to oni awansowali do półfinału. Spotkanie Czechy – Dania wyłoniło czwartego półfinalistę w regulaminowym czasie gry. Czesi wygrali 3:0, wykazując się większą skutecznością od Skandynawów. Nedvěd wypracowywał czyste pozycje strzeleckie dla Baroša, który do swojej kolekcji dorzucił dwie bramki.

W **półfinale** spotkały się drużyny, które losy zwycięstwa w ćwierćfinale zapewniły sobie w rzutach karnych. U niektórych piłkarzy urazy nie zostały wyleczone na tyle, by mogli na boisku powalczyć o finał. Spotkanie Portugalia – Holandia do udanych zaliczył Deco. Po jego precyzyjnym podaniu w pole karne do Ronaldo otworzyły się dla Portugalii drzwi do finału. Uskrzydleni prowadzeniem piłkarze z Półwyspu Iberyjskiego drugą połowę zaczęli od ataków. Deco, niski, lecz nie filigranowy, dryblował piłką między van Nistelrooyem a Overmarsem, na koniec próbując swoich umiejętności strzeleckich. Dyrygował drużyną piłkarski geniusz Figo – szukał wzrokiem kolegów i po jego precyzyjnych podaniach rozpoczynała się większość akcji, w następstwie których zdobywano bramki. Holendrzy zagrali gorzej, niż potrafili, a ponadto trafili na lepiej dysponowaną reprezentację Portugalii. Nieskładne akcje Davidsa i nieporadność van Bronckhorsta wprowadzały w grze wiele chaosu i nerwowości. Silne i celne uderzenie Maniche, podwyższające wynik na 2:0, jeszcze bardziej podłamało Holendrów. Nie pomogło nawet samobójcze trafienie Andradego. Brak wiary w zwycięstwo zamknął Holendrom drogę do finału.

Mecz półfinałowy Czechów z Grekami, 1 lipca 2004 r.; interwencja Petra Čecha.

Na etapie półfinału trudno wskazywać faworyta. Dochodzą do niego lepsi z ostatnich spotkań. Czesi, posiadający w swoim składzie najskuteczniejszego obecnie strzelca mistrzostw, pocieszeni dotychczasowymi zwycięstwami i zgraniem na boisku, nie znaleźli skutecznego sposobu na odczarowanie bramki i poczynań broniącego jej Nikopolidisa. Grek daleko w pole gry wybijał oddawane zza linii pola karnego strzały Baroša (do tej pory niezawodnego) oraz uderzenia piłki głową Kollera. W 54. minucie spotkania po silnym strzale Kollera piłka minimalnie musnęła ramię Dellasa i wyszła na aut. Później próbował Jankulovski, ale bramkarz Grecji kolejny raz nie dał się zaskoczyć. Ciężko było przeprowadzić składną akcję również pod czeską bramką. Podczas jednej akcji z rzutu wolnego Karagounis próbował przelobować podkręconą piłkę ponad murem złożonym z pięciu czeskich zawodników – futbolówka otarła się o Nedvěda, ale nie zmyliła Čecha. Petr Čech dzięki swoim umiejętnościom wybronił zespół od utraty gola w regulaminowym czasie gry. Baroš w bezpośrednim starciu z Zagorakisem próbował oddać celny strzał. Dogrywka przyniosła rozstrzygnięcie w 105. minucie, kiedy po dośrodkowaniu Karagounis i Dellas znaleźli się tuż pod bramką Čecha pomiędzy trzema obrońcami. Dellas pierwszy dosięgnął głową piłki, a ona wpadła do siatki. Pogrążeni w rozpaczy Czesi długo nie mogli uwierzyć w to, co się stało. Nieprawdopodobne okazało się realne. W finale spotkały się drużyny gospodarza mistrzostw, Portugalii, i rewelacyjnej Grecji.

WYNIKI SPOTKAŃ KWALIFIKACYJNYCH
Drużynę awansującą do następnej rundy oznaczono pogrubieniem.

ELIMINACJE GRUPOWE
Bezpośrednio awansują zwycięzcy dziesięciu grup, w dalszej kolejności zwycięzcy pięciu dwumeczów barażowych spośród dziesięciu drużyn, które zajęły drugie miejsca w grupach.

GRUPA 1

Cypr – Francja	1:2 (1:1)
Słowenia – Malta	3:0 (1:0)
Malta – Izrael	0:2 (0:0)
Francja – Słowenia	5:0 (2:0)
Malta – Francja	0:4 (0:2)
Cypr – Malta	2:1 (0:0)
Cypr – Izrael	1:1 (0:1)
Francja – Malta	6:0 (2:0)
Słowenia – Cypr	4:1 (4:1)
Izrael – Francja	1:2 (1:2)
Malta – Słowenia	1:3 (0:2)
Izrael – Cypr	2:0 (0:0)
Malta – Cypr	1:2 (0:1)
Izrael – Słowenia	0:0
Francja – Cypr	5:0 (3:0)
Słowenia – Izrael	3:1 (2:0)
Izrael – Malta	2:2 (1:0)
Słowenia – Francja	0:2 (0:1)
Cypr – Słowenia	2:2 (0:2)
Francja – Izrael	3:0 (3:0)

Poz.	Kraj	Mecze	Punkty	Bramki
1	**Francja**	8	24	29-2
2	<u>Słowenia</u>	8	14	15-12
3	Izrael	8	9	9-11
4	Cypr	8	8	9-18
5	Malta	8	1	5-24

Mistrzostwa Europy 2002–2004

GRUPA 2

Norwegia – Dania	2:2 (0:1)
Bośnia i Hercegowina – Rumunia	0:3 (0:3)
Rumunia – Norwegia	0:1 (0:0)
Dania – Luksemburg	2:0 (0:0)
Norwegia – Bośnia i Hercegowina	2:0 (2:0)
Luksemburg – Rumunia	0:7 (0:4)
Rumunia – Dania	2:5 (1:1)
Bośnia i Hercegowina – Luksemburg	2:0 (0:0)
Dania – Bośnia i Hercegowina	0:2 (0:2)
Luksemburg – Norwegia	0:2 (0:0)
Dania – Norwegia	1:0 (1:0)
Rumunia – Bośnia i Hercegowina	2:0 (0:0)
Norwegia – Rumunia	1:1 (0:0)
Luksemburg – Dania	0:2 (0:1)
Bośnia i Hercegowina – Norwegia	1:0 (0:0)
Rumunia – Luksemburg	4:0 (3:0)
Luksemburg – Bośnia i Hercegowina	0:1 (0:1)
Dania – Rumunia	2:2 (1:0)
Norwegia – Luksemburg	1:0 (0:0)
Bośnia i Hercegowina – Dania	1:1 (1:1)

Poz.	Kraj	Mecze	Punkty	Bramki
1	**Dania**	8	15	15-9
2	Norwegia	8	14	9-5
3	Rumunia	8	14	21-9
4	Bośnia i Hercegowina	8	13	7-8
5	Luksemburg	8	0	0-21

GRUPA 3

Austria – Mołdawia	2:0 (2:0)
Holandia – Białoruś	3:0 (2:0)
Mołdawia – Czechy	0:2 (0:0)
Białoruś – Austria	0:2 (0:0)
Czechy – Białoruś	2:0 (2:0)
Austria – Holandia	0:3 (0:3)
Białoruś – Mołdawia	2:1 (1:1)
Holandia – Czechy	1:1 (1:0)
Mołdawia – Holandia	1:2 (1:1)
Czechy – Austria	4:0 (2:0)
Mołdawia – Austria	1:0 (0:0)
Białoruś – Holandia	0:2 (0:0)
Czechy – Mołdawia	5:0 (1:0)
Austria – Białoruś	5:0 (1:0)
Holandia – Austria	3:1 (1:1)

Białoruś – Czechy 1:3 (1:1)
Czechy – Holandia 3:1 (2:0)
Mołdawia – Białoruś 2:1 (1:0)
Austria – Czechy 2:3 (0:1)
Holandia – Mołdawia 5:0 (1:0)

Poz.	Kraj	Mecze	Punkty	Bramki
1	**Czechy**	8	22	23-5
2	Holandia	8	19	20-6
3	Austria	8	9	12-14
4	Mołdawia	8	6	5-19
5	Białoruś	8	3	4-20

GRUPA 4

Łotwa – Szwecja 0:0
San Marino – Polska 0:2 (0:0)
Szwecja – Węgry 1:1 (0:1)
Polska – Łotwa 0:1 (0:1)
Węgry – San Marino 3:0 (0:0)
San Marino – Łotwa 0:1 (0:0)
Polska – Węgry 0:0
Polska – San Marino 5:0 (2:0)
Węgry – Szwecja 1:2 (0:1)
Łotwa – San Marino 3:0 (2:0)
San Marino – Szwecja 0:6 (0:1)
Węgry – Łotwa 3:1 (0:1)
Szwecja – Polska 3:0 (2:0)
San Marino – Węgry 0:5 (0:2)
Łotwa – Polska 0:2 (0:2)
Szwecja – San Marino 5:0 (1:0)
Polska – Szwecja 0:2 (0:2)
Łotwa – Węgry 3:1 (2:0)
Węgry – Polska 1:2 (0:1)
Szwecja – Łotwa 0:1 (0:1)

Poz.	Kraj	Mecze	Punkty	Bramki
1	**Szwecja**	8	17	19-3
2	Łotwa	8	16	10-6
3	Polska	8	13	11-7
4	Węgry	8	11	15-9
5	San Marino	8	0	0-30

Mistrzostwa Europy 2002–2004

GRUPA 5

Wyspy Owcze – Szkocja	2:2 (2:0)
Litwa – Niemcy	0:2 (0:1)
Islandia – Szkocja	0:2 (0:1)
Litwa – Wyspy Owcze	2:0 (2:0)
Islandia – Litwa	3:0 (0:0)
Niemcy – Wyspy Owcze	2:1 (1:1)
Szkocja – Islandia	2:1 (1:0)
Niemcy – Litwa	1:1 (1:0)
Litwa – Szkocja	1:0 (0:0)
Szkocja – Niemcy	1:1 (0:1)
Islandia – Wyspy Owcze	2:1 (0:0)
Litwa – Islandia	0:3 (0:0)
Wyspy Owcze – Niemcy	0:2 (0:0)
Wyspy Owcze – Islandia	1:2 (0:1)
Szkocja – Wyspy Owcze	3:1 (2:1)
Islandia – Niemcy	0:0
Niemcy – Szkocja	2:1 (1:0)
Wyspy Owcze – Litwa	1:3 (1:1)
Szkocja – Litwa	1:0 (0:0)
Niemcy – Islandia	3:0 (1:0)

Poz.	Kraj	Mecze	Punkty	Bramki
1	**Niemcy**	8	18	13-4
2	Szkocja	8	14	12-8
3	Islandia	8	13	11-9
4	Litwa	8	10	7-11
5	Wyspy Owcze	8	1	7-18

GRUPA 6

Armenia – Ukraina	2:2 (0:2)
Grecja – Hiszpania	0:2 (0:1)
Ukraina – Grecja	2:0 (0:0)
Hiszpania – Irlandia Płn.	3:0 (1:0)
Grecja – Armenia	2:0 (1:0)
Irlandia Płn. – Ukraina	0:0
Armenia – Irlandia Płn.	1:0 (0:0)
Ukraina – Hiszpania	2:2 (1:0)
Irlandia Płn. – Grecja	0:2 (0:1)
Hiszpania – Armenia	3:0 (0:0)
Ukraina – Armenia	4:3 (1:1)
Hiszpania – Grecja	0:1 (0:1)
Grecja – Ukraina	1:0 (0:0)
Irlandia Płn. – Hiszpania	0:0
Armenia – Grecja	0:1 (0:1)

Ukraina – Irlandia Płn.   0:0
Hiszpania – Ukraina   2:1 (0:0)
Irlandia Płn. – Armenia   0:1 (0:1)
Grecja – Irlandia Płn.   1:0 (0:0)
Armenia – Hiszpania   0:4 (0:1)

Poz.	Kraj	Mecze	Punkty	Bramki
1	**Grecja**	8	18	8-4
2	Hiszpania	8	17	16-4
3	Ukraina	8	10	11-10
4	Armenia	8	7	7-16
5	Irlandia Płn.	8	3	0-8

GRUPA 7

Turcja – Słowacja   3:0 (2:0)
Liechtenstein – Macedonia   1:1 (0:1)
Macedonia – Turcja   1:2 (1:1)
Słowacja – Anglia   1:2 (1:0)
Turcja – Liechtenstein   5:0 (3:0)
Anglia – Macedonia   2:2 (2:2)
Liechtenstein – Anglia   0:2 (0:1)
Macedonia – Słowacja   0:2 (0:1)
Słowacja – Liechtenstein   4:0 (1:0)
Anglia – Turcja   2:0 (0:0)
Macedonia – Liechtenstein   3:1 (1:1)
Słowacja – Turcja   0:1 (0:1)
Turcja – Macedonia   3:2 (1:2)
Anglia – Słowacja   2:1 (0:1)
Liechtenstein – Turcja   0:3 (0:2)
Macedonia – Anglia   1:2 (1:0)
Anglia – Liechtenstein   2:0 (0:0)
Słowacja – Macedonia   1:1 (1:0)
Turcja – Anglia   0:0
Liechtenstein – Słowacja   0:2 (0:1)

Poz.	Kraj	Mecze	Punkty	Bramki
1	**Anglia**	8	20	14-5
2	Turcja	8	19	17-5
3	Słowacja	8	10	11-9
4	Macedonia	8	6	11-14
5	Liechtenstein	8	1	2-22

GRUPA 8

Belgia – Bułgaria	0:2 (0:2)
Chorwacja – Estonia	0:0
Bułgaria – Chorwacja	2:0 (2:0)
Andora – Belgia	0:1 (0:0)
Bułgaria – Andora	2:1 (1:0)
Estonia – Belgia	0:1 (0:1)
Chorwacja – Belgia	4:0 (1:0)
Estonia – Bułgaria	0:0
Chorwacja – Andora	2:0 (2:0)
Andora – Estonia	0:2 (0:1)
Estonia – Andora	2:0 (2:0)
Bułgaria – Belgia	2:2 (0:1)
Estonia – Chorwacja	0:1 (0:0)
Belgia – Andora	3:0 (2:0)
Bułgaria – Estonia	2:0 (1:0)
Andora – Chorwacja	0:3 (0:2)
Belgia – Chorwacja	2:1 (2:1)
Andora – Bułgaria	0:3 (0:2)
Chorwacja – Bułgaria	1:0 (0:0)
Belgia – Estonia	2:0 (1:0)

Poz.	Kraj	Mecze	Punkty	Bramki
1	**Bułgaria**	8	17	13-4
2	Chorwacja	8	16	12-4
3	Belgia	8	16	11-9
4	Estonia	8	8	4-6
5	Andora	8	0	1-18

GRUPA 9

Azerbejdżan – Włochy	0:2 (0:1)
Finlandia – Walia	0:2 (0:1)
Finlandia – Azerbejdżan	3:0 (1:0)
Włochy – Serbia i Czarnogóra	1:1 (1:1)
Serbia i Czarnogóra – Finlandia	2:0 (0:0)
Walia – Włochy	2:1 (1:1)
Azerbejdżan – Walia	0:2 (0:1)
Serbia i Czarnogóra – Azerbejdżan	2:2 (1:0)
Walia – Azerbejdżan	4:0 (3:0)
Włochy – Finlandia	2:0 (2:0)
Finlandia – Serbia i Czarnogóra	3:0 (1:0)
Azerbejdżan – Serbia i Czarnogóra	2:1 (0:1)
Finlandia – Włochy	0:2 (0:1)
Serbia i Czarnogóra – Walia	1:0 (0:0)
Włochy – Walia	4:0 (0:0)

Azerbejdżan – Finlandia	1:2 (0:0)	
Walia – Finlandia	1:1 (1:0)	
Serbia i Czarnogóra – Włochy	1:1 (0:1)	
Włochy – Azerbejdżan	4:0 (2:0)	
Walia – Serbia i Czarnogóra	2:3 (1:1)	

Poz.	Kraj	Mecze	Punkty	Bramki
1	**Włochy**	8	17	17-4
2	Walia	8	13	13-10
3	Serbia i Czarnogóra	8	12	11-11
4	Finlandia	8	10	9-10
5	Azerbejdżan	8	4	5-20

GRUPA 10

Rosja – Irlandia	4:2 (2:0)
Szwajcaria – Gruzja	4:1 (1:0)
Albania – Szwajcaria	1:1 (0:1)
Rosja – Albania	4:1 (2:1)
Irlandia – Szwajcaria	1:2 (0:1)
Gruzja – Irlandia	1:2 (0:1)
Albania – Rosja	3:1 (1:0)
Gruzja – Szwajcaria	0:0
Albania – Irlandia	0:0
Gruzja – Rosja	1:0 (1:0)
Irlandia – Albania	2:1 (1:1)
Szwajcaria – Rosja	2:2 (2:1)
Szwajcaria – Albania	3:2 (2:1)
Irlandia – Gruzja	2:0 (1:0)
Irlandia – Rosja	1:1 (1:1)
Gruzja – Albania	3:0 (3:0)
Rosja – Szwajcaria	4:1 (2:1)
Albania – Gruzja	3:1 (0:0)
Rosja – Gruzja	3:1 (2:1)
Szwajcaria – Irlandia	2:0 (1:0)

Poz.	Kraj	Mecze	Punkty	Bramki
1	**Szwajcaria**	8	15	15-11
2	Rosja	8	14	19-12
3	Irlandia	8	11	10-11
4	Albania	8	8	11-15
5	Gruzja	8	7	8-14

Mistrzostwa Europy 2002–2004

MECZE BARAŻOWE

Łotwa – **Turcja**	1:0	(1:0)
Turcja – **Łotwa**	2:2	(1:0)
Szkocja – Holandia	1:0	(1:0)
Holandia – Szkocja	6:0	(3:0)
Chorwacja – Słowenia	1:1	(1:1)
Słowenia – **Chorwacja**	0:1	(0:0)
Rosja – Walia	0:0	
Walia – **Rosja**	0:1	(0:1)
Hiszpania – Norwegia	2:1	(1:1)
Norwegia – **Hiszpania**	0:3	(0:1)

TURNIEJ FINAŁOWY
12.06.–4.07.2004.
ORGANIZATOR: PORTUGALIA

GRUPA A	GRUPA B	GRUPA C	GRUPA D
Portugalia	Francja	Szwecja	Czechy
Grecja	Anglia	Dania	Holandia
Hiszpania	Chorwacja	Włochy	Niemcy
Rosja	Szwajcaria	Bułgaria	Łotwa

GRUPA A

12 czerwca, Porto (Estádio do Dragão)
GRECJA – PORTUGALIA 2:1 (1:0)
Bramki: Grecja – 7' Karagounis, 51' Basinas (rz. k.); Portugalia – 93' Ronaldo
Grecja: Nikopolidis, Seitaridis, Dellas, Kapsis, Fyssas, Giannakopoulos (68' Nikolaidis), Zagorakis, Basinas, Karagounis (46' Katsouranis), Vryzas, Charisteas (74' Lakis)
Portugalia: Ricardo, Ferreira, Andrade, Couto, Rui Jorge, Figo, Costinha (66' Nuno Gomes), Rui Costa (46' Deco), Maniche, Simão (46' Ronaldo), Pauleta
Żółte kartki: Portugalia – Costinha, Pauleta; Grecja – Karagounis, Seitaridis
Sędziował: Pierluigi Collina (Włochy)

12 czerwca, Faro-Loulé (Estádio Algarve)
HISZPANIA – ROSJA 1:0 (0:0)
Bramka: Hiszpania – 60' Valerón
Hiszpania: Casillas, Puyol, Marchena, Helguera, Bravo, Etxeberria, Albelda, Baraja (59' Xabi), Vicente, Morientes (59' Valerón), Raúl (76' Torres)
Rosja: Owczinnikow, Jewsiejew, Smiertin, Szaronow, Siernikow, Gusiew (46' Radimow), Ałdonin (65' Syczow), Aleniczew, Mostowoj, Izmajłow (74' Kariaka), Bułykin
Żółte kartki: Hiszpania – Baraja, Marchena, Albelda; Rosja – Gusiew, Szaronow, Smiertin, Ałdonin, Radimow
Czerwona kartka: Rosja – 88' Szaronow
Sędziował: Urs Meier (Niemcy)

16 czerwca, Porto (Estádio do Bessa Século XXI)
HISZPANIA – GRECJA 1:1 (1:0)
Bramki: Hiszpania – 28' Morientes; Grecja – 66' Charisteas
Hiszpania: Casillas, Puyol, Marchena, Helguera, Raúl Bravo, Etxeberria (46' Joaquín), Albelda, Baraja, Vicente, Morientes (65' Valerón), Raúl (80' Torres)
Grecja: Nikopolidis, Seitaridis, Kapsis, Dellas, Fyssas (86' Venetidis), Giannakopoulos (49' Nikolaidis), Zagorakis, Karagounis (52' Tsiartas), Katsouranis, Vryzas, Charisteas
Żółte kartki: Hiszpania – Marchena, Helguera; Grecja – Katsouranis, Giannakopoulos, Karagounis, Zagorakis, Vryzas
Sędziował: Ľuboš Micheľ (Słowacja)

16 czerwca, Lizbona (Estádio da Luz)
PORTUGALIA – ROSJA 2:0 (1:0)
Bramki: Portugalia – 7' Maniche, 89' Rui Costa
Portugalia: Ricardo, Miguel, Andrade, Carvalho, Valente, Costinha, Maniche, Figo (78' Ronaldo), Deco, Simão (63' Rui Costa), Pauleta (57' Nuno Gomes)
Rosja: Owczinnikow, Jewsiejew, Smiertin, Bugajew, Siennikow, Aleniczew, Ałdonin (45' Małafiejew), Łoskow, Kariaka (79' Bułykin), Izmajłow (72' Bystrow), Kierżakow
Żółte kartki: Portugalia – Carvalho, Deco; Rosja – Smiertin, Jewsiejew, Aleniczew
Czerwona kartka: Rosja – 45' Owczinnikow
Sędziował: Terje Hauge (Norwegia)

20 czerwca, Lizbona (Estádio José Alvalade)
PORTUGALIA – HISZPANIA 1:0 (0:0)
Bramka: Portugalia – 57' Gomes
Portugalia: Ricardo, Miguel, Carvalho, Andrade, Valente, Maniche, Ronaldo (85' F. Couto), Figo (78' Petit), Costinha, Deco, Pauleta (46' Nuno Gomes)
Hiszpania: Casillas, Puyol, Juanito (81' Morientes), Helguera, Bravo, Joaquín (72' Luque), Xabi, Albelda (66' Baraja), Vicente, Torres, Raúl
Żółte kartki: Portugalia – Pauleta; Hiszpania – Juanito, Puyol, Albelda
Sędziował: Anders Frisk (Szwecja)

20 czerwca, Faro-Loulé (Estádio Algarve)
ROSJA – GRECJA 2:1 (2:1)
Bramki: Grecja – 44' Vryzas; Rosja – 2' Kiriczenko, 17' Bułykin
Rosja: Małafiejew, Aniukow, Szaronow (56' Siennikow), Bugajew, Jewsiejew, Karijaka (46' Siemszow), Radimow, Aleniczew, Gusiew, Bułykin (46' Syczew), Kiriczenko
Grecja: Nikopolidis, Seitaridis, Kapsis, Dellas, Venetidis (89' Fyssas), Charisteas, Katsouranis, Zagorakis, Basinas (43' Tsiartas), Papadopoulos (69' Nikolaidis), Vryzas
Żółte kartki: Rosja – Szaronow, Bułykin, Kariaka, Aleniczew, Radimow, Małafiejew; Grecja – Vryzas, Dellas
Sędziował: Gilles Veissière (Francja)

Poz.	Kraj	Mecze	Punkty	Bramki
1	**Portugalia**	3	6	4-2
2	**Grecja**	3	4	4-4
3	Hiszpania	3	4	2-2
4	Rosja	3	3	2-4

Mistrzostwa Europy 2002–2004

GRUPA B
13 czerwca, Leiria (Estádio Dr. Magalhães Pessoa)
SZWAJCARIA – CHORWACJA 0:0
Szwajcaria: Stiel, Haas, M. Yakin, Müller, Spycher, Huggel, Vogel, Wicky (84' Henchoz), H. Yakin (87' Gygax), Frei, Chapuisat (54' Celestini)
Chorwacja: Butina, Šimić (61' Srna), R. Kovač, Šimunić, Živković, Mornar, N. Kovač, Bjelica (74' Roso), Olić (46' Rapaić), Šokota, Pršo
Żółte kartki: Szwajcaria – Vogel, Huggel, Stiel; Chorwacja – Pršo, Bjelica, Rapaić, Živković, Mornar
Czerwona kartka: Szwajcaria – 50' Vogel
Sędziował: Lucílio Batista (Portugalia)

13 czerwca, Lizbona (Estádio da Luz)
FRANCJA – ANGLIA 2:1 (0:1)
Bramki: Francja – 91' Zidane, 93' Zidane (rz. k.); Anglia – 39' Lampard
Francja: Barthez, Gallas, Thuram, Silvestre (79' Sagnol), Lizarazu, Pirès (76' Wiltord), Vieira, Makélélé, Zidane, Henry, Trezeguet
Anglia: James, G. Neville, King, Campbell, A. Cole, Beckham, Gerrard, Lampard, Scholes (76' Hargreaves), Owen (69' Vassell), Rooney (76' Heskey)
Żółte kartki: Francja – Pirès, Silvestre; Anglia – Scholes, Lampard, James
Sędziował: Markus Merk (Niemcy)

17 czerwca, Coimbra (Estádio Cidade)
ANGLIA – SZWAJCARIA 3:0 (1:0)
Bramki: Anglia – 23' Rooney, 75' Rooney, 82' Gerrard
Anglia: James, G. Neville, Terry, Campbell, A. Cole, Beckham, Lampard, Gerrard, Scholes (70' Hargreaves), Rooney (83' Dyer), Owen (72' Vassell)
Szwajcaria: Stiel, Haas, Müller, M. Yakin, Spycher, Wicky, Celestini (54' Cabanas), Huggel, H. Yakin (83' Vonlanthen), Chapuisat (46' Gygax), Frei
Żółte kartki: Anglia – Rooney; Szwajcaria – Haas
Czerwona kartka: Szwajcaria – 60' Haas
Sędziował: Walentin Iwanow (Rosja)

17 czerwca, Leiria (Estádio Dr. Magalhães Pessoa)
FRANCJA – CHORWACJA 2:2 (1:0)
Bramki: Francja – 22' Tudor (samobójcza), 64' Trezeguet; Chorwacja – 48' Rapaić, 52' Pršo
Francja: Barthez, Gallas (81' Sagnol), Thuram, Desailly, Silvestre, Wiltord (70' Pirès), Vieira, Dacourt (79' Pedretti), Zidane, Henry, Trezeguet
Chorwacja: Butina, Šimić, R. Kovač, Tudor, Šimunić, Bjelica (68' Leko), N. Kovač, Roso, Rapaić (87' Mornar), Pršo, Šokota (73' Olić)
Żółte kartki: Francja – Vieira, Dacourt; Chorwacja – Tudor, Roso, R. Kovač, Leko
Sędziował: Kim Milton Nielsen (Dania)

21 czerwca, Lizbona (Estádio da Luz)
ANGLIA – CHORWACJA 4:2 (2:1)
Bramki: Anglia – 40 Scholes, 45' Rooney, 68' Rooney, 79' Lampard; Chorwacja – 5' N. Kovač, 73' Tudor
Anglia: James, G. Neville, Terry, Campbell, A. Cole, Beckham, Gerrard, Lampard (84' P. Neville), Scholes (70' King), Owen, Rooney (72' Vassell)

Chorwacja: Butina, Šimić (67' Srna), Tudor, R. Kovač (46' Mornar), Šimunić, Roso, N. Kovač, Živković, Rapaić (55' Olić), Pršo, Šokota[7]
Sędziował: Pierluigi Collina (Włochy)

21 CZERWCA, LEIRIA (ESTÁDIO CIDADE)
FRANCJA – SZWAJCARIA 3:1 (1:1)
Bramki: Francja – 20' Zidane, 76' Henry, 84' Henry; Szwajcaria – 2' Vonlanthen
Francja: Barthez, Sagnol (46' Gallas), Thuram, Silvestre, Lizarazu, Zidane, Makélélé, Vieira, Pirès, Trezeguet (75' Saha), Henry
Szwajcaria: Stiel, Henchoz (85' Rama), M. Yakin, Müller, Spycher, Cabanas, Gygax (85' Magnin), Vogel, Wicky, H. Yakin (60' Huggel), Vonlanthen
Żółte kartki: Francja – Henry; Szwajcaria – H. Yakin, Wicky, Huggel
Sędziował: Ľuboš Micheľ (Słowacja)

Poz.	Kraj	Mecze	Punkty	Bramki
1	**Francja**	3	7	7-4
2	**Anglia**	3	6	8-4
3	Chorwacja	3	2	4-6
4	Szwajcaria	3	1	1-6

GRUPA C
14 CZERWCA, GUIMARÃES (ESTÁDIO D. AFONSO HENRIQUES)
DANIA – WŁOCHY 0:0
Dania: Sørensen, Helveg, Laursen, Henriksen, N. Jensen, Rommedahl, Poulsen (76' Priske), D. Jensen, Jørgensen (72' Perez), Tomasson, Sand (69' C. Jensen)
Włochy: Buffon, Panucci, Cannavaro, Nesta, Zambrotta, Camoranesi (68' Fiore), Zanetti (57' Gattuso), Perrotta, Totti, Del Piero (64' Cassano), Vieri
Żółte kartki: Dania – Tomasson, Helveg; Włochy – Cannavaro, Cassano, Gattuso, Totti
Sędziował: Manuel Menuto González (Hiszpania)

14 CZERWCA, LIZBONA (ESTÁDIO JOSÉ ALVALADE)
SZWECJA – BUŁGARIA 5:0 (1:0)
Bramki: Szwecja – 32' Ljungberg, 57' Larsson, 58' Larsson, 78' Ibrahimović, 90' Allbäck
Szwecja: Isaksson, Lučić (41' Wilhelmsson), Mellberg, Jakobsson, Edman, Nilsson, Linderoth, Svensson (76' Källström), Ljungberg, Ibrahimović (81' Allbäck), Larsson
Bułgaria: Zdrawkow, Iwanow, Pażin, Kiriłow, I. Petkow, Peew, Christow, S. Petrow, M. Petrow (86' Łazarow), Janković (62' Dimitrow), Berbatow (76' Manczew)
Żółte kartki: Szwecja – Linderoth, Ibrahimović; Bułgaria – Petkow, Kiriłow, Janković, Iwanow
Sędziował: Michael Riley (Anglia)

18 CZERWCA, BRAGA (ESTÁDIO MUNICIPAL)
DANIA – BUŁGARIA 2:0 (1:0)
Bramki: Dania – 44' Tomasson, 90' Grønkjær
Dania: Sørensen, Helveg, Laursen, Henriksen, N. Jensen, Gravesen, Tomasson, D. Jensen, Jørgensen (72' C. Jensen), Sand, Rommedahl (23' Grønkjær)

---

[7] Według źródeł UEFA w tym meczu Chorwat Šimić otrzymał żółtą kartkę (przyp. red.).

Mistrzostwa Europy 2002-2004

Bułgaria: Zdrawkow, Iwanow (51' Łazarow), Kiriłow, Stojanow, Petkow (40' Zagorčić), Peew, S. Petrow, Christow, M. Petrow, Berbatow, Janković (81' M. Petkow)
Żółte kartki: Dania – N. Jensen, Sand; Bułgaria – Kiriłow, Stojanow, S. Petrow, Zagorčić, Christow, M. Petrow
Czerwona kartka: Bułgaria – 83' S. Petrow
Sędziował: Lucíllo Batista (Portugalia)

18 CZERWCA, PORTO (ESTÁDIO DO DRAGÃO)
WŁOCHY – SZWECJA 1:1 (1:0)
Bramki: Włochy – 38' Cassano; Szwecja – 85' Ibrahimović
Włochy: Buffon, Panucci, Nesta, Cannavaro, Zambrotta, Gattuso (76' Favalli), Pirlo, Perrotta, Cassano (70' Fiore), Del Piero (82' Camoranesi), Vieri
Szwecja: Isaksson, Nilsson, Mellberg, Jakobsson, Edman (77' Allbäck), Wilhelmsson (67' Jonson), Linderoth, Svensson (54' Källström), Ljungberg, Larsson, Ibrahimović
Żółte kartki: Włochy – Gattuso, Cannavaro, Zabmrotta; Szwecja – Edman, Linderoth
Sędziował: Urs Meier (Szwajcaria)

22 CZERWCA, PORTO (ESTÁDIO DO BESSA SÉCULO XXI)
DANIA – SZWECJA 2:2 (1:0)
Bramki: Dania – 28' Tomasson, 66' Tomasson; Szwecja – 47' Larsson, 90' Jonson (rz. k.)
Dania: Sørensen, Helveg, Laursen, Henriksen, N. Jensen (46' Bogelund), Gravesen, Tomasson, D. Jensen (66' Poulsen), Grønkjær, Sand, Jørgensen (57' Rommedahl)
Szwecja: Isaksson, Nilsson, Mellberg, Jakobsson, Edman, Andersson (81' Allbäck), Källström (72' Wilhelmsson), Jonson, Ljungberg, Ibrahimović, Larsson
Żółte kartki: Szwecja – Edman, Kallström
Sędziował: Markus Merk (Niemcy)

22 CZERWCA, GUIMARÃES (ESTÁDIO D. AFONSO HENRIQUES)
WŁOCHY – BUŁGARIA 2:1 (0:1)
Bramki: Włochy – 48' Perrotta, 90' Cassano; Bułgaria – 45' M. Petrow (rz. k.)
Włochy: Buffon, Panucci, Nesta, Materazzi (83' Di Vaio), Zambrotta, Fiore, Pirlo, Perrotta (68' Oddo), Cassano, Del Piero, Corradi (53' Vieri)
Bułgaria: Zdrawkow, Borimirow, Pażin (64' Kotew), Zagorčić, Stojanow, Janković (46' Bożinow), M. Petkow, Christow (79' Dimitrow), M. Petrow, Berbatow, Łazarow
Żółte kartki: Włochy – Materazzi; Bułgaria – Petrow, Bożinow, Stojanow
Sędziował: Walentin Iwanow (Rosja)

Poz.	Kraj	Mecze	Punkty	Bramki
1	**Szwecja**	3	5	8-3
2	**Dania**	3	5	4-2
3	Włochy	3	5	3-2
4	Bułgaria	3	0	1-9

GRUPA D
15 CZERWCA, AVEIRO (ESTÁDIO MUNICIPAL)
CZECHY – ŁOTWA 2:1 (0:1)
Bramki: Łotwa – 45' Verpakovskis, 85' Heinz; Czechy – 73' Baroš
Czechy: Čech, Grygera (57' Heinz), Ujfaluši, Bolf, Jankulovski, Poborský, Galásek (65' Šmicer), Rosický, Nedvěd, Koller, Baroš (87' Jiránek)

Łotwa: Kolinko, Isakovs, Zemļinskis, Stepanovs, Blagonadeždins, Bleidelis, Astafjevs, Lobaņovs (90' Rimkus), Rubins, Verpakovskis (81' Pahars), Prohorenkovs (71' Laizāns)
Sędziował: Gilles Veissière (Francja)

15 CZERWCA, PORTO (ESTÁDIO DO DRAGÃO)
NIEMCY – HOLANDIA 1:1 (1:0)
Bramki: Niemcy – 30' Frings; Holandia – 81' van Nistelrooy
Niemcy: Kahn, Friedrich, Wörns, Nowotny, Lahm, Schneider (68' Schweinsteiger), Baumann, Hamann, Ballack, Frings (79' Ernst), Kurányi (84' Bobić)
Holandia: van der Sar, Heitinga (74' van Hooijdonk), Bouma, Stam, van Bronckhorst, Davids (46' Overmars), Cocu, van der Vaart, Zenden (46' Sneijder), van der Meyde, van Nistelrooy
Żółte kartki: Niemcy – Kuranyi, Ballack; Holandia – Cocu, Stam
Sędziował: Anders Frisk (Szwecja)

19 CZERWCA, PORTO (ESTÁDIO DO BESSA SÉCULO XXI)
NIEMCY – ŁOTWA 0:0
Niemcy: Kahn, Friedrich, Wörns, Baumann, Lahm, Schneider (46' Schweinsteiger), Hamann, Ballack, Frings, Kurányi (78' Brdarić), Bobic (67' Klose)
Łotwa: Kolinko, Isakovs, Zemļinskis, Stepanovs, Blagonadeždins, Bleidelis, Lobaņovs (70' Laizāns), Astafjevs, Rubins, Prohorenkovs (67' Pahars), Verpakovskis (90' Zirnis)
Żółte kartki: Niemcy – Friedrich, Hamann, Frings; Łotwa – Isakovs, Astafjevs
Sędziował: Michael Riley (Anglia)

19 CZERWCA, AVEIRO (ESTÁDIO MUNICIPAL)
CZECHY – HOLANDIA 3:2 (1:2)
Bramki: Czechy – 23' Koller, 71' Baroš, 88' Šmicer; Holandia – 4' Bouma, 19' van Nistelrooy
Czechy: Čech, Grygera (25' Šmicer), Jiránek, Ujfaluši, Jankulovski, Poborský, Rosický, Galásek (62' Heinz), Nedvěd, Koller (75' Rozehnal), Baroš
Holandia: van der Sar, Heitinga, Stam, Bouma, Van Bronckhorst, Seedorf (86' van der Vaart), Cocu, Davids, van der Meyde (79' Reiziger), van Nistelrooy, Robben (58' Bosvelt)
Żółte kartki: Czechy – Galásek; Holandia – Seedorf, Heitinga
Czerwona kartka: Holandia – 75' Heitinga
Sędziował: Manuel Mejuto Gonzáles (Hiszpania)

23 CZERWCA, LIZBONA (ESTÁDIO JOSÉ ALVALADE)
CZECHY – NIEMCY 2:1 (1:1)
Bramki: Czechy – 30' Heinz, 77' Baroš; Niemcy – 21' Ballack
Czechy: Blažek, Jiránek, Bolf, Rozehnal, Mareš, Plašil (70' Poborský), Galásek (46' Hübschmann), Týce, Vachoušek, Heinz, Lokvenc (59' Baroš)
Niemcy: Kahn, Friedrich, Wörns, Nowotny, Lahm, Frings (46' Podolski), Hamann (79' Klose), Schneider, Schweinsteiger (86' Jeremies), Ballack, Kurányi
Żółte kartki: Czechy – Týce; Niemcy – Nowotny, Lahm, Schweinsteiger
Sędziował: Terje Hauge (Norwegia)

23 CZERWCA, BRAGA (ESTÁDIO MUNICIPAL)
HOLANDIA – ŁOTWA 3:0 (2:0)
Bramki: Holandia – 27' van Nistelrooy (rz. k.), 35' van Nistelrooy, 84' Makaay

Mistrzostwa Europy 2002–2004

Holandia: van der Sar, Reiziger, Stam, F. de Boer, van Bronckhorst, Seedorf, Davids (77' Sneijder), Cocu, van der Meyde (63' Overmars), van Nistelrooy (70' Makaay), Robben
Łotwa: Koļinko, Isakovs, Stepanovs, Zemļinskis, Blagonadeždins, Bleidelis (83' Štolcers), Lobaņovs, Astafjevs, Rubins, Prohorenkovs (74' Laizāns), Verpakovskis (63' Pahars)
Żółta kartka: Łotwa – Lobaņovs
Sędziował: Kim Milton Nielsen (Dania)

Poz.	Kraj	Mecze	Punkty	Bramki
1	**Czechy**	3	9	7-4
2	**Holandia**	3	4	6-4
3	Niemcy	3	2	2-3
4	Łotwa	3	1	1-5

ĆWIERĆFINAŁY

24 CZERWCA, LIZBONA (ESTÁDIO DA LUZ)
PORTUGALIA – ANGLIA 2:2 (0:1, 2:1), rz. k. 6:5
Bramki: Portugalia – 83' Postiga, 110' Rui Costa; Anglia – 3' Owen, 115' Lampard
Rzuty karne: (Beckham nie trafił) 1:0 Deco, 1:1 Owen, 2:1 Simão, 2:2 Lampard (Rui Costa nie trafił), 2:3 Terry, 3:3 Ronaldo, 3:4 Hargreaves, 4:4 Maniche, 4:5 A. Cole, 5:5 Postiga (strzał Vassella obronił Ricardo), 6:5 Ricardo
Portugalia: Ricardo, Miguel (79' Rui Costa), Andrade, Carvalho, Valente, Maniche, Costinha (63' Simão), Deco, Figo (75' Postiga), Ronaldo, Nuno Gomes
Anglia: James, G. Neville, Terry, Campbell, Cole, Beckham, Lampard, Gerrard (81' Hargreaves), Scholes (57' P. Neville), Rooney (27' Vassell), Owen
Żółte kartki: Portugalia – Costinha, Deco, Carvalho; Anglia – Gerrard, G. Neville, P. Neville
Sędziował: Urs Meier (Szwajcaria)

25 CZERWCA, LIZBONA (ESTÁDIO JOSÉ ALVALADE)
GRECJA – FRANCJA 1:0 (0:0)
Bramka: Grecja – 65' Charisteas
Grecja: Nikopolidis, Seitaridis, Kapsis, Dellas, Fyssas, Karagounis, Katsouranis, Zagorakis, Basinas (85' Tsiartas), Nikolaidis (60' Lakis), Charisteas
Francja: Barthez, Gallas, Thuram, Silvestre, Lizarazu, Zidane, Makélélé, Dacourt (72' Wiltord), Pirès (79' Rothen), Trezeguet (72' Saha), Henry
Żółte kartki: Francja – Zidane, Saha; Grecja – Karagounis, Zagorakis
Sędziował: Anders Frisk (Szwecja)

26 CZERWCA, FARO-LOULÉ (ESTÁDIO ALGARVE)
HOLANDIA – SZWECJA 0:0 (rz. k. 5:4)
Rzuty karne: 0:1 Källström, 1:1 van Nistelrooy, 1:2 Larsson, 2:2 Heitinga (Ibrahimović nie trafił), 2:3 Reiziger, 3:3 Ljungberg (Cocu trafił w słupek), 3:4 Wilhelmsson, 4:4 Makaay (strzał Mellberga obronił van der Sar), 5:4 Robben
Holandia: van der Sar, Reiziger, F. de Boer (36' Bouma), Stam, van Bronckhorst, Seedorf, Davids (61' Heitinga), Cocu, van der Meyde (87' Makaay), van Nistelrooy, Robben
Szwecja: Isaksson, Östlund, Mellberg, Jakobsson, Nilsson, Jonson (65' Wilhelmsson), Svensson (81' Källström), Linderoth, Ljungberg, Ibrahimović, Larsson
Żółte kartki: Holandia – F. de Boer, van der Meyde, Makaay; Szwecja – Ibrahimović, Östlund
Sędziował: Ľuboš Micheľ (Słowacja)

27 czerwca, Porto (Estádio do Dragão)
CZECHY – DANIA 3:0 (0:0)
Bramki: Czechy – 49' Koller, 63' Baroš, 65' Baroš
Czechy: Čech, Jiránek (39' Grygera), Bolf (65' Rozehnal), Ujfaluši, Jankulovski, Poborský, Rosický, Galásek, Nedvěd, Koller, Baroš (70' Heinz)
Dania: Sørensen, Helveg, Laursen, Henriksen, Bøgelund, Poulsen, C. Jensen (70' Madsen), Gravesen, Grønkjær (77' Rommedahl), Tomasson, Jørgensen (85' Løvenkrands)
Żółte kartki: Czechy – Jankulovski, Ujfaluši, Nedvěd; Dania – Poulsen, Bøgelund, Gravesen
Sędziował: Walentin Iwanow (Rosja)

PÓŁFINAŁY
30 czerwca, Lizbona (Estádio José Alvalade)
PORTUGALIA – HOLANDIA 2:1 (1:0)
Bramki: Portugalia – 26' Ronaldo, 58' Maniche; Holandia – 63' Andrade (samobójcza)
Portugalia: Ricardo, Miguel, Andrade, Carvalho, Valente, Figo, Maniche (87' Couto), Costinha, Deco, Ronaldo (68' Petit), Pauleta (75' Nuno Gomes)
Holandia: van der Sar, Reiziger, Bouma (56' van der Vaart), Stam, van Bronckhorst, Seedorf, Davids, Cocu, Overmars (46' Makaay), van Nistelrooy, Robben (81' van Hooijdonk)
Żółte kartki: Portugalia – Ronaldo, Valente, Figo; Holandia – Overmars, Robben
Sędziował: Anders Frisk (Szwecja)

1 lipca, Porto (Estádio do Dragão)
GRECJA – CZECHY 1:0 (0:0, 1:0)
Bramka: Grecja – 105' Dellas
Grecja: Nikopolidis, Seitaridis, Katsouranis, Fyssas, Kapsis, Dellas, Charisteas, Zagorakis, Basinas (72' Giannakopoulos), Karagounis, Vryzas (91' Tsiartas)
Czechy: Čech, Grygera, Bolf, Ujfaluši, Jankulovski, Poborský, Rosický, Galásek, Nedvěd (40' Šmicer), Koller, Baroš
Żółte kartki: Grecja – Seitaridis, Charisteas, Karagounis; Czechy – Galásek, Šmicer, Baroš
Sędziował: Pierluigi Collina (Włochy)

FINAŁ
Ucichł miejski zgiełk; kawiarnie, restauracje oraz place w miastach i miasteczkach Portugalii i Grecji zapełniły się kibicami. Każdy wierzył w zwycięstwo swojej reprezentacji. Portugalczycy prawdopodobnie dlatego, że byli gospodarzami mistrzostw, a Grecy być może z racji wielkiego entuzjazmu po wyeliminowaniu kolejnych faworytów. Spotkanie zaczęło się od chaotycznych poczynań na boisku podopiecznych Scolariego, którzy nie radzili sobie z przebrnięciem przez linię pomocy rywali. W drużynie Grecji pauzował za żółte kartki Karagounis. Tuż po przerwie Portugalczycy wypracowali kilka sytuacji podbramkowych, ale brakowało im skuteczności. Piłkarze Grecji natomiast wykazywali więcej determinacji, znakomicie grali z kontry i wydawało się, że opanowali sytuację na boisku. Toczyła się zacię-

Mecz finałowy Grecji z Portugalią, 4 lipca 2004 r.; od tyłu pokazany Cristiano Ronaldo, od przodu – Theodoros Zagorakis.

Mistrzostwa Europy 2002–2004

ta walka o każdą piłkę, mnożyły się starcia wkraczających do akcji piłkarzy. Ułańska fantazja Zagorakisa, zakończona silnym strzałem, o centymetry minęła bramkę rywali. W 57. minucie meczu piłkę otrzymał Charisteas i skierował ją do siatki Ricardo. W miarę jak upływały minuty, wśród greckich zawodników rosło przekonanie, że tego meczu nie mogą przegrać. Końcowy gwizdek sędziego był sygnałem wzywającym wszystkich Greków do świętowania. Publiczność oklaskami nagrodziła oba zespoły, wyrażając uznanie za ich grę i poziom reprezentowany w tym meczu. Doszło do największego sukcesu w historii greckiej piłki nożnej. Zwyciężył futbol ofensywny i taktyka niemieckiego trenera, żelazna konsekwencja w dążeniu do poukładanej gry i dyscyplina zespołowa. Najlepszym piłkarzem wybrano Zagorakisa, który obok bramkarza Nikopolidisa, obrońców Dellasa i Seitaridisa oraz napastnika Charisteasa wybrani zostali do drużyny turnieju. Greccy piłkarze zachwycili na początku mistrzostw swoją grą i skutecznie pokonywali rywali w drodze po złoty medal.

4 LIPCA, LIZBONA (ESTÁDIO DA LUZ)
GRECJA – PORTUGALIA 1:0 (0:0)
Bramka: Grecja – 57' Charisteas
Grecja: Nikopolidis, Seitaridis, Kapsis, Dellas, Fyssas, Giannakopoulos (76' Venetidis), Charisteas, Zagorakis, Basinas, Katsouranis, Vryzas (81' Papadopoulos)
Portugalia: Ricardo, Miguel (43' Ferreira), Andrade, Carvalho, Valente, Figo, Maniche, Costinha (60' Rui Costa), Deco, Ronaldo, Pauleta (74' Nuno Gomes)
Żółte kartki: Grecja – Basinas, Seitaridis, Fisas, Papadopulos; Portugalia – Costinha, Valente
Sędziował: Markus Merk (Niemcy)

STRZELCY BRAMEK TURNIEJU FINAŁOWEGO
5 – Baroš (Czechy)
4 – Rooney (Anglia), van Nistelrooy (Holandia)
3 – Zidane (Francja), Tomasson (Dania), Larsson (Szwecja), Lampard (Anglia), Charisteas (Grecja)
2 – Heinz, Koller (Czechy), Ibrahimović (Szwecja), Henry (Francja), Cassano (Włochy), Rui Costa, Ronaldo, Maniche (Portugalia)
1 – Šmicer (Czechy), Nuno Gomes, Postiga (Portugalia), Dellas, Karagounis, Basinas, Vryzas (Grecja), Valerón, Morientes (Hiszpania), Scholes, Gerrard, Owen (Anglia), Ljungberg, Allbäck, Jonson (Szwecja), Verpakovskis (Łotwa), Frinsk, Ballack (Niemcy), Pršo, Rapajič, N. Kovač, Tudor (Chorwacja), Trezeguet (Francja), Grønkjær (Dania), Bouma, Makaay (Holandia), Kriczenko, Bułykin (Rosja), Vonlanthen (Szwajcaria), Perrotta (Włochy), M. Petrow (Bułgaria)
Samobójcze – Tudor (Chorwacja), Andrade (Portugalia)

O NIM SIĘ MÓWIŁO
Milan Baroš (ur. 28 października 1981 r. w Viganticach) karierę piłkarską rozpoczął w Baníku Ostrawa, dla którego w latach 1998–2005 strzelił 76 bramek. Pierwszy sukces odnotował z reprezentacją Czech do lat 21 w 2000 r., zdobywając Młodzieżowe Mistrzostwa Europy oraz tytuł króla strzelców. Swoje umiejętności piłkarskie potwierdził w 2004 r. na Mistrzostwach Europy, zdobywając koronę króla strzelców z pięcioma bramkami, choć reprezentacja Czech odpadła w półfinale turnieju. Szybki, dobrze wyszkolony technicznie, zachwycał grą i współpracą z kolegami na boisku.

MISTRZOSTWA EUROPY
2006–2008

Do Mistrzostw Europy 2008 r. po raz pierwszy zakwalifikowała się drużyna Polski. Gospodarzami ponownie wybrano dwa kraje: **Austrię i Szwajcarię**, których reprezentanci słyną bardziej ze zdobywania laurów w dyscyplinach zimowych lub tenisie ziemnym niż w futbolu. Doskonale przygotowana baza sportowa spełniała restrykcyjne wymogi UEFA.

Polacy jechali na te mistrzostwa z nadzieją na wyjście z grupy i dalszą grę. Na nadziejach się jednak skończyło. W pierwszym spotkaniu z reprezentacją Niemiec Polska przegrała 0:2. Ze współgospodarzem imprezy, Austrią, zremisowała 1:1. W drugim meczu w 30. minucie prowadzenie dał naszej drużynie Roger Guerreiro. Pierwsze zwycięstwo wydawało się blisko. W doliczonym czasie gry z powodu przepychanek w polu karnym po polskiej stronie sędzia Howard Webb podyktował rzut karny, a Vastić zamienił go na bramkę. Długo po zakończeniu meczu odtwarzano tę sytuację, wyniku to jednak nie zmieniło. Szanse Polski na wyjście z grupy zmalały. Reprezentacja Chorwacji w trzecim spotkaniu dała możliwość wykazania się zmiennikom i dzięki skutecznej grze pokonała naszą reprezentację 1:0. Zagraliśmy w zmienionym składzie z uwagi na kontuzje zawodników. Zachodzi więc pytanie, jak zostali przygotowani Polacy, skoro po dwóch niewyczerpujących meczach z jedną bramką na koncie kilku piłkarzy nie było zdolnych do dalszej gry. Jak długo będziemy czekać, by grać z najlepszymi o najcenniejsze trofea? Nie sprostaliśmy wyzwaniu i po trzech spotkaniach zakończyliśmy udział na tych mistrzostwach w fazie grupowej.

Awansowały reprezentacje Niemiec i Chorwacji. Z historycznego zwycięstwa w **grupie A** mogli się cieszyć Turcy, którzy mimo porażki w pierwszym swoim spotkaniu z Portugalią wygrali dwa kolejne mecze i awansowali do ćwierćfinałów. Drużyna Luiza Felipe Scolariego, mająca za sobą dwa zwycięstwa, w spotkaniu ze współgospodarzami mistrzostw wystawiła zmienników. Piłkarzom Szwajcarii, którzy zanotowali tylko jedną wygraną, nie udało się awansować do dalszej fazy rozgrywek. Czesi po pierwszym zwycięstwie nad Szwajcarią przystąpili do meczu z Turcją z wiarą w siebie. Po strzelonej w 34. minucie bramce rosłego Kollera Turcy ruszyli do kontrataków. Spisujący się bardzo dobrze w czeskiej bramce Petr Čech odpierał szturmy Nihata oraz dośrodkowania ze skrzydeł. W drugiej połowie meczu podopieczni Karla Brücknera przez chwilę grali w przewadze jednego zawodnika, gdyż Emre Güngör opuścił murawę na noszach, sędzia zaś nie pozwolił na dokonanie zmiany. W 62. minucie Czesi zdobyli drugiego gola po strzale Plašila. Taka decyzja sędziego wywołała oburzenie na ławce rezerwowych Turcji, a u grających na boisku piłkarzy wzbudziła większą wolę walki i odrabiania strat. Zaledwie po kilku następnych minutach dośrodkowanie Hamita Altıntopa w polu karnym wykorzystał nadbiegający Turan i… pokonał Čecha. Końcowy kwadrans spotkania należał do piłkarzy Turcji. Po błędzie czeskiego bramkarza Nihat doprowadził do wyrównania, a dwie minuty później strzałem zza linii pola karnego zdobył bramkę na wagę awansu do ćwierćfinału.

Mecz Turcji z Czechami, 15 czerwca 2008 r.; Nihat Kahveci strzela swego drugiego gola, na bramce Petr Čech.

Grupa C uchodziła za najsilniejszą. Debiutujący w roli trenera Holandii Marco van Basten, ze swoimi podopiecznymi i kompletem punktów otrzymanych za zwycięstwa, awansował do kolejnej fazy rozgrywek. Włosi, po porażce z Holandią i remisie z Rumunią, w meczu ostatniej szansy dzięki fantastycznej obronie Buffona odnieśli zwycięstwo nad Francją. Zmęczeni i niepoukładani na boisku Francuzi podzielili los Polaków. Drużyna nie zachwycała grą, a o kryzysie niech świadczy zdobycie zaledwie jednego punktu w meczu z Rumunią.

W **grupie D**, uważanej za wyrównaną, nie zawiedli faworyci – Hiszpanie – którzy dzięki zwycięstwom nad Rosją i Szwecją w spotkaniu z obrońcą tytułu, Grecją, wystawili skład rezerwowy. Cóż, w przypadku reprezentacji Hiszpanii określenie „rezerwowi" może być jednak niewłaściwe. Oba składy mogą występować zamiennie, a ich gra i tak wzbudza największe emocje – zagrania Iniesty, Villi czy Torresa wywołują falę radości na stadionie. David Villa popisał się hat trickiem w pierwszym spotkaniu z Rosją. Obrońcy mistrzowskiego trofeum, Grecy, nie zdobyli ani jednego punktu i jako jedyna drużyna na tych mistrzostwach z zerowym dorobkiem punktowym wracali do domu na tarczy. Natomiast miłą niespodziankę swoim kibicom sprawili podopieczni holenderskiego szkoleniowca Guusa Hiddinka, którzy w spotkaniu o „być albo nie być w ćwierćfinale" w fantastycznym stylu pokonali reprezentację Szwecji. Piłkarzom Larsa Lagerbäcka wystarczał remis, ale konsekwencja w grze zespołu Rosjan oraz ataki Arszawina i Żyrkowa wskazywały na to, że nawet o remis nie będzie łatwo. I nie było. *Sborna* wygrała po bramkach Pawluczenki i Arszawina 2:0 i z drugiego miejsca przeszła do dalszej fazy rozgrywek.

Pierwszą parę **ćwierćfinalistów** tworzyły reprezentacje Niemiec i Portugalii. Emocji nie brakowało. Doskonały mecz rozegrali Schweinsteiger, Klose, Podolski oraz dyrygujący grą i posyłający pod nogi swoich kolegów piłkę Ballack. Kiedy w 87. minucie Postiga strzelił wyrównującą bramkę dla Portugalii, jeszcze na chwilę ożyły nadzieje na dogrywkę i ewentualne rzuty karne. Ale niemiecka drużyna turniejowa, bardzo dobrze przygotowana do takich batalii, rozstrzygnęła losy spotkania w ostatniej minucie meczu. Deco nie zachwycił, a blasku w grze z 2004 r. zabrakło Nuno Gomesowi. Musieli uznać wyższość piłkarzy z Niemiec.

Druga para ćwierćfinalistów to zespoły Chorwacji i Turcji. W regulaminowym czasie gry żadna z drużyn nie zdobyła bramki. Poprzeczka po strzale Olicia uratowała Turcję przed utratą gola. I było to jedno z nielicznych uderzeń na bramkę w tym meczu. W dogrywce wprowadzony na boisko Klasnić umieścił piłkę w siatce na krótko przed końcowym gwizdkiem. Chorwaccy piłkarze i kibice oszaleli z radości i czekali tylko, by arbiter zakończył mecz. Jednak wzbudzona zapowiadającym się niepowodzeniem turecka szarża spowodowała, że w doliczonym czasie gry Semih Şentürk strzałem zza linii pola karnego doprowadził do remisu. O zwycięstwie zadecydowały rzuty karne, w których skuteczniejsi i odporniejsi psychicznie okazali się piłkarze Turcji.

Jedenastki również przesądziły o wyniku spotkania Rosji z Holandią. Naprzeciwko siebie w roli trenerów stanęły dwie holenderskie gwiazdy: debiutujący w roli selekcjonera pomarańczowych Marco van Basten oraz prowadzący *sborną* Guus Hiddink. Kontrataki i strzały z dystansu Arszawina, Pawluczenki i Żyrkowa skutecznie wybijał van der Sar. W drugiej połowie po serii strzałów na bramkę rywali gra toczyła się w środkowej części boiska. Rosjanie próbowali zaskoczyć van der Sara uderzeniami zza linii pola karnego. Początkowo przyniosło to sukces, gdyż po dośrodkowaniu w polu karnym Pawluczenko zdobył prowadzenie dla *sbornej*. Strzały van Nistelrooya i Sneijdera mijały bramkę Akinfiejewa. Nerwowe poczynania Holendrów coraz bardziej oddalały ich od gry w półfinale. Wtem w 86. minucie spotkania van Nistelrooy uderzeniem głową posłał piłkę celnie do siatki Rosji. W dogrywce odporniejsi okazali się podopieczni Hiddinka, którzy po bramkach Torbinskiego i wspaniale spisującego się Arszawina pokonali Holandię 3:1. Zrozpaczeni pomarańczowi długo nie mogli pogodzić się z porażką.

Mecz Rosji z Holandią, 21 czerwca 2008 r.; celny strzał Ruuda van Nistelrooya.

Niemało emocji i sporą dawkę grozy zaserwowali swoim kibicom piłkarze czwartej pary ćwierćfinalistów: Hiszpanie i Włosi. Osłabieni nieobecnością Gattusa Włosi bezskutecznie próbowali zaskoczyć Casillasa, a z kolei piłka po uderzeniach Villi (do tej pory niezawodnego) mijała bramkę Buffona niczym zaczarowana. I gdyby o rozstrzygnięciu losów spotkania nie musiały decydować rzuty karne, mecz mógłby się zakończyć bezbramkowym, sprawiedliwym remisem. To był świetny pokaz gry w wykonaniu obu zespołów. A tymczasem nieubłaganą koleją losu widzieliśmy łzy ronione z radości przez Hiszpanów i łzy goryczy wielkich przegranych – Włochów. Długo byłoby szukać takich wrażeń: prawdziwych męskich łez, choć wylanych po przegranym widowiskowym spotkaniu. Przyjemnie ogląda się mecz, w którym faworytów jest dwóch, a ich gra przypomina spektakl z udziałem najlepszych aktorów. Takie widowisko zaprezentowały nam zespoły Hiszpanii i Włoch.

Pierwszy **półfinał** z udziałem piłkarzy Niemiec i Turcji zakończył się w regulaminowym czasie gry. Podopieczni Joachima Löwa wygrali 3:2, choć jeszcze pięć minut przed końcowym gwizdkiem utrzymywał się remis 2:2. W 90. minucie gry filigranowy, przebojowo grający Lahm strzałem pod poprzeczkę ustalił wynik meczu gwarantujący Niemcom grę w finale.

Mistrzostwa Europy 2006–2008

W drugim półfinale również nie było dogrywki – najwyraźniej strzelano tylko do jednej bramki. Niezawodna Hiszpania trafiła na będących w lekkiej niedyspozycji Rosjan, którzy mieli za sobą w ćwierćfinale przeprawę z Holandią. Zwycięstwo piłkarzy Hiszpanii 3:0 nie podlegało dyskusji, choć najaktywniejsi w *sbornej* Pawluczenko i Arszawin kilkakrotnie przypominali o sobie, zagrażając bramce Casillasa. Ale na grającą pięknie Hiszpanię do tej pory nie było mocnych. I dlatego ciekawie zapowiadał się finał.

Ćwierćfinałowy mecz Włochów z Hiszpanami, 22 czerwca 2008 r.; przy piłce David Villa, kryty przez Giorgio Chielliniego.

WYNIKI SPOTKAŃ KWALFIKACYJNYCH
DRUŻYNĘ AWANSUJĄCĄ DO NASTĘPNEJ RUNDY OZNACZONO POGRUBIENIEM.

ELIMINACJE GRUPOWE
UDZIAŁ MAJĄ ZAPEWNIONY GOSPODARZE MISTRZOSTW (**A**USTRIA I **S**ZWAJCARIA); DO TURNIEJU FINAŁOWEGO AWANSUJĄ PO DWA NAJLEPSZE ZESPOŁY Z SIEDMIU GRUP ELIMINACYJNYCH.

GRUPA 1

Belgia – Kazachstan	0:0
Polska – Finlandia	1:3 (0:0)
Serbia – Azerbejdżan	1:0 (0:0)
Polska – Serbia	1:1 (1:0)
Armenia – Belgia	0:1 (0:1)
Azerbejdżan – Kazachstan	1:1 (1:1)
Finlandia – Portugalia	1:1 (1:1)
Kazachstan – Polska	0:1 (0:0)
Armenia – Finlandia	0:0
Serbia – Belgia	1:0 (0:0)
Portugalia – Azerbejdżan	3:0 (2:0)
Polska – Portugalia	2:1 (2:0)
Belgia – Azerbejdżan	3:0 (2:0)
Kazachstan – Finlandia	0:2 (0:1)
Serbia – Armenia	3:0 (0:0)
Belgia – Polska	0:1 (0:1)

Finlandia – Armenia	1:0 (1:0)
Portugalia – Kazachstan	3:0 (2:0)
Polska – Azerbejdżan	5:0 (3:0)
Portugalia – Belgia	4:0 (0:0)
Kazachstan – Serbia	2:1 (1:0)
Polska – Armenia	1:0 (1:0)
Azerbejdżan – Finlandia	1:0 (0:0)
Serbia – Portugalia	1:1 (1:1)
Azerbejdżan – Polska	1:3 (1:0)
Finlandia – Serbia	0:2 (0:1)
Kazachstan – Armenia	1:2 (0:2)
Belgia – Portugalia	1:2 (0:1)
Armenia – Polska	1:0 (0:0)
Finlandia – Belgia	2:0 (1:0)
Kazachstan – Azerbejdżan	1:1 (0:1)
Finlandia – Kazachstan	2:1 (1:1)
Armenia – Portugalia	1:1 (1:1)
Belgia – Serbia	3:2 (2:0)
Portugalia – Polska	2:2 (0:1)
Azerbejdżan – Armenia	mecz odwołany
Serbia – Finlandia	0:0
Finlandia – Polska	0:0
Armenia – Azerbejdżan	mecz odwołany
Kazachstan – Belgia	2:2 (1:2)
Portugalia – Belgia	1:1 (1:0)
Polska – Kazachstan	3:1 (0:1)
Armenia – Serbia	0:0
Belgia – Finlandia	0:0
Azerbejdżan – Portugalia	0:2 (0:2)
Kazachstan – Portugalia	1:2 (0:0)
Azerbejdżan – Serbia	1:6 (1:4)
Belgia – Armenia	3:0 (0:0)
Polska – Belgia	2:0 (1:0)
Finlandia – Azerbejdżan	2:1 (0:0)
Portugalia – Armenia	1:0 (1:0)
Serbia – Polska	2:2 (0:1)
Portugalia – Finlandia	0:0
Armenia – Kazachstan	0:1 (0:0)
Azerbejdżan – Belgia	0:1 (0:0)
Serbia – Kazachstan	1:0 (0:0)

Poz.	Kraj	Mecze	Punkty	Bramki
1	**Polska**	14	28	24-12
2	**Portugalia**	14	27	24-10
3	Serbia	14	24	22-11
4	Finlandia	14	24	13-7
5	Belgia	14	18	14-16
6	Kazachstan	14	18	11-21
7	Armenia	14	9	4-13
8	Azerbejdżan	14	5	6-28

GRUPA 2

Wyspy Owcze – Gruzja	0:6 (0:3)
Gruzja – Francja	0:3 (0:2)
Włochy – Litwa	1:1 (1:1)
Szkocja – Wyspy Owcze	6:0 (5:0)
Francja – Włochy	3:1 (2:1)
Litwa – Szkocja	1:2 (0:0)
Ukraina – Gruzja	3:2 (1:1)
Wyspy Owcze – Litwa	0:1 (0:0)
Włochy – Ukraina	2:0 (0:0)
Szkocja – Francja	1:0 (0:0)
Francja – Wyspy Owcze	5:0 (2:0)
Gruzja – Włochy	1:3 (1:2)
Ukraina – Szkocja	2:0 (0:0)
Litwa – Francja	0:1 (0:0)
Szkocja – Gruzja	2:1 (1:1)
Wyspy Owcze – Ukraina	0:2 (0:1)
Gruzja – Wyspy Owcze	3:1 (2:0)
Włochy – Szkocja	2:0 (1:0)
Ukraina – Litwa	1:0 (0:0)
Wyspy Owcze – Włochy	1:2 (0:1)
Francja – Ukraina	2:0 (0:0)
Litwa – Gruzja	1:0 (0:0)
Wyspy Owcze – Szkocja	0:2 (0:2)
Francja – Gruzja	1:0 (1:0)
Litwa – Włochy	0:2 (0:2)
Gruzja – Ukraina	1:1 (0:1)
Włochy – Francja	0:0
Szkocja – Litwa	3:1 (1:0)
Francja – Szkocja	0:1 (0:0)
Litwa – Wyspy Owcze	2:1 (1:0)
Ukraina – Włochy	1:2 (0:1)
Wyspy Owcze – Francja	0:6 (0:2)
Włochy – Gruzja	2:0 (1:0)

Szkocja – Ukraina 3:1 (2:1)
Ukraina – Wyspy Owcze 5:0 (3:0)
Francja – Litwa 2:0 (0:0)
Gruzja – Szkocja 2:0 (1:0)
Szkocja – Włochy 1:2 (0:1)
Litwa – Ukraina 2:0 (1:0)
Gruzja – Litwa 0:2 (0:0)
Włochy – Wyspy Owcze 3:1 (3:0)
Ukraina – Francja 2:2 (1:2)

Poz.	Kraj	Mecze	Punkty	Bramki
1	**Włochy**	12	29	15-9
2	**Francja**	12	26	25-5
3	Szkocja	12	24	21-12
4	Ukraina	12	17	18-16
5	Litwa	12	16	11-13
6	Gruzja	12	10	16-19
7	Wyspy Owcze	12	0	4-43

GRUPA 3

Mołdawia – Grecja 0:1 (0:0)
Malta – Bośnia i Hercegowina 2:5 (1:2)
Węgry – Norwegia 1:4 (0:3)
Turcja – Malta 2:0 (0:0)
Norwegia – Mołdawia 2:0 (0:0)
Bośnia i Hercegowina – Węgry 1:3 (0:1)
Węgry – Turcja 0:1 (0:1)
Grecja – Norwegia 1:0 (1:0)
Mołdawia – Bośnia i Hercegowina 2:2 (2:0)
Turcja – Mołdawia 5:0 (3:0)
Malta – Węgry 2:1 (1:1)
Bośnia i Hercegowina – Grecja 0:4 (0:1)
Grecja – Turcja 1:4 (1:1)
Mołdawia – Malta 1:1 (0:0)
Norwegia – Bośnia i Hercegowina 1:2 (0:2)
Turcja – Norwegia 2:2 (0:2)
Malta – Grecja 0:1 (0:0)
Węgry – Mołdawia 2:0 (1:0)
Bośnia i Hercegowina – Turcja 3:2 (2:2)
Norwegia – Malta 4:0 (1:0)
Grecja – Węgry 2:0 (2:0)
Norwegia – Węgry 4:0 (1:0)
Bośnia i Hercegowina – Malta 1:0 (1:0)
Grecja – Mołdawia 2:1 (1:0)
Malta – Turcja 2:2 (1:1)

Mistrzostwa Europy 2006–2008

Węgry – Bośnia i Hercegowina	1:0 (1:0)
Mołdawia – Norwegia	0:1 (0:0)
Norwegia – Grecja	2:2 (2:2)
Turcja – Węgry	3:0 (0:0)
Bośnia i Hercegowina – Mołdawia	0:1 (0:1)
Mołdawia – Turcja	1:1 (1:0)
Węgry – Malta	2:0 (1:0)
Grecja – Bośnia i Hercegowina	3:2 (1:0)
Turcja – Grecja	0:1 (0:0)
Bośnia i Hercegowina – Norwegia	0:2 (0:1)
Malta – Mołdawia	2:3 (0:3)
Norwegia – Turcja	1:2 (1:1)
Grecja – Malta	5:0 (1:0)
Mołdawia – Węgry	3:0 (2:0)
Turcja – Bośnia i Hercegowina	1:0 (1:0)
Malta – Norwegia	1:4 (1:3)
Węgry – Grecja	1:2 (1:1)

Poz.	Kraj	Mecze	Punkty	Bramki
1	**Grecja**	12	31	25-10
2	**Turcja**	12	24	25-11
3	Norwegia	12	23	27-11
4	Bośnia i Hercegowina	12	13	16-22
5	Mołdawia	12	12	12-19
6	Węgry	12	12	11-22
7	Malta	12	5	10-31

GRUPA 4

Czechy – Walia	2:0 (0:0)
Niemcy – Irlandia	1:0 (0:0)
Słowacja – Cypr	6:1 (3:0)
San Marino – Niemcy	0:13 (0:6)
Słowacja – Czechy	0:3 (0:2)
Czechy – San Marino	7:0 (4:0)
Cypr – Irlandia	5:2 (2:2)
Walia – Słowacja	1:5 (1:3)
Irlandia – Czechy	1:1 (0:0)
Słowacja – Niemcy	1:4 (0:3)
Walia – Cypr	3:1 (2:0)
Cypr – Niemcy	1:1 (1:1)
Irlandia – San Marino	5:0 (3:0)
San Marino – Irlandia	1:2 (0:0)
Czechy – Niemcy	1:2 (0:1)
Irlandia – Walia	1:0 (1:0)
Cypr – Słowacja	1:3 (1:0)

2006–2008

Walia – San Marino	3:0 (2:0)	
Irlandia – Słowacja	1:0 (1:0)	
Czechy – Cypr	1:0 (1:0)	
Niemcy – San Marino	6:0 (1:0)	
Walia – Czechy	0:0	
Niemcy – Słowacja	2:1 (2:1)	
San Marino – Cypr	0:1 (0:0)	
San Marino – Czechy	0:3 (0:1)	
Walia – Niemcy	0:2 (0:1)	
Słowacja – Irlandia	2:2 (1:1)	
Czechy – Irlandia	1:0 (1:0)	
Słowacja – Walia	2:5 (2:3)	
Cypr – San Marino	3:0 (2:0)	
Irlandia – Niemcy	0:0	
Cypr – Walia	3:1 (1:1)	
Słowacja – San Marino	7:0 (3:0)	
Niemcy – Czechy	0:3 (0:2)	
Irlandia – Cypr	1:1 (0:0)	
San Marino – Walia	1:2 (0:2)	
Czechy – Słowacja	3:1 (1:0)	
Niemcy – Cypr	4:0 (2:0)	
Walia – Irlandia	2:2 (1:1)	
Cypr – Czechy	0:2 (0:1)	
Niemcy – Walia	0:0	
San Marino – Słowacja	0:5 (0:1)	

Poz.	Kraj	Mecze	Punkty	Bramki
1	**Czechy**	12	29	27-5
2	**Niemcy**	12	27	35-6
3	Irlandia	12	17	17-14
4	Słowacja	12	16	33-23
5	Walia	12	15	18-20
6	Cypr	12	14	17-24
7	San Marino	12	0	2-57

GRUPA 5

Estonia – Macedonia	0:1 (0:0)
Anglia – Andora	5:0 (3:0)
Estonia – Izrael	0:1 (0:1)
Macedonia – Anglia	0:1 (0:0)
Izrael – Andora	4:1 (3:0)
Rosja – Chorwacja	0:0
Anglia – Macedonia	0:0
Chorwacja – Andora	7:0 (2:0)
Rosja – Izrael	1:1 (1:0)

Mistrzostwa Europy 2006-2008

Chorwacja – Anglia	2:0 (0:0)
Rosja – Estonia	2:0 (0:0)
Andora – Macedonia	0:3 (0:3)
Izrael – Chorwacja	3:4 (1:2)
Macedonia – Rosja	0:2 (0:2)
Izrael – Anglia	0:0
Estonia – Rosja	0:2 (0:0)
Chorwacja – Macedonia	2:1 (0:1)
Andora – Anglia	0:3 (0:0)
Izrael – Estonia	4:0 (2:0)
Estonia – Chorwacja	0:1 (0:1)
Rosja – Andora	4:0 (2:0)
Macedonia – Izrael	1:2 (1:2)
Estonia – Anglia	0:3 (0:1)
Andora – Izrael	0:2 (0:1)
Chorwacja – Rosja	0:0
Estonia – Andora	2:1 (1:0)
Anglia – Izrael	3:0 (1:0)
Rosja – Macedonia	3:0 (1:0)
Chorwacja – Estonia	2:0 (2:0)
Anglia – Rosja	3:0 (2:0)
Andora – Chorwacja	0:6 (0:3)
Macedonia – Estonia	1:1 (1:1)
Anglia – Estonia	3:0 (3:0)
Chorwacja – Izrael	1:0 (0:0)
Rosja – Anglia	2:1 (0:1)
Macedonia – Andora	3:0 (2:0)
Macedonia – Chorwacja	2:0 (0:0)
Izrael – Rosja	2:1 (1:0)
Andora – Estonia	0:2 (0:1)
Anglia – Chorwacja	2:3 (0:2)
Izrael – Macedonia	1:0 (1:0)
Andora – Rosja	0:1 (0:1)

Poz.	Kraj	Mecze	Punkty	Bramki
1	**Chorwacja**	12	29	28-8
2	**Rosja**	12	24	18-7
3	Anglia	12	23	24-7
4	Izrael	12	23	20-12
5	Macedonia	12	13	12-12
6	Estonia	12	7	5-20
7	Andora	12	0	1-42

GRUPA 6

Hiszpania – Liechtenstein	4:0 (2:0)
Irlandia Płn. – Islandia	0:3 (0:3)
Łotwa – Szwecja	0:1 (0:1)
Islandia – Dania	0:2 (0:2)
Szwecja – Liechtenstein	3:1 (1:1)
Irlandia Płn. – Hiszpania	3:2 (1:1)
Szwecja – Hiszpania	2:0 (1:0)
Dania – Irlandia Płn.	0:0
Łotwa – Islandia	4:0 (3:0)
Islandia – Szwecja	1:2 (1:1)
Liechtenstein – Dania	0:4 (0:2)
Irlandia Płn. – Łotwa	1:0 (1:0)
Hiszpania – Dania	2:1 (2:0)
Liechtenstein – Irlandia Płn.	1:4 (0:0)
Irlandia Płn. – Szwecja	2:1 (1:1)
Liechtenstein – Łotwa	1:0 (1:0)
Hiszpania – Islandia	1:0 (0:0)
Dania – Szwecja	0:3 wo.
Łotwa – Hiszpania	0:2 (0:1)
Islandia – Liechtenstein	1:1 (1:0)
Liechtenstein – Hiszpania	0:2 (0:2)
Szwecja – Islandia	5:0 (3:0)
Łotwa – Dania	0:2 (0:2)
Irlandia Płn. – Liechtenstein	3:1 (2:0)
Szwecja – Dania	0:0
Łotwa – Irlandia Płn.	1:0 (0:0)
Islandia – Hiszpania	1:1 (1:0)
Islandia – Irlandia Płn.	2:1 (1:0)
Hiszpania – Łotwa	2:0 (1:0)
Dania – Liechtenstein	4:0 (4:0)
Dania – Hiszpania	1:3 (0:2)
Liechtenstein – Szwecja	0:3 (0:2)
Islandia – Łotwa	2:4 (1:3)
Szwecja – Irlandia Płn.	1:1 (1:0)
Liechtenstein – Islandia	3:0 (1:0)
Dania – Łotwa	3:1 (2:0)
Hiszpania – Szwecja	3:0 (2:0)
Irlandia Płn. – Dania	2:1 (0:0)
Łotwa – Liechtenstein	4:1 (2:1)
Hiszpania – Irlandia Płn.	1:0 (0:0)
Dania – Islandia	3:0 (2:0)
Szwecja – Łotwa	2:1 (1:1)

Mistrzostwa Europy 2006–2008

Poz.	Kraj	Mecze	Punkty	Bramki
1	**Hiszpania**	12	28	23-8
2	**Szwecja**	12	26	23-9
3	Irlandia Płn.	12	20	17-14
4	Dania	12	20	21-11
5	Łotwa	12	12	15-17
6	Islandia	12	8	10-27
7	Liechtenstein	12	7	9-30

GRUPA 7

Rumunia – Bułgaria	2:2 (1:0)
Białoruś – Albania	2:2 (2:1)
Luksemburg – Holandia	0:1 (0:1)
Albania – Rumunia	0:2 (0:0)
Holandia – Białoruś	3:0 (1:0)
Bułgaria – Słowenia	3:0 (0:0)
Rumunia – Białoruś	3:1 (2:1)
Bułgaria – Holandia	1:1 (1:0)
Słowenia – Luksemburg	2:0 (2:0)
Białoruś – Słowenia	4:2 (1:2)
Luksemburg – Bułgaria	0:1 (0:1)
Holandia – Albania	2:1 (2:0)
Holandia – Rumunia	0:0
Luksemburg – Białoruś	1:2 (0:1)
Albania – Słowenia	0:0
Rumunia – Luksemburg	3:0 (1:0)
Słowenia – Holandia	0:1 (0:0)
Bułgaria – Albania	0:0
Słowenia – Rumunia	1:2 (0:0)
Albania – Luksemburg	2:0 (1:0)
Białoruś – Bułgaria	0:2 (0:1)
Rumunia – Słowenia	2:0 (1:0)
Luksemburg – Albania	0:3 (0:2)
Bułgaria – Białoruś	2:1 (2:1)
Białoruś – Rumunia	1:3 (1:1)
Holandia – Bułgaria	2:0 (1:0)
Luksemburg – Słowenia	0:3 (0:2)
Słowenia – Białoruś	1:0 (1:0)
Bułgaria – Luksemburg	3:0 (2:0)
Albania – Holandia	0:1 (0:1)
Rumunia – Holandia	1:0 (0:0)
Białoruś – Luksemburg	0:1 (0:0)
Słowenia – Albania	0:0
Luksemburg – Rumunia	0:2 (0:1)
Holandia – Słowenia	0:2 (0:1)

Albania – Bułgaria	1:1 (1:0)	
Bułgaria – Rumunia	1:0 (0:0)	
Holandia – Luksemburg	1:0 (1:0)	
Albania – Białoruś	2:4 (2:2)	
Rumunia – Albania	6:1 (1:0)	
Białoruś – Holandia	2:1 (0:0)	
Słowenia – Bułgaria	0:2 (0:0)	

Poz.	Kraj	Mecze	Punkty	Bramki
1	**Rumunia**	12	29	26-7
2	**Holandia**	12	26	15-5
3	Bułgaria	12	25	19-7
4	Białoruś	12	13	17-23
5	Albania	12	11	12-18
6	Słowenia	12	11	9-16
7	Luksemburg	12	3	2-23

TURNIEJ FINAŁOWY
19.–29.06.2008.
ORGANIZATORZY: AUSTRIA I SZWAJCARIA

GRUPA A	GRUPA B	GRUPA C	GRUPA D
Portugalia	Chorwacja	Holandia	Hiszpania
Turcja	Niemcy	Włochy	Rosja
Czechy	Austria	Rumunia	Szwecja
Szwajcaria	Polska	Francja	Grecja

GRUPA A
7 CZERWCA, BAZYLEA (ST. JAKOB-PARK)
SZWAJCARIA – CZECHY 0:1 (0:0)
Bramka: Czechy – 71' Svěrkoš
Szwajcaria: Benaglio, Lichtsteiner (75' Vonlanthen), Müller, Senderos, Magnin, Inler, Fernandes, Behrami (84' Derdiyok), Barnetta, Frei (46' Yakin), Streller
Czechy: Čech, Grygera, Ujfaluši, Rozehnal, Jankulovski, Galásek, Jarolím (87' Kováč), Polák, Sionko (83' Vlček), Plašil, Koller (56' Svěrkoš)
Żółte kartki: Szwajcaria – Magnin, Vonlanthen, Barnetta
Sędziował: Roberto Rosetti (Włochy)

7 CZERWCA, GENEWA (STADE DE GENÈVE)
PORTUGALIA – TURCJA 2:0 (0:0)
Bramki: Portugalia – 61' Pepe, 93' Meireles
Portugalia: Ricardo, Bosingwa, Pepe, Carvalho, Ferreira, Petit, Moutinho, Ronaldo, Deco (90+2' Meira), Simão (83' Meireles), Nuno Gomes (68' Nani)
Turcja: Volkan, Hamit Altintop (75' Şentürk), Servet, Gökhan (55' Emre Aşik), Hakan, Kazim, Emre, Aurélio, Mevlüt (46' Sabri), Tuncay, Nihat
Żółte kartki: Turcja – Kazim, Gökhan, Sabri
Sędziował: Herbert Fandel (Niemcy)

Mistrzostwa Europy 2006–2008

11 czerwca, Genewa (Stade de Genève)
CZECHY – PORTUGALIA 1:3 (1:1)
Bramki: Czechy – 17' Sionko; Portugalia – 7' Deco, 63' Ronaldo, 90+1' Quaresma
Czechy: Čech, Grygera, Ujfaluši, Rozehnal, Jankulovski, Galásek (73' Koller), Matějovský (68' Vlček), Polák, Sionko, Plašil (85' Jarolím), Baroš
Portugalia: Ricardo, Bosingwa, Pepe, Carvalho, Ferreira, Petit, Moutinho (75' Meira), Ronaldo, Deco, Simão (80' Quaresma), Nuno Gomes (79' Almeida)
Żółte kartki: Czechy – Polák; Portugalia – Bosingwa
Sędziował: Kyros Vassaras (Grecja)

11 czerwca, Bazylea (St. Jakob-Park)
SZWAJCARIA – TURCJA 1:2 (1:0)
Bramki: Szwajcaria – 32' Yakin; Turcja – 57' Şentürk, 90+2' Arda
Szwajcaria: Benaglio, Lichtsteiner, Müller, Senderos, Magnin, Behrami, Inler, Fernandes (76' Cabanas), Barnetta (66' Vonlanthen), Yakin (85' Gygax), Derdiyok
Turcja: Volkan, Hamil Altintop, Emre Aşik, Servet, Hakan, Aurélio, Gökdeniz (46' Şentürk), Arda, Tümer (46' Mehmet Topal), Nihat (85' Kazim), Tuncay
Żółte kartki: Szwajcaria – Derdiyok; Turcja – Tuncay, Aurélio, Hakan
Sędziował: Ľuboš Micheľ (Słowacja)

15 czerwca, Bazylea (St.-Jakob-Park)
SZWAJCARIA – PORTUGALIA 2:0 (0:0)
Bramki: Szwajcaria – 71' Yakin, 83' Yakin
Szwajcaria: Zuberbühler, Lichtsteiner (83' Grichting), Müller, Senderos, Magnin, Fernandes, Inler, Behrami, Vonlanthen (61' Barnetta), Yakin (86' Cabanas), Derdiyok
Portugalia: Ricardo, Miguel, Pepe, Alves, Ferreira (41' Ribeiro), Meira, Veloso (71' Moutinho), Meireles, Quaresma, Nani, Postiga (74' Almeida)
Żółte kartki: Szwajcaria – Yakin, Vonlanthen, Barnetta, Fernandes; Portugalia – Ferreira, Ribeiro, Meira, Miguel
Sędziował: Konrad Plautz (Austria)

15 czerwca, Genewa (Stade de Genève)
TURCJA – CZECHY 3:2 (0:1)
Bramki: Turcja – 75' Arda, 87' Nihat, 89' Nihat; Czechy – 34' Koller, 62' Plašil
Turcja: Volkan, Hamit Altintop, Emre Güngör (62' Emre Aşik), Servet, Hakan, Mehmet Topal (57' Kazim), Aurélio, Arda, Tuncay, Nihat, Şentürk (46' Sabri)
Czechy: Čech, Grygera, Ujfaluši, Rozehnal, Jankulovski, Galásek, Matějovský (39' Jarolím), Polák, Sionko (86' Vlček), Plašil (80' Kadlec), Koller
Żółte kartki: Turcja – Aurélio, Topal, Arda, Emre Aşik; Czechy – Galásek, Ujfaluši, Baroš
Czerwona kartka: Turcja – 90+2' Volkan
Sędziował: Peter Fröjdfeldt (Szwecja)

Poz.	Kraj	Mecze	Punkty	Bramki
1	**Portugalia**	3	6	5-3
2	**Turcja**	3	6	5-5
3	Czechy	3	3	4-6
4	Szwajcaria	3	3	3-3

GRUPA B

8 CZERWCA, WIEDEŃ (ERNST HAPPEL STADION)
AUSTRIA – CHORWACJA 0:1 (0:1)
Bramka: Chorwacja – 4' Modrić
Austria: Macho, Prödl, Stranzl, Pogatetz, Aufhauser, Sämuel (61' Vastić), Standfest, Gërçaliu (69' Korkmaz), Ivanschitz, Harnik, Linz (73' Kienast)
Chorwacja: Pletikosa, Ćorluka, R. Kovač, Šimunić, Pranjić, Srna, N. Kovač, Modrić, Kranjčar (61' Knežević), Olić (83' Vukojević), Petrić (72' Budan)
Żółte kartki: Austria – Pogatetz, Sämuel, Prödl; Chorwacja – R. Kovač
Sędziował: Pieter Vink (Holandia)

8 CZERWCA, KLAGENFURT (HYPO-ARENA)
NIEMCY – POLSKA 2:0 (1:0)
Bramki: Niemcy – 20' Podolski, 72' Podolski
Niemcy: Lehmann, Lahm, Metzelder, Mertesacker, Jansen, Fritz (56' Schweinsteiger), Frings, Ballack, Podolski, Gómez (75' Hitzsperger), Klose (90+1' Kurányi)
Polska: Boruc, Wasilewski, Bąk, Golański (75' Saganowski), Dudka, Lewandowski, Łobodziński (65' Piszczek), Żurawski (46' Guerreiro), Krzynówek, Smolarek
Żółte kartki: Niemcy – Schweinsteiger; Polska – Smolarek, Lewandowski
Sędziował: Tom Henning Øvrebø (Norwegia)

12 CZERWCA, KLAGENFURT (HYPO-ARENA)
CHORWACJA – NIEMCY 2:1 (1:0)
Bramki: Chorwacja – 24' Srna, 62' Olić; Niemcy – 79' Podolski
Chorwacja: Pletikosa, Ćorluka, R. Kovač, Šimunić, Pranjić, Modrić, N. Kovač, Srna (80' Leko), Rakitić, Kranjčar (85' Knežević), Olić (72' Petrić)
Niemcy: Lehmann, Lahm, Metzelder, Mertesacker, Jansen (46' Odonkor), Fritz (82' Kurányi), Frings, Ballack, Podolski, Gómez (66' Schweinsteiger), Klose
Żółte kartki: Chorwacja – Srna, Šimunić, Modrić, Leko; Niemcy – Ballack, Lehmann
Czerwona kartka: Niemcy – 90+2' Schweinsteiger
Sędziował: Frank De Bleeckere (Belgia)

12 CZERWCA, WIEDEŃ (ERNST-HAPPEL STADION)
AUSTRIA – POLSKA 1:1 (0:1)
Bramki: Austria – 90+3' Vastić; Polska – 30' Guerreiro
Austria: Macho, Garics, Prödl, Stranzl, Pogatetz, Aufhauser (74' Sämuel), Leitgeb, Ivanschitz (64' Vastić), Korkmaz, Harnik, Linz (64' Kienast)
Polska: Boruc, Jop (46' Golański), Bąk, Wasilewski, Żewłakow, Dudka, Lewandowski, Krzynówek, Guerreiro (85' Murawski), Saganowski (83' Łobodziński), Smolarek
Żółte kartki: Austria – Korkmaz, Prödl; Polska – Wasilewski, Krzynówek, Bąk
Sędziował: Howard Webb (Anglia)

16 CZERWCA, KLAGENFURT (HYPO ARENA)
POLSKA – CHORWACJA 0:1 (0:0)
Bramka: Chorwacja – 53' Klasnić
Polska: Boruc, Wasilewski, Żewłakow, Dudka, Wawrzyniak, Murawski, Lewandowski (46' Kokoszka), Łobodziński (55' Smolarek), Guerreiro, Krzynówek, Saganowski (69' Zahorski)
Chorwacja: Runje, Šimić, Vejić, Knežević (27' Ćorluka), Pranjić, Leko, Vukojević, Pokrivač, Rakitić, Klasnić (74' Kalinić), Petrić (75' Kranjčar)

Mistrzostwa Europy 2006–2008

Żółte kartki: Polska – Lewandowski, Zahorski; Chorwacja – Vejić, Vukojević
Sędziował: Kyros Vassaras (Grecja)

16 CZERWCA, WIEDEŃ (ERNST HAPPEL STADION)
AUSTRIA – NIEMCY 0:1 (0:0)
Bramka: Niemcy – 49' Ballack
Austria: Macho, Garics, Stranzl, Hiden (55' Leitgeb), Pogatetz, Aufhauser (63' Sämuel), Fuchs, Ivanschitz, Harnik (67' Kienast), Korkmaz, Hoffer
Niemcy: Lehmann, Friedrich, Mertesacker, Metzelder, Lahm, Fritz (93' Borowski), Frings, Ballack, Podolski (83' Neuville), Gómez (60' Hitzlsperger), Klose
Żółte kartki: Austria – Stranzl, Hoffer, Ivanschitz
Sędziował: Manuel Mejuto González (Hiszpania)

Poz.	Kraj	Mecze	Punkty	Bramki
1	**Chorwacja**	3	9	4-1
2	**Niemcy**	3	6	4-2
3	Austria	3	1	1-3
4	Polska	3	1	1-4

GRUPA C
9 CZERWCA, ZURYCH (LETZIGRUND STADION)
RUMUNIA – FRANCJA 0:0
Rumunia: Lobonț, Contra, Tamaș, Goian, Raț, Cociș (64' Codrea), Radoi (90+3' Dică), Chivu, Nicoliță, D. Niculae, Mutu (78' M. Niculae)
Francja: Coupet, Sagnol, Thuram, Gallas, Abidal, Toulalan, Makélélé, Ribéry, Malouda, Anelka (72' Gomis), Benzema (78' Nasri)
Żółte kartki: Rumunia – D. Niculae, Contra, Goian; Francja – Sagnol
Sędziował: Manuel Mejuto González (Hiszpania)

9 CZERWCA, BERNO (STADE DE SUISSE WANKDORF)
HOLANDIA – WŁOCHY 3:0 (2:0)
Bramki: Holandia – 26' van Nistelrooy, 31' Sneijder, 79' van Bronckhorst
Holandia: van der Sar, Ooijer, Boulahrouz (77' Heitinga), Mathijsen, van Bronckhorst, de Jong, Engelaar, Kuyt (81' Afellay), van der Vaart, Sneijder, van Nistelrooy (70' van Persie)
Włochy: Buffon, Panucci, Barzagli, Materazzi (54' Grosso), Zambrotta, Ambrosini, Pirlo, Gattuso, Camoranesi (75' Cassano), Toni, Di Natale (64' Del Piero)
Żółte kartki: Holandia – de Jong; Włochy – Toni, Zambrotta, Gattuso
Sędziował: Peter Fröjdfeldt (Szwecja)

13 CZERWCA, ZURYCH (LETZIGRUND STADION)
WŁOCHY – RUMUNIA 1:1 (0:0)
Bramki: Włochy – 56' Panucci; Rumunia – 55' Mutu
Włochy: Buffon, Zambrotta, Panucci, Chiellini, Grosso, Pirlo, De Rossi, Camoranesi (85' Ambrosini), Perrotta (57' Cassano), Del Piero (77' Quagliarella), Toni
Rumunia: Lobonț, Contra, Tamaș, Goian, Raț, Rădoi (25' Dică), Petre (60' Nicoliță), Codrea, Chivu, Mutu (88' Cociș), D. Niculae
Żółte kartki: Włochy – Pirlo, De Rossi; Rumunia – Mutu, Chivu, Goian
Sędziował: Tom Henning Øvrebø (Norwegia)

13 czerwca, Berno (Stade de Suisse Wankdorf)
HOLANDIA – FRANCJA 4:1 (1:0)
Bramki: Holandia – 9' Kuyt, 59' van Persie, 72' Robben, 90+2' Sneijder; Francja – 71' Henry
Holandia: van der Sar, Boulahrouz, Ooijer, Mathijsen, van Bronckhorst, de Jong, Engelaar (46' Robben), Kuyt (55' van Persie), van der Vaart (78' Bouma), Sneijder, van Nistelrooy
Francja: Coupet, Sagnol, Thuram, Gallas, Evra, Toulalan, Makélélé, Malouda, Govou (75' Anelka), Ribéry, Henry
Żółte kartki: Holandia – Ooijer; Francja – Makélélé, Toulalan
Sędziował: Herbert Fandel (Niemcy)

17 czerwca, Berno (Stade de Suisse Wankdorf)
HOLANDIA – RUMUNIA 2:0 (0:0)
Bramki: Holandia – 54' Huntelaar, 87' van Persie
Holandia: Stekelenburg, Boulahrouz (58' Melchiot), Heitinga, Bouma, de Cler, de Zeeuw, Engelaar, Afellay, van Persie, Robben (61' Kuyt), Huntelaar (83' Vennegoor of Hesselink)
Rumunia: Lobonț, Contra, Tamaș, Ghionea, Raț, Cordea (72' Dică), Cociș, Chivu, Nicoliță (82' Petre), Mutu, M. Niculae (59' D. Niculae)
Żółta kartka: Rumunia – Chivu
Sędziował: Massimo Busacca (Szwajcaria)

17 czerwca, Zurych (Letzigrund Stadion)
FRANCJA – WŁOCHY 0:2 (0:1)
Bramki: Włochy – 25' Pirlo, 62' De Rossi
Francja: Coupet, Clerc, Gallas, Abidal, Evra, Toulalan, Makélélé, Govou (66' Anelka), Ribéry (10' Nasri, 26' Boumsong), Benzema, Henry
Włochy: Buffon, Zambrotta, Panucci, Chiellini, Grosso, Pirlo (55' Ambrossini), De Rossi, Gattuso (82' Aquilani), Perrotta (64' Camoranesi), Toni, Cassano
Żółte kartki: Francja – Govou, Henry, Boumsong; Włochy – Chiellini, Gattuso, Pirlo
Czerwona kartka: Francja – 24' Abidal
Sędziował: Ľuboš Micheľ (Słowacja)

Poz.	Kraj	Mecze	Punkty	Bramki
1	Holandia	3	9	9-1
2	Włochy	3	4	3-4
3	Rumunia	3	2	1-3
4	Francja	3	1	1-6

GRUPA D
10 czerwca, Innsbruck (Tivoli-Neu Stadion)
HISZPANIA – ROSJA 4:1 (2:0)
Bramki: Hiszpania – 20' Villa, 44' Villa, 75' Villa, 91' Fàbregas; Rosja – 86' Pawluczenko
Hiszpania: Casillas, Ramos, Marchena, Puyol, Capdevila, Silva (77' Alonso), Senna, Xavi, Iniesta (63' Cazorla), Villa, Torres (54' Fàbregas)
Rosja: Akinfiejew, Szyrokow, Kołodin, Żyrkow, Siemak, Zyrianow, Siemszow (58' Torbinski), Syczow (46' Bystrow, 70' Adamow), Bilaletdinow, Pawluczenko
Sędziował: Konrad Plautz (Austria)

Mistrzostwa Europy 2006–2008

10 czerwca, Salzburg (EM-Stadion Wals-Siezenheim)
GRECJA – SZWECJA 0:2 (0:0)
Bramki: Szwecja – 67' Ibrahimović, 72' Hansson
Grecja: Nikopolidis, Seitaridis, Kyrgiakos, Antzas, Dellas (70' Amanatidis), Torosidis, Basinas, Katsouranis, Charisteas, Karagounis, Gekas (46' Samaras)
Szwecja: Isaksson, Alexandersson (74' Stoor), Mellberg, Hansson, Nilsson, Svensson, Wilhelmsson (78' Rosenberg), Ljungberg, Ibrahimović (71' Elmander), H. Larsson
Żółte kartki: Grecja – Charisteas, Seitaridis, Torosidis
Sędziował: Massimo Busacca (Szwajcaria)

14 czerwca, Innsbruck (Tivoli-Neu Stadion)
SZWECJA – HISZPANIA 1:2 (1:1)
Bramki: Szwecja – 34' Ibrahimović; Hiszpania – 15' Torres, 90+2' Villa
Szwecja: Isaksson, Stoor, Mellberg, Hansson, Nilsson, Elmander (79' S. Larsson), Andersson, Svensson, Ljungberg, H. Larsson (87' Källström) Ibrahimović (46' Rosenberg)
Hiszpania: Casillas, Sergio Ramos, Marchena, Puyol (24' Albiol), Capdevila, Iniesta (59' Cazorla), Senna, Xavi (59' Fàbregas), Silva, Villa, Torres
Żółte kartki: Szwecja – Svensson; Hiszpania – Marchena
Sędziował: Pieter Vink (Holandia)

14 czerwca, Salzburg (EM-Stadion Wals-Siezenheim)
GRECJA – ROSJA 0:1 (0:1)
Bramka: Rosja – 33' Zyrianow
Grecja: Nikopolidis, Seitaridis (40' Karagounis), Dellas, Kyrgiakos, Torosidis, Katsouranis, Basinas, Patsatzoglou, Charisteas, Amanatidis (80' Giannakopoulos), Liberopoulos (61' Gekas)
Rosja: Akinfiejew, Aniukow, Kołodin, Ignaszewicz, Żyrkow (87' W. Bieriezucki), Siemak, Torbinski, Zyrianow, Siemszow, Bilaletdinow (70' Sajenko), Pawluczenko
Żółte kartki: Grecja – Liberopoulos, Karagounis; Rosja – Torbinski, Sajenko
Sędziował: Roberto Rosetti (Włochy)

18 czerwca, Salzburg (EM-Stadion Wals-Siezenheim)
GRECJA – HISZPANIA 1:2 (1:0)
Bramki: Grecja – 42' Charisteas; Hiszpania – 61' de la Red, 88' Güiza
Grecja: Nikopolidis, Vyntra, Kyrgiakos (62' Antzas), Dellas, Spyropoulos, Basinas, Katsouranis, Karagounis (74' Tziolis), Salpingidis (86' Giannakopoulos), Amanatidis, Charisteas
Hiszpania: Reina, Arbeloa, Juanito, Navarro, de la Red, Alonso, Sergio García, Iniesta (58' Cazorla), Fàbregas, Güiza
Żółte kartki: Grecja – Basinas, Karagounis, Vyntra; Hiszpania – Güiza, Arbeloa
Sędziował: Howard Web (Anglia)

18 czerwca, Innsbruck (Tivoli-Neu Stadion)
ROSJA – SZWECJA 2:0 (1:0)
Bramki: Rosja – 24' Pawluczenko, 50' Arszawin
Rosja: Akinfiejew, Aniukow, Ignaszewicz, Kołodin, Żyrkow, Siemak, Zyrianow, Siemszow, Bilaletdinow (66' Sajenko), Arszawin, Pawluczenko (90' Bystrow)
Szwecja: Isaksson, Stoor, Mellberg, Hansson, Nilsson (79' Allbäck), Elmander, Andersson (56' Källström), Svensson, Ljungberg, H. Larsson, Ibrahimović
Żółte kartki: Rosja – Kołodin, Arszawin, Siemak; Szwecja – Isaksson, Elmander
Sędziował: Frank de Bleeckere (Belgia)

Poz.	Kraj	Mecze	Punkty	Bramki
1	**Hiszpania**	3	9	8-3
2	**Rosja**	3	6	4-4
3	Szwecja	3	3	3-4
4	Grecja	3	0	1-5

ĆWIERĆFINAŁY

19 CZERWCA, BAZYLEA (ST. JAKOB-PARK)
PORTUGALIA – NIEMCY 2:3 (1:2)
Bramki: Portugalia – 40' Nuno Gomes, 87' Postiga; Niemcy – 22' Schweinsteiger, 26' Klose, 61' Ballack
Portugalia: Ricardo, Ferreira, Carvalho, Pepe, Bosingwa, Moutinho (31' Meireles), Petit (73' Postiga), Ronaldo, Deco, Simão, Nuno Gomes (67' Nani)
Niemcy: Lehmann, Friedrich, Mertesacker, Metzelder, Lahm, Rolfes, Hitzlsperger (73' Borowski), Ballack, Schweinsteiger (83' Fritz), Podolski, Klose (89' Jansen)
Żółte kartki: Portugalia – Petit, Pepe, Postiga; Niemcy – Friedrich, Lahm
Sędziował: Peter Fröjdfeldt (Szwecja)

20 CZERWCA, WIEDEŃ (ERNST HAPPEL STADION)
CHORWACJA – TURCJA 1:1 (0:0), rz. k. 1:3
Bramki: Chorwacja – 119' Klasnić; Turcja – 120+2' Şentürk
Rzuty karne: (Modrić nie strzelił) 0:1 Arda, 1:1 Srna, 1:2 Şentürk (Rakitić nie strzelił), 1:3 Hamit Altintop (Petrić nie strzelił)
Chorwacja: Pletikosa, Ćorluka, R. Kovač, Šimunić, Pranjić, Modrić, N. Kovač, Srna, Rakitić, Kranjčar (65' Petrić), Olić (97' Klasnić)
Turcja: Rüştü, Hamit Altintop, Gökhan, Emre Aşik, Hakan, Topal, Sabri, Tuncay, Arda, Kazim (61' Boral), Nihat (117' Gökdeniz)
Żółte kartki: Turcja – Tuncay, Arda, Boral, Emre Aşik
Sędziował: Roberto Rosetti (Włochy)

21 CZERWCA, BAZYLEA (ST. JAKOB-PARK)
HOLANDIA – ROSJA 1:3 (0:0, 1:1)
Bramki: Holandia – 86' van Nistelrooy; Rosja – 56' Pawluczenko, 112' Torbinski, 116' Arszawin
Holandia: van der Sar, Boulahrouz (54' Heitinga), Ooijer, Mathijsen, van Bronckhorst, de Jong, Engelaar (62' Afellay), Kuyt (46' van Persie), van der Vaart, Sneijder, van Nistelrooy
Rosja: Akinfiejew, Aniukow, Ignaszewicz, Kołodin, Żyrkow, Siemak, Zyrianow, Siemczow (69' Bilatedinow), Sajenko (81' Torbinski), Pawluczenko (115' Syczow), Arszawin
Żółte kartki: Holandia – Boulahrouz, van Persie, van der Vaart; Rosja – Kołodin, Żyrkow, Torbinski
Sędziował: Ľuboš Micheľ (Słowacja)

22 CZERWCA, WIEDEŃ (ERNST HAPPEL STADION)
HISZPANIA – WŁOCHY 0:0, rz. k. 4:2
Rzuty karne: 1:0 Villa, 1:1 Grosso, 2:1 Cazorla, De Rossi – broni Casillas, 3:1 Senna, 3:2 Camoranesi (strzał Güizy obronił Buffon; strzał Di Natale obronił Casillas), 4:2 Fàbregas
Hiszpania: Casillas, Ramos, Marchena, Puyol, Capdevila, Iniesta (59' Cazorla), Senna, Xavi (60' Fàbregas), Silva, Villa, Torres (85' Güiza)

Włochy: Buffon, Zambrotta, Panucci, Chiellini, Grosso, Aquilani (108' Del Piero), De Rossi, Ambrosini, Perrotta (58' Camonaresi), Toni, Cassano (75' Di Natale)
Żółte kartki: Hiszpania – Iniesta, Villa, Cazorla; Włochy – Ambrosini
Sędziował: Herbert Fandel (Niemcy)

PÓŁFINAŁY
25 CZERWCA, BAZYLEA (ST. JAKOB-PARK)
NIEMCY – TURCJA 3:2 (1:1)
Bramki: Niemcy – 26' Schweinsteiger, 79' Klose, 90' Lahm; Turcja – 22' Boral, 86' Sentürk
Niemcy: Lehmann, Friedrich, Mertesacker, Metzelder, Lahm, Hitzlsperger, Rolfes (46' Frings), Schweinsteiger, Ballack, Podolski, Klose (92' Jansen)
Turcja: Rüştü, Sabri, Topal, Gökhan, Hakan, Aurélio, Kazim (92' Tümer), Hamit Altintop, Ayhan (81' Mevlüt), Boral (84' Gökdeniz), Şentürk
Żółte kartki: Turcja – Şentürk, Sabri
Sędziował: Massimo Busacca (Szwajcaria)

26 CZERWCA, WIEDEŃ (ERNST HAPPEL STADION)
ROSJA – HISZPANIA 0:3 (0:0)
Bramki: Hiszpania – 50' Xavi, 73' Güiza, 82' Silva
Rosja: Akinfiejew, Anukow, Bieriezucki, Ignaszewicz, Żyrkow, Siemak, Zyrianow, Siemczow (56' Bilaletdinow), Sajenko (57' Syczow), Arszawin, Pawluczenko
Hiszpania: Casillas, Ramos, Marchena, Puyol, Capdevila, Iniesta, Senna, Xavi (69' Alonso), Silva, Villa (34' Fàbregas), Torres (69' Güiza)
Żółte kartki: Rosja – Żyrkow, Bilaletdinow
Sędziował: Frank de Bleeckere (Belgia)

FINAŁ
Po 24 latach reprezentacja Hiszpanii wystąpiła w finale Mistrzostw Europy i zmierzyła się z bardzo dobrze przygotowaną do turniejowych rozgrywek drużyną Niemiec. Zapowiadało się ciekawie, choć czasami zdarzają się tzw. przedwczesne finały. Pierwszy kwadrans gry należał do piłkarzy z Niemiec, potem jednak szybko oddali inicjatywę lepiej dysponowanym Hiszpanom. W 33. minucie meczu, gdy piłka była w polu karnym bramki Lehmanna, do dośrodkowania wybiegł Torres i przerzucił ją nad niemieckim bramkarzem. 1:0 dla Hiszpanii – fala radości ogarnęła stadion w Wiedniu. Słychać było gromkie *Viva España!*, a piłkarze uskrzydleni prowadzeniem i niesieni dopingiem swoich kibiców próbowali jeszcze atakami

Mecz finałowy Niemiec z Hiszpanią, 29 czerwca 2008 r., z lewej Philipp Lahm, z prawej Fernando Torres.

Xaviego i Torresa podwyższyć wynik. Po mocnym uderzeniu Ballacka z odległości około 20 metrów piłka minimalnie minęła bramkę Casillasa.

W drugiej części spotkania dało się zauważyć nieobecność Lahma, który wcześniej potrafił poderwać drużynę do kontrataku. Próbowali natomiast jeszcze wpłynąć na zmianę wyniku Mertesacker i Klose. Zabrakło czasu i odrobiny szczęścia. Wcześniej Hiszpanie w drodze do finału wygrali wszystkie spotkania. Uzyskanego prowadzenia nie pozwolili sobie odebrać. Zwycięstwo w fazie grupowej nad obrońcą tytułu mistrzowskiego (Grecją), a także fantastyczna gra w ćwierćfinale z Włochami stawiały piłkarzy Hiszpanii w roli faworyta do złotego medalu. Xavi, Torres, Iniesta, Casillas czy Puyol to teraźniejszość i przyszłość hiszpańskiego futbolu oraz całej piłkarskiej Europy. David Villa został królem strzelców. Ale i niemiecka drużyna wracała do domu z tarczą. Precyzja i solidność w odbiorze piłki, a przede wszystkim zespołowa praca pozwalają mieć nadzieję, że niemiecka maszyna nie zwalnia. Póki co: *¡VIVA ESPAÑA OLÉ!*

29 CZERWCA, WIEDEŃ (ERNST HAPPEL STADION)
NIEMCY – HISZPANIA 0:1 (0:1)
Bramka: Hiszpania – 33' Torres
Niemcy: Lehmann, Friedrich, Mertesacker, Metzelder, Lahm (46' Jansen), Frings, Hitzlsperger (58' Kurányi), Schweinsteiger, Ballack, Podolski, Klose (79' Gómez)
Hiszpania: Casillas, Ramos, Marchena, Puyol, Capdevila, Senna, Iniesta, Xavi, Fàbregas (63' Alonso), Silva (66' Cazorla), Torres (78' Güiza)
Żółte kartki: Niemcy – Ballack, Kuranyi; Hiszpania – Casillas, Torres
Sędziował: Roberto Rosetti (Włochy)

STRZELCY BRAMEK TURNIEJU FINAŁOWEGO
4 – Villa (Hiszpania)
3 – Yakin (Szwajcaria), Şentürk (Turcja), Pawluczenko (Rosja), Podolski (Niemcy)
2 – van Nistelrooy (Holandia), Güiza (Hiszpania), Ballack, Klose, Schweinsteiger (Niemcy)
1 – Vastić (Austria), Modrić, Olić, Srna (Chorwacja), Koller, Plašil, Sionko, Svěrkoš (Czechy), Henry (Francja), Charisteas (Grecja), van Bronckhorst, Huntelaar, Kuyt, Robben (Holandia), de la Red, Fábregas, Silva, Xavi (Hiszpania), Lahm (Niemcy), Guerreiro (Polska), Deco, Gomes, Meireles, Pepe, Postiga, Quaresma, Ronaldo (Portugalia), Torbinski, Zyrianow (Rosja), Mutu (Rumunia), Hansson (Szwecja), Boral (Turcja), De Rossi, Panucci, Pirlo (Włochy)

O NIM SIĘ MÓWIŁO
David Villa (ur. 3 grudnia 1981 r. w Langreo) karierę piłkarską rozpoczął w Sportingu Gijón. W 2005 r. podpisał kontrakt z zespołem Valencia i w pierwszym sezonie strzelił 25 goli. W tym samym roku zadebiutował w reprezentacji Hiszpanii. Uczestnik MŚ 2006 r., król strzelców ME 2008 r. i najlepszy piłkarz tego turnieju. Na EURO 2008 zrobił furorę i wraz z kolegami z reprezentacji zdobył najważniejsze trofeum.

MISTRZOSTWA EUROPY
2010–2012

WYNIKI SPOTKAŃ KWALIFIKACYJNYCH
Drużynę awansującą do następnej rundy oznaczono pogrubieniem.

ELIMINACJE GRUPOWE
Gospodarze tych mistrzostw – **Polska i Ukraina** – zgodnie z regulaminem mają zapewniony udział w turnieju finałowym. Z dziewięciu grup bezpośrednio awansują najlepsze, zwycięskie zespoły. Spośród dziewięciu wicemistrzów bezpośrednio zakwalifikowano drużynę, która zdobyła największą liczbę punktów; do baraży z pozostałych ośmiu do czterech najwyżej notowanych w rankingu UEFA dolosowano pozostałe drużyny.

GRUPA 1

Kazachstan – Turcja	0:3 (0:2)
Belgia – Niemcy	0:1 (0:0)
Niemcy – Azerbejdżan	6:1 (3:0)
Turcja – Belgia	3:2 (0:1)
Austria – Kazachstan	2:0 (0:0)
Niemcy – Turcja	3:0 (1:0)
Kazachstan – Belgia	0:2 (0:0)
Austria – Azerbejdżan	3:0 (1:0)
Belgia – Austria	4:4 (1:2)
Kazachstan – Niemcy	0:3 (0:0)
Azerbejdżan – Turcja	1:0 (1:0)
Niemcy – Kazachstan	4:0 (3:0)
Austria – Belgia	0:2 (0:1)
Turcja – Austria	2:0 (1:0)
Belgia – Azerbejdżan	4:1 (3:1)
Austria – Niemcy	1:2 (0:1)
Belgia – Turcja	1:1 (1:1)
Kazachstan – Azerbejdżan	2:1 (0:0)
Azerbejdżan – Niemcy	1:3 (0:2)
Niemcy – Austria	6:2 (3:1)

Turcja – Kazachstan	2:1 (1:0)
Azerbejdżan – Belgia	1:1 (0:0)
Austria – Turcja	0:0
Azerbejdżan – Kazachstan	3:2 (0:1)
Turcja – Niemcy	1:3 (0:1)
Belgia – Kazachstan	4:1 (2:0)
Azerbejdżan – Austria	1:4 (0:1)
Niemcy – Belgia	3:1 (2:0)
Turcja – Azerbejdżan	1:0 (0:0)
Kazachstan – Austria	0:0

Poz.	Kraj	Mecze	Punkty	Bramki
1	**Niemcy**	10	30	34-6
2	**Turcja**	10	17	13-11
3	Belgia	10	15	21-15
4	Austria	10	12	16-17
5	Azerbejdżan	10	7	10-26
6	Kazachstan	10	4	6-24

GRUPA 2

Słowacja – Macedonia	1:0 (0:0)
Andora – Rosja	0:2 (0:1)
Armenia – Irlandia	0:1 (0:0)
Irlandia – Andora	3:1 (2:1)
Rosja – Słowacja	0:1 (0:1)
Macedonia – Armenia	2:2 (1:1)
Irlandia – Rosja	2:3 (0:2)
Armenia – Słowacja	3:1 (1:1)
Andora – Macedonia	0:2 (0:1)
Słowacja – Irlandia	1:1 (1:1)
Macedonia – Rosja	0:1 (0:1)
Armenia – Andora	4:0 (3:0)
Irlandia – Macedonia	2:1 (2:1)
Armenia – Rosja	0:0
Andora – Słowacja	0:1 (0:1)
Rosja – Armenia	3:1 (1:1)
Słowacja – Andora	1:0 (0:0)
Macedonia – Irlandia	0:2 (0:2)
Rosja – Macedonia	1:0 (1:0)
Irlandia – Słowacja	0:0
Andora – Armenia	0:3 (0:1)
Rosja – Irlandia	0:0
Słowacja – Armenia	0:4 (0:0)
Macedonia – Andora	1:0 (0:0)
Słowacja – Rosja	0:1 (0:0)

Mistrzostwa Europy 2010–2012

Armenia – Macedonia 4:1 (2:0)
Andora – Irlandia 0:2 (0:2)
Rosja – Andora 6:0 (4:0)
Irlandia – Armenia 2:1 (1:0)
Macedonia – Słowacja 1:1 (0:0)

Poz.	Kraj	Mecze	Punkty	Bramki
1	**Rosja**	10	23	17-4
2	**Irlandia**	10	21	15-7
3	Armenia	10	17	22-10
4	Słowacja	10	15	7-10
5	Macedonia	10	8	8-14
6	Andora	10	0	1-25

GRUPA 3

Estonia – Wyspy Owcze 2:1 (0:1)
Słowenia – Irlandia Płn. 0:1 (0:0)
Wyspy Owcze – Serbia 0:3 (0:2)
Estonia – Włochy 1:2 (1:0)
Włochy – Wyspy Owcze 5:0 (3:0)
Serbia – Słowenia 1:1 (0:0)
Serbia – Estonia 1:3 (0:0)
Irlandia Płn. – Włochy 0:0
Słowenia – Wyspy Owcze 5:1 (2:0)
Włochy – Serbia 3:0 wo.
Wyspy Owcze – Irlandia Płn. 1:1 (0:0)
Estonia – Słowenia 0:1 (0:0)
Serbia – Irlandia Płn. 2:1 (0:1)
Słowenia – Włochy 0:1 (0:0)
Irlandia Płn. – Słowenia 0:0
Estonia – Serbia 1:1 (0:1)
Włochy – Estonia 3:0 (2:0)
Wyspy Owcze – Słowenia 0:2 (0:1)
Wyspy Owcze – Estonia 2:0 (1:0)
Irlandia Płn. – Wyspy Owcze 4:0 (1:0)
Irlandia Płn. – Serbia 0:1 (0:0)
Słowenia – Estonia 1:2 (0:1)
Wyspy Owcze – Włochy 0:1 (0:1)
Włochy – Słowenia 1:0 (0:0)
Serbia – Wyspy Owcze 3:1 (2:1)
Estonia – Irlandia Płn. 4:1 (2:1)
Serbia – Włochy 1:1 (1:1)
Irlandia Płn. – Estonia 1:2 (1:0)
Włochy – Irlandia Płn. 3:0 (1:0)
Słowenia – Serbia 1:0 (1:0)

Poz.	Kraj	Mecze	Punkty	Bramki
1	**Włochy**	10	26	20-2
2	**Estonia**	10	16	15-14
3	Serbia	10	15	13-12
4	Słowenia	10	14	11-7
5	Irlandia Płn.	10	9	9-13
6	Wyspy Owcze	10	4	6-26

GRUPA 4

Luksemburg – Bośnia i Hercegowina	0:3 (0:3)
Rumunia – Albania	1:1 (0:0)
Francja – Białoruś	0:1 (0:0)
Bośnia i Hercegowina – Francja	0:2 (0:0)
Białoruś – Rumunia	0:0
Albania – Luksemburg	1:0 (1:0)
Albania – Bośnia i Hercegowina	1:1 (1:1)
Luksemburg – Białoruś	0:0
Francja – Rumunia	2:0 (0:0)
Francja – Luksemburg	2:0 (1:0)
Białoruś – Albania	2:0 (1:0)
Luksemburg – Francja	0:2 (0:1)
Bośnia i Hercegowina – Rumunia	2:1 (0:1)
Albania – Białoruś	1:0 (0:0)
Rumunia – Luksemburg	3:1 (1:1)
Rumunia – Bośnia i Hercegowina	3:0 (2:0)
Białoruś – Francja	1:1 (1:1)
Bośnia i Hercegowina – Albania	2:0 (0:0)
Białoruś – Luksemburg	2:0 (0:0)
Białoruś – Bośnia i Hercegowina	0:2 (0:2)
Albania – Francja	1:2 (0:2)
Luksemburg – Rumunia	0:2 (0:2)
Rumunia – Francja	0:0
Bośnia i Hercegowina – Białoruś	1:0 (0:0)
Luksemburg – Albania	2:1 (1:0)
Francja – Albania	3:0 (2:0)
Rumunia – Białoruś	2:2 (1:1)
Bośnia i Hercegowina – Luksemburg	5:0 (4:0)
Francja – Bośnia i Hercegowina	1:1 (0:1)
Albania – Rumunia	1:1 (1:0)

Mistrzostwa Europy 2010-2012

Poz.	Kraj	Mecze	Punkty	Bramki
1	**Francja**	10	21	15-4
2	**Bośnia i Hercegowina**	10	20	17-8
3	Rumunia	10	14	13-9
4	Białoruś	10	13	8-7
5	Albania	10	9	7-14
6	Luksemburg	10	4	3-21

GRUPA 5

Szwecja – Węgry	2:0 (0:0)
Mołdawia – Finlandia	2:0 (0:0)
San Marino – Holandia	0:5 (0:2)
Węgry – Mołdawia	2:1 (0:0)
Szwecja – San Marino	6:0 (3:0)
Holandia – Finlandia	2:1 (2:1)
Węgry – San Marino	8:0 (4:0)
Mołdawia – Holandia	0:1 (0:1)
Holandia – Szwecja	4:1 (2:0)
Finlandia – Węgry	1:2 (0:0)
San Marino – Mołdawia	0:2 (0:1)
Finlandia – San Marino	8:0 (1:0)
Węgry – Holandia	0:4 (0:2)
Holandia – Węgry	5:3 (1:0)
Szwecja – Mołdawia	2:1 (1:0)
Mołdawia – Szwecja	1:4 (0:2)
San Marino – Finlandia	0:1 (0:1)
Szwecja – Finlandia	5:0 (3:0)
San Marino – Węgry	0:3 (0:1)
Holandia – San Marino	11:0 (3:0)
Finlandia – Mołdawia	4:1 (2:0)
Węgry – Szwecja	2:1 (1:0)
Finlandia – Holandia	0:2 (0:1)
Mołdawia – Węgry	0:2 (0:1)
San Marino – Szwecja	0:5 (0:0)
Holandia – Mołdawia	1:0 (1:0)
Finlandia – Szwecja	1:2 (0:1)
Szwecja – Holandia	3:2 (1:1)
Węgry – Finlandia	0:0
Mołdawia – San Marino	4:0 (1:0)

Poz.	Kraj	Mecze	Punkty	Bramki
1	**Holandia**	10	27	37-8
2	**Szwecja**	10	24	31-11
3	Węgry	10	19	22-14
4	Finlandia	10	10	16-16
5	Mołdawia	10	9	12-16
6	San Marino	10	0	0-53

GRUPA 6

Izrael – Malta	3:1 (1:1)
Grecja – Gruzja	1:1 (0:1)
Łotwa – Chorwacja	0:3 (0:1)
Chorwacja – Grecja	0:0
Gruzja – Izrael	0:0
Malta – Łotwa	0:2 (0:1)
Grecja – Łotwa	1:0 (0:0)
Gruzja – Malta	1:0 (0:0)
Izrael – Chorwacja	1:2 (0:2)
Grecja – Izrael	2:1 (1:0)
Łotwa – Gruzja	1:1 (0:0)
Chorwacja – Malta	3:0 (2:0)
Izrael – Łotwa	2:1 (1:0)
Gruzja – Chorwacja	0:1 (0:0)
Malta – Grecja	0:1 (0:0)
Izrael – Gruzja	1:0 (0:0)
Chorwacja – Gruzja	2:1 (0:1)
Grecja – Malta	3:1 (2:0)
Łotwa – Izrael	1:2 (0:2)
Izrael – Grecja	0:1 (0:0)
Gruzja – Łotwa	0:1 (0:0)
Malta – Chorwacja	1:3 (1:2)
Chorwacja – Izrael	3:1 (0:1)
Łotwa – Grecja	1:1 (1:0)
Malta – Gruzja	1:1 (1:1)
Grecja – Chorwacja	2:0 (0:0)
Łotwa – Malta	2:0 (1:0)
Chorwacja – Łotwa	2:0 (0:0)
Gruzja – Grecja	1:2 (1:0)
Malta – Izrael	0:2 (0:1)

Poz.	Kraj	Mecze	Punkty	Bramki
1	**Grecja**	10	24	14-5
2	**Chorwacja**	10	22	18-7
3	Izrael	10	16	13-11
4	Łotwa	10	11	9-12
5	Gruzja	10	10	7-9
6	Malta	10	1	4-21

GRUPA 7

Czarnogóra – Szwajcaria	1:0 (0:0)
Anglia – Czarnogóra	0:0
Szwajcaria – Walia	4:1 (2:1)
Bułgaria – Szwajcaria	0:0
Walia – Anglia	0:2 (0:2)
Anglia – Szwajcaria	2:2 (1:2)
Czarnogóra – Bułgaria	1:1 (0:0)
Bułgaria – Anglia	0:3 (0:3)
Walia – Czarnogóra	2:1 (1:0)
Anglia – Walia	1:0 (1:0)
Szwajcaria – Bułgaria	3:1 (1:1)
Walia – Szwajcaria	2:0 (0:0)
Czarnogóra – Anglia	2:2 (1:2)
Szwajcaria – Czarnogóra	2:0 (0:0)
Bułgaria – Walia	0:1 (0:1)

Poz.	Kraj	Mecze	Punkty	Bramki
1	**Anglia**	8	18	17-5
2	**Czarnogóra**	8	12	7-7
3	Szwajcaria	8	11	12-10
4	Walia	8	9	6-10
5	Bułgaria	8	5	3-13

GRUPA 8

Portugalia – Cypr	4:4 (2:2)
Islandia – Norwegia	1:2 (1:0)
Dania – Islandia	1:0 (0:0)
Norwegia – Portugalia	1:0 (1:0)
Portugalia – Dania	3:1 (2:0)
Cypr – Norwegia	1:2 (0:2)
Dania – Cypr	2:0 (0:0)
Islandia – Portugalia	1:3 (1:2)
Norwegia – Dania	1:1 (0:1)
Cypr – Islandia	0:0
Portugalia – Norwegia	1:0 (0:0)

Islandia – Dania	0:2 (0:0)
Norwegia – Islandia	1:0 (0:0)
Cypr – Portugalia	0:4 (0:1)
Dania – Norwegia	2:0 (2:0)
Islandia – Cypr	1:0 (1:0)
Portugalia – Islandia	5:3 (3:0)
Cypr – Dania	1:4 (1:4)
Dania – Portugalia	2:1 (1:0)
Norwegia – Cypr	3:1 (2:1)

Poz.	Kraj	Mecze	Punkty	Bramki
1	**Dania**	8	19	15-6
2	**Portugalia**	8	16	21-12
3	Norwegia	8	16	10-7
4	Islandia	8	4	6-14
5	Cypr	8	2	7-20

GRUPA 9

Litwa – Szkocja	0:0
Liechtenstein – Hiszpania	0:4 (0:2)
Czechy – Litwa	0:1 (0:1)
Szkocja – Liechtenstein	2:1 (0:0)
Hiszpania – Litwa	3:1 (0:0)
Czechy – Szkocja	1:0 (0:0)
Liechtenstein – Czechy	0:2 (0:2)
Szkocja – Hiszpania	2:3 (0:1)
Hiszpania – Czechy	2:1 (0:1)
Czechy – Liechtenstein	2:0 (1:0)
Litwa – Hiszpania	1:3 (0:1)
Liechtenstein – Litwa	2:0 (2:0)
Litwa – Liechtenstein	0:0
Szkocja – Czechy	2:2 (1:0)
Hiszpania – Liechtenstein	6:0 (3:0)
Szkocja – Litwa	1:0 (0:0)
Czechy – Hiszpania	0:2 (0:2)
Liechtenstein – Szkocja	0:1 (0:1)
Hiszpania – Szkocja	3:1 (2:0)
Litwa – Czechy	1:4 (0:3)

Poz.	Kraj	Mecze	Punkty	Bramki
1	**Hiszpania**	8	24	26-6
2	**Czechy**	8	13	12-8
3	Szkocja	8	11	9-10
4	Litwa	8	5	4-13
5	Liechtenstein	8	4	3-17

Mistrzostwa Europy 2010–2012

MECZE BARAŻOWE

Bośnia i Hercegowina – Portugalia	0:0
Portugalia – Bośnia i Hercegowina	6:2 (2:1)
Chorwacja – Turcja	0:0
Turcja – **Chorwacja**	0:3 (0:2)
Czechy – Czarnogóra	2:0 (1:0)
Czarnogóra – **Czechy**	0:1 (0:0)
Estonia – Irlandia	0:4 (0:1)
Irlandia – Estonia	1:1 (1:0)

TURNIEJ FINAŁOWY
8.06.–01.07.2012.
ORGANIZATORZY: POLSKA I UKRAINA

GRUPA A	GRUPA B	GRUPA C	GRUPA D
Polska	Holandia	Hiszpania	Ukraina
Grecja	Dania	Włochy	Szwecja
Rosja	Niemcy	Irlandia	Francja
Czechy	Portugalia	Chorwacja	Anglia

GRUPA A

8 CZERWCA, WARSZAWA (STADION NARODOWY)
POLSKA – GRECJA __ : __ (__ : __)

8 CZERWCA, WROCŁAW (STADION MIEJSKI)
ROSJA – CZECHY __ : __ (__ : __)

12 CZERWCA, WARSZAWA (STADION NARODOWY)
POLSKA – ROSJA __ : __ (__ : __)

12 CZERWCA, WROCŁAW (STADION MIEJSKI)
GRECJA – CZECHY __ : __ (__ : __)

16 CZERWCA, WARSZAWA (STADION NARODOWY)
GRECJA – ROSJA __ : __ (__ : __)

16 CZERWCA, WROCŁAW (STADION MIEJSKI)
CZECHY – POLSKA __ : __ (__ : __)

Poz.	Kraj	Mecze	Punkty	Bramki
1				
2				
3				
4				

GRUPA B

9 czerwca, Charków (Stadion Metalist)
HOLANDIA – DANIA __ : __ (__ : __)

9 czerwca, Lwów (Arena Lwiw)
NIEMCY – PORTUGALIA __ : __ (__ : __)

13 czerwca, Charków (Stadion Metalist)
HOLANDIA – NIEMCY __ : __ (__ : __)

13 czerwca, Lwów (Arena Lwiw)
DANIA – PORTUGALIA __ : __ (__ : __)

17 czerwca, Charków (Stadion Metalist)
PORTUGALIA – HOLANDIA __ : __ (__ : __)

17 czerwca, Lwów (Arena Lwiw)
DANIA – NIEMCY __ : __ (__ : __)

Poz.	Kraj	Mecze	Punkty	Bramki
1				
2				
3				
4				

GRUPA C

10 czerwca, Gdańsk (PGE Arena Gdańsk)
HISZPANIA – WŁOCHY __ : __ (__ : __)

10 czerwca, Poznań (Stadion Miejski)
IRLANDIA – CHORWACJA __ : __ (__ : __)

14 czerwca, Gdańsk (PGE Arena Gdańsk)
HISZPANIA – IRLANDIA __ : __ (__ : __)

14 czerwca, Poznań (Stadion Miejski)
WŁOCHY – CHORWACJA __ : __ (__ : __)

18 czerwca, Gdańsk (PGE Arena Gdańsk)
CHORWACJA – HISZPANIA __ : __ (__ : __)

18 czerwca, Poznań (Stadion Miejski)
WŁOCHY – IRLANDIA __ : __ (__ : __)

Mistrzostwa Europy 2010–2012

Poz.	Kraj	Mecze	Punkty	Bramki
1				
2				
3				
4				

GRUPA D

11 czerwca, Kijów (Stadion Olimpijski)
UKRAINA – SZWECJA __ : __ (__ : __)

11 czerwca, Donieck (Donbas Arena)
FRANCJA – ANGLIA __ : __ (__ : __)

15 czerwca, Kijów (Stadion Olimpijski)
SZWECJA – ANGLIA __ : __ (__ : __)

15 czerwca, Donieck (Donbas Arena)
UKRAINA – FRANCJA __ : __ (__ : __)

19 czerwca, Kijów (Stadion Olimpijski)
SZWECJA – FRANCJA __ : __ (__ : __)

19 czerwca, Donieck (Donbas Arena)
ANGLIA – UKRAINA __ : __ (__ : __)

Poz.	Kraj	Mecze	Punkty	Bramki
1				
2				
3				
4				

ĆWIERĆFINAŁY

21 czerwca, Warszawa (Stadion Narodowy)
_____ – _____ __ : __ (__ : __)
(1A – 2B)

22 czerwca, Gdańsk (PGE Arena Gdańsk)
_____ – _____ __ : __ (__ : __)
(1B – 2A)

23 czerwca, Donieck (Donbas Arena)
_____ – _____ __ : __ (__ : __)
(1C – 2D)

24 czerwca, Kijów (Stadion Olimpijski)
_____ – _____ __ : __ (__ : __)
(1D – 2C)

PÓŁFINAŁY
27 czerwca, Warszawa (Stadion Narodowy)
_____ – _____ __ : __ (__ : __)
(zwycięzca 1A – 2B ze zwycięzcą 1C – 2D)

28 czerwca, Kijów (Stadion Olimpijski)
_____ – _____ __ : __ (__ : __)
(zwycięzca 1B – 2A ze zwycięzcą 1D – 2C)

FINAŁ
1 lipca, Kijów (Stadion Olimpijski)
_____ – _____ __ : __ (__ : __)

DROGA BIAŁO-CZERWONYCH W ELIMINACJACH ME

MISTRZOSTWA EUROPY 1958–1960
28 czerwca 1959 r., Chorzów
POLSKA – HISZPANIA 2:4 (1:2)
Bramki: Polska – 34' Pol, 62' Brychczy; Hiszpania – 40' Suárez, 42' Di Stéfano, 52' Suárez, 56' Di Stéfano
Polska: Stefaniszyn, Szczepański, Korynt, Woźniak, Strzykalski, Zientara, Pol, Brychczy, Hachorek, Liberda, Baszkiewicz
Hiszpania: Ramallets, Olivella, Garay, Gracia, Segarra, Gensana, Tejada, Mateos, Di Stéfano, Suárez, Gento
Sędziował: Arthur Edward Ellis (Anglia)[8]

14 października 1959 r., Madryt
HISZPANIA – POLSKA 3:0 (1:0)
Bramki: Hiszpania – 30' Di Stéfano, 69' Gensana, 85' Gento
Hiszpania: Ramallets, Olivella, Garay, Gracia, Segarra, Gensana, Tejada, Kubala, Di Stéfano, Suárez, Gento
Polska: Stefaniszyn, Szczepański, Korynt, Monica, Majewski, Grzybowski, Zientara, Pol, Hachorek, Szarzyński, Baszkiewicz
Sędziował: Károly Balla (Węgry)

MISTRZOSTWA EUROPY 1962–1964
10 października 1962 r., Chorzów
POLSKA – IRLANDIA PŁN. 0:2 (0:1)
Bramki: Irlandia Płn. – 17' Dougan, 54' Humphries
Polska: Szymkowiak, Szczepański, Kawula, Oślizło, Budka, Blaut, Brychczy, Faber, Liberda, Gajda, Lentner
Irlandia Płn.: Irvine, Magill, Hatton, Elder, Blanchflower, Nicholson, Humphries, Barr, Dougan, McIlroy, Bingham
Sędziował: Milan Fenci (Czechosłowacja)[9]

---

[8] Według źródeł UEFA: Angel L. Rodriguez Mendizabal z Hiszpanii (przyp. red.).

[9] Według źródeł UEFA: Bertil Wilhelm Lööw ze Szwecji (przyp. red.).

Droga biało-czerwonych w eliminacjach ME

28 listopada 1962 r., Belfast
IRLANDIA PŁN. – POLSKA 2:0 (1:0)
Bramki: Irlandia Płn. – 9' Crossan, 64' Bingham
Irlandia Płn.: Irvine, Magill, Neill, Elder, Blanchflower, Nicholson, Bingham, Crossan, Dougan, McIlroy, Braithwaite
Polska: Szymkowiak, Szczepański, Oślizło, Śpiewak, Nieroba, Grzegorczyk, Gałeczka, Brychczy, Wilczek, Lentner, Faber
Sędziował: Othmar[10] Huber (Szwajcaria)

MISTRZOSTWA EUROPY 1966–1968

2 października 1966 r., Szczecin
POLSKA – LUKSEMBURG 4:0 (0:0)
Bramki: Polska – 49' Jarosik, 54' Liberda, 73' Grzegorczyk, 88' Sadek
Polska: Majcher, Strzałkowski, Orzechowski, Brejza, Anczok, Grzegorczyk, Schmidt, Sadek, Liberda, Jarosik, Kowalik
Luksemburg: Stendebach, Kuffer, Konter, Jeitz, Hoffstetter, Schneider, Hardt, Klein, Leonard, Hoffmann, Dublin
Sędziował: Erwin Vetter (NRD)

22 października 1966 r., Paryż
FRANCJA – POLSKA 2:1 (1:0)
Bramki: Francja – 26' Di Nallo, 85' Lech; Polska – 61' Grzegorczyk
Francja: Carnus, Djorkaeff, Robin, Budzinski, Chorda, Suaudeau, Simon, Herbet, Lech, Di Nallo, Courtin
Polska: Gomola, Gmoch, Strzałkowski, Oślizło, Anczok, Suski, Grzegorczyk, Sadek, Lubański, Liberda, Jarosik
Sędziował: Gerhard Schulenburg (RFN)

16 kwietnia 1967 r., Luksemburg
LUKSEMBURG – POLSKA 0:0
Luksemburg: Hoffmann, Kuffer, Jeitz, Ewen, Hoffstetter, Schmit, Konter, Klein, Pilot, Leonard, Dublin
Polska: Kornek, Strzałkowski, Gmoch, Oślizło, Anczok, Szołtysik, Schmidt, Hausner, Lubański, Musiałek, Jarosik
Sędziował: Einer Poulsen (Dania)

21 maja 1967 r., Chorzów
POLSKA – BELGIA 3:1 (2:0)
Bramki: Polska – 28' Lubański, 41' Lubański, 72' Szołtysik; Belgia – 52' Puis
Polska: Kornek, Kowalski, Strzałkowski, Gmoch, Anczok, Schmidt, Suski, Sadek, Szołtysik, Lubański, Liberda
Belgia: Nicolay, Heylens, Sulon, Plaskie, Bohez, Bettens, Jurion, van Moer, Stockman, van Himst, Puis
Sędziował: Toimi Olkku (Finlandia)

17 września 1967 r., Warszawa
POLSKA – FRANCJA 1:4 (1:2)
Bramki: Polska – 26' Brychczy; Francja – 13' Herbin, 34' Di Nallo, 63' Guy, 85' Di Nallo

---
[10] Według źródeł UEFA: Dittmar Huber (przyp. red.).

Droga biało-czerwonych w eliminacjach ME

Polska: Kostka, Kowalski, Gmoch, Oślizło, Anczok, Brychczy, Suski, Faber, Szołtysik, Lubański, Gadocha
Francja: Aubour, Djorkaeff, Mitoraj, Bosquier, Baeza, Michel, Herbin, Herbet, Guy, Di Nallo, Loubet
Sędziował: Ferdinand Marschall (Austria)

6 PAŹDZIERNIKA 1967 R., BRUKSELA
BELGIA – POLSKA 2:4 (2:2)
Bramki: Belgia – 15' Devrindt, 35' Devrindt; Polska – 26' Żmijewski, 45' Brychczy, 52' Żmijewski, 70' Żmijewski
Belgia: Nicolay, Heylens, Hanon, Plaskie, Baré, van den Berg, Thio, Haagdoren, Devrindt, van Himst, Puis
Polska: Kostka, Piechniczek, Gmoch, Oślizło, Szefer, Brejza, Brychczy, Schmidt, Żmijewski, Lubański, Faber
Sędziował: Juan Gardeazábal Garay (Hiszpania)

MISTRZOSTWA EUROPY 1970–1972
14 PAŹDZIERNIKA 1970 R., CHORZÓW
POLSKA – ALBANIA 3:0 (1:0)
Bramki: Polska – 19' Gadocha, 83' Lubański, 90' Szołtysik
Polska: Czaja, Stachurski, Wyrobek, Gorgoń, Musiał, Szołtysik, Deyna, Bula, Marx, Lubański, Gadocha
Albania: Dinelli, Frashëri, Kasmi, Cani, Dhales, Shllaku, Çeço, Rragami, Bizi, Pano, Zhega
Sędziował: Andreas Kouniaides (Cypr)

12 MAJA 1971 R., TIRANA
ALBANIA – POLSKA 1:1 (1:1)
Bramki: Albania – 32' Zhega; Polska – 7' Banaś
Albania: Dinella, Gjika, Kasmi, Cani, Dhales, Vaso (45' Berisha), Çeço, Rragami, Bizi, Pano, Zhega
Polska: Grotyński, Wraży, Wyrobek, Winkler, Anczok, Szołtysik, Deyna (69' Ćmikiewicz), Blaut, Banaś, Lubański, Gadocha (46' Kozerski)
Sędziował: Robert Héliès (Francja)

22 WRZEŚNIA 1971 R., KRAKÓW
POLSKA – TURCJA 5:1 (1:0)
Bramki: Polska – 33' Bula, 62' Lubański, 69' Gadocha, 73' Lubański, 90' Lubański; Turcja – 83' Nihat
Polska: Gomola, Anczok, Zygmunt, Gorgoń, Musiał, Szołtysik, Deyna (46' Jarosik), Bula, Banaś, Lubański, Gadocha
Turcja: Ali, Abdurrahman, Ercan, Muzaffer, Zekeriya, Jusuf (32' Sanli), Kumuran, Vahap, Metin, Fethi, Cemil (72' Nihat)
Sędziował: Antoine Queudeville (Luksemburg)

10 PAŹDZIERNIKA 1971 R., WARSZAWA
POLSKA – RFN 1:3 (1:1)
Bramki: Polska – 28' Gadocha; RFN – 29' G. Müller, 64' G. Müller, 70' Grabowski
Polska: Tomaszewski, Musiał, Oślizło, Gorgoń, Anczok, Szołtysik, Bula (46' Kot), Maszczyk, Banaś (60' Sadek), Lubański, Gadocha

Droga biało-czerwonych w eliminacjach ME

RFN: Maier, Breitner, Beckenbauer, Fichtel, Schwarzenbeck, Wimmer, Köppel, Netzer, Grabowski, G. Müller, Heynckes
Sędziował: Ferdinand Marschall (Austria)

17 LISTOPADA 1971 R., HAMBURG
RFN – POLSKA 0:0
RFN: Maier, Höttges, Beckenbauer, Weber (83' Hoeneß), Schwarzenbeck, Wimmer (73' Köppel), Fichtel, Overath, Libuda, G. Müller, Grabowski
Polska: Szeja, Szymanowski, Ostafiński, Gorgoń, Anczok (64' Wyrobek), Szołtysik, Deyna, Blaut, Marx, Lubański, Lato (85' Bula)
Sędziował: William Joseph Mullan (Szkocja)

5 GRUDNIA 1971 R., IZMIR
TURCJA – POLSKA 1:0 (0:0)
Bramka: Turcja – 52' Cemil
Turcja: Yasin, Ekrem, Muzaffer, Özer, Zekeriya (80' Vahit), Vedat, Mehmet, Cemil, Ayfer, Metin, Ender (46' Četin)
Polska: Szeja, Szymanowski, Ostafiński, Gorgoń, Musiał, Szołtysik, Deyna (70' Bula), Blaut, Lato, Marx, Gadocha (63' Jarosik)
Sędziował: Petyr Nikołow (Bułgaria)

MISTRZOSTWA EUROPY 1974–1976
1 WRZEŚNIA 1974 R., HELSINKI
FINLANDIA – POLSKA 1:2 (1:1)
Bramki: Finlandia – 3' Rahja; Polska – 23' Szarmach, 51' Lato
Finlandia: Alaja, Forssell, Tolsa, Vihtilä, Ranta, Suomalainen, Rahja (81' Nikkanen), Heiskanen, Toivola, Paatelainen (64' Manninen), Laine
Polska: Tomaszewski, Szymanowski, Gorgoń, Bulzacki, Musiał, Ćmikiewicz, Kasperczak (77' Kusto), Maszczyk, Lato, Szarmach, Gadocha
Sędziował: John Wright Paterson (Szkocja)

9 PAŹDZIERNIKA 1974 R., POZNAŃ
POLSKA – FINLANDIA 3:0 (2:0)
Bramki: Polska – 12' Kasperczak, 14' Gadocha, 53' Lato
Polska: Tomaszewski, Szymanowski, Ostafiński, Wyrobek, Drzewiecki, Kasperczak (53' Jakóbczak), Deyna, Bula, Lato, Szarmach (74' Marx), Gadocha
Finlandia: Holli, Saari, Tolsa, Vihtilä, Ranta, Heiskanen (46' Petterson), Suomalainen, Rahja, Toivola, Rissanen (46' Laine), Paatelainen
Sędziował: Dušan Maksimović (Jugosławia)

19 KWIETNIA 1975 R., RZYM
WŁOCHY – POLSKA 0:0
Włochy: Zoff, Gentile, Rocca, Bellugi, Facchetti, Cordova, Graziani, Morini, Antognoni, Chinaglia, Pulici
Polska: Tomaszewski, Szymanowski, Gorgoń, Żmuda, Wawrowski, Maszczyk, Deyna, Kasperczak (46' Ćmikiewicz), Lato, Szarmach, Gadocha
Żółte kartki: Włochy – Pulici; Polska – Szarmach
Sędziował: Robert Héliès (Francja)

Droga biało-czerwonych w eliminacjach ME

10 WRZEŚNIA 1975 R., CHORZÓW
POLSKA – HOLANDIA 4:1 (2:0)
Bramki: Polska – 15' Lato, 44' Gadocha, 64' Szarmach, 74' Szarmach; Holandia – 81' R. van de Kerkhof
Polska: Tomaszewski, Szymanowski, Bulzacki, Żmuda, Wawrowski, Kasperczak, Deyna, Maszczyk, Lato, Szarmach, Gadocha
Holandia: van Beveren, Suurbier, van Kraay, Overweg, Krol, Jansen, van Hanegem (46' Geels), Neeskens, van der Kuijlen, Cruijff, R. van de Kerkhof
Sędziował: Patrick Partridge (Anglia)

Mecz Polska – Holandia, 10 września 1975 r.; w barwach polskich od lewej do prawej: Kazimierz Deyna, Robert Gadocha, Andrzej Szarmach.

15 PAŹDZIERNIKA 1975 R., AMSTERDAM
HOLANDIA – POLSKA 3:0 (1:0)
Bramki: Holandia – 14' Neeskens, 46' Geels, 59' Thijssen
Holandia: Schrijvers, Suurbier, van Kraay, Krijgh, Krol, Jansen, Thijssen, Neeskens, Geels, Cruijff, R. van de Kerkhof
Polska: Tomaszewski, Szymanowski, Bulzacki, Żmuda, Wawrowski, Kasperczak, Deyna, Maszczyk (67' Bula), Lato, Szarmach, Gadocha
Żółta kartka: Holandia – Cruijff
Sędziował: Károly Palotai (Węgry)

26 PAŹDZIERNIKA 1975 R., WARSZAWA
POLSKA – WŁOCHY 0:0
Polska: Tomaszewski, Szymanowski, Ostafiński, Żmuda, Wawrowski, Kasperczak, Deyna, Bula (59' Marx), Lato, Szarmach, Gadocha (78' Kmiecik)
Włochy: Zoff, Gentile, Bellugi, Rocca, Facchetti, Cuccureddu, Benetti, Antognoni (85' Zaccarelli), Causio, Anastasi (66' Bettega), Pulici
Żółte kartki: Polska – Żmuda; Włochy – Gentile
Sędziował: Paul Schiller (Austria)

MISTRZOSTWA EUROPY 1978–1980

6 września 1978 r., Reykjavik
ISLANDIA – POLSKA 0:2 (0:1)
Bramki: Polska – 24' Kusto, 85' Lato
Islandia: Stefánsson, Torfason, J. Edvaldsson, G. Pétursson[11], Sveinsson, A. Edvaldsson, Hilmarsson (66' Albertsson), Thordarsson, Thorbjörsson, Gudlaugsson, B. Pétursson[12]
Polska: Kukla, Szymanowski, Majewski, Maculewicz, Rudy, Błachno, Ćmikiewicz, Masztaler, Lato, Boniek, Kusto
Żółta kartka: Polska – Masztaler
Sędziował: Hugh Perry[13] (Irlandia Płn.)

15 listopada 1978 r., Wrocław
POLSKA – SZWAJCARIA 2:0 (1:0)
Bramki: Polska – 39' Boniek, 58' Ogaza
Polska: Kukla, Szymanowski, Żmuda, Maculewicz, Majewski (84' Rudy), Ćmikiewicz, Boniek, Nawałka, Lato, Ogaza, Terlecki
Szwajcaria: Engel, Brechbühl, Chapuisat, Montandon, Bizzini, Meyer, Barberis, Schnyder, Botteron, Sulser, Elsener (46' Ponte)
Żółta kartka: Szwajcaria – Meyer
Sędziował: Franz Wöhrer (Austria)

18 kwietnia 1979 r., Lipsk
NRD – POLSKA 2:1 (0:1)
Bramki: NRD – 50' Streich, 63' Lindemann; Polska – 7' Boniek
NRD: Grapenthin, Kische, Dörner, Weise, Weber, Häfner, Schade (46' Pommerenke), Lindemann, Riediger, Streich, Hoffmann
Polska: Kukla, Dziuba (64' Rudy), Janas, Żmuda, Szymanowski, Majewski (76' Wróbel), Ćmikiewicz, Boniek, Nawałka, Lato, Ogaza
Żółta kartka: Polska – Boniek
Sędziował: Eldar Azim-Zade (ZSRR)

2 maja 1979 r., Chorzów
POLSKA – HOLANDIA 2:0 (1:0)
Bramki: Polska – 20' Boniek, 65' Mazur
Polska: Kukla, Dziuba, Szymanowski, Żmuda, Płaszewski, Lipka, Boniek, Nawałka, Lato, Ogaza, Terlecki (46' Mazur)
Holandia: Schrijvers, Stevens, Krol, Brandts, Hovenkamp, Peters, Jansen, W. van de Kerkhof, R. van de Kerkhof (46' Geels), Kist, Rensenbrink (73' Metgod)
Sędziował: Robert Charles Wurtz (Francja)

12 września 1979 r., Lozanna
SZWAJCARIA – POLSKA 0:2 (0:1)
Bramki: Polska – 34' Terlecki, 63' Terlecki
Szwajcaria: Burgener, Brechbühl, Zappa, Lüdi, Bizzini, Schnyder, Barberis, Andrey, Pfister, Sulser (70' Egli), Ponte

---

[11] Według źródeł UEFA: Jon Pétursson (przyp. red.).
[12] Według źródeł UEFA: Pétur Pétursson (przyp. red.).
[13] Według źródeł UEFA: Thomas Perry z Holandii (przyp. red.).

Droga biało-czerwonych w eliminacjach ME

Polska: Kukla, Dziuba, Janas, Wieczorek, Rudy, Majewski (85' Szymanowski), Boniek, Nawałka, Lato, Kmiecik (85' Mazur), Terlecki
Sędziował: Otto Anderco (Rumunia)

26 WRZEŚNIA 1979 R., CHORZÓW
POLSKA – NRD 1:1 (0:0)
Bramki: Polska – 77' Wieczorek; NRD – 62' Häfner
Polska: Kukla, Dziuba (70' Mazur), Szymanowski, Janas, Rudy, Lipka, Boniek, Nawałka (74' Wieczorek), Lato, Ogaza, Terlecki
NRD: Grapenthin, Kische, Brauer, Dörner, Weise, Schnuphase, Häfner, Lindemann, Weber, Riediger, Hoffmann
Sędziował: Patrick Partridge (Anglia)

10 PAŹDZIERNIKA 1979 R., KRAKÓW
POLSKA – ISLANDIA 2:0 (0:0)
Bramki: Polska – 55' Ogaza, 74' Ogaza
Polska: Kukla, Janas, Szymanowski, Rudy, Lipka, Wieczorek, Boniek, Nawałka, Lato, Ogaza, Terlecki (54' Sybis)
Islandia: Bjarnason, Oskarsson, J. Edvaldsson, Gudmundsson, Haraldsson, A. Edvaldsson, Geirsson, Sigurvinsson, Sveinsson, Thordarson, Pétursson
Żółte kartki: Islandia – J. Edvaldsson, Pétursson
Sędziował: Henning Lund-Sørensen (Dania)

17 PAŹDZIERNIKA 1979 R., AMSTERDAM
HOLANDIA – POLSKA 1:1 (0:1)
Bramki: Holandia – 66' Stevens; Polska – 39' Rudy
Holandia: Schrijvers, Wijnstekers, Krol, Brandts (46' La Ling), Hovenkamp, W. van de Kerkhof, Stevens, Jansen, Rep, Kist, Tahamata
Polska: Kukla, Dziuba, Szymanowski, Janas, Rudy, Lipka, Boniek, Nawałka, Lato, Sybis (71' Mazur), Terlecki
Żółta kartka: Polska – Janas
Sędziował: Paolo Casarin (Włochy)

MISTRZOSTWA EUROPY 1982–1984
8 WRZEŚNIA 1982 R., KUOPIO
FINLANDIA – POLSKA 2:3 (0:2)
Bramki: Finlandia – 83' Valvee, 84' Kousa; Polska – 16' Smolarek, 28' Dziekanowski, 72' Kupcewicz
Finlandia: Huttunen, Lahtinen, Kymäläinen, Granskog, Pekonen, Turunen, Ikäläinen, Rautiainen, Himanka (71' Kousa), Ismail (63' Valvee), Remes
Polska: Kazimierski, Majewski, Dolny, Janas, Jałocha, Buncol, Kupcewicz, Ciołek, Dziekanowski (75' Mazur), Boniek, Smolarek
Sędziował: Marcel van Langenhove (Belgia)

10 PAŹDZIERNIKA 1982 R., LIZBONA
PORTUGALIA – POLSKA 2:1 (1:0)
Bramki: Portugalia – 2' Nené, 82' Gomes; Polska – 90' Król
Portugalia: Bento, Pietra, Humberto Coelho, Bastos Lopes, Veloso, Inacio, Gomes, Alves (36' Vieira), Nené, Oliveira (83' Costa), Carlos Manuel

Droga biało-czerwonych w eliminacjach ME

Polska: Kazimierski, Majewski, Janas, Król, Jałocha, Boniek, Wójcicki, Adamiec, Buncol, Mazur (46' Dziuba), Dziekanowski
Żółte kartki: Portugalia – Inacio; Polska – Janas
Sędziował: Franz Wöhrer (Austria)

17 KWIETNIA 1983 R., WARSZAWA
POLSKA – FINLANDIA 1:1 (1:1)
Bramki: Polska – 2' Smolarek; Finlandia – 5' Janas (samobójcza)
Polska: Młynarczyk, Majewski, Janas, Wójcicki, Jałocha, Buncol, Kupcewicz, Ciołek (65' Buda), Smolarek, Boniek, Okoński
Finlandia: Isoaho, Pekonen, Kymäläinen, Granskog, Remes (42' Lahtinen), Turunen, Houtsonen, Ismail, Ukkonen, Lipponen (65' Hjolm), Hakala
Żółte kartki: Polska – Wójcicki, Buncol; Finlandia – Lahtinen
Sędziował: Reidar Bjørnestad (Norwegia)

22 MAJA 1983 R., CHORZÓW
POLSKA – ZSRR 1:1 (1:0)
Bramki: Polska – 20' Boniek; ZSRR – 63' Wójcicki (samobójcza)
Polska: Młynarczyk, Majewski, Janas, Wójcicki, Jałocha, Kensy, Kupcewicz (75' Iwan), Wijas, Buncol, Boniek, Smolarek (81' Dziekanowski)
ZSRR: Dasajew, Bezsonow, Cziwadze, Bałtacza, Demjanenko, Barouski, Sulakwelidze, Czerienkow, Łarionow, Oganesjan (86' Bal), Błochin (75' Andriejew)
Sędziował: Luigi Agnolin (Włochy)

9 PAŹDZIERNIKA 1983 R., MOSKWA
ZSRR – POLSKA 2:0 (1:0)
Bramki: ZSRR – 10' Demjanenko, 62' Błochin
ZSRR: Dasajew, Sulakwelidze, Cziwadze, Bałtacza, Demjanenko, Bal, Czerienkow, Oganesjan, Jewtuszenko (46' Tarchanow), Gawriłow (85' Burjak), Błochin
Polska: Młynarczyk, Majewski, Wójcicki, Król, Urbanowicz, Buda, Wijas, Kensy, Buncol (23' Prusik), Boniek, Smolarek (68' Dziekanowski)
Żółta kartka: ZSRR – Bałtacza
Sędziował: Jan Keizer (Holandia)

Mecz Polska – ZSRR, 22 maja 1983 r.; przy piłce Włodzimierz Smolarek.

Droga biało-czerwonych w eliminacjach ME

28 PAŹDZIERNIKA 1983 R., WROCŁAW
POLSKA – PORTUGALIA 0:1 (0:0)
Bramka: Portugalia – 81' Carlos Manuel
Polska: Młynarczyk, Majewski, Wijas, Wójcicki, Jałocha, Ciołek, Kensy (68' Pałasz), Prusik, Ostrowski (46' Okoński), Iwan, Smolarek
Portugalia: Bento, Pinto, Inacio, Pereira, Eurico, Carlos Manuel, Nené (82' Diamantino), Luis, Gomes, Pacheco, Costa (46' Lobo)
Żółte kartki: Portugalia – Pereira, Luis
Sędziował: Ulf Eriksson (Szwecja)

MISTRZOSTWA EUROPY 1986–1988

15 PAŹDZIERNIKA 1986 R., POZNAŃ
POLSKA – GRECJA 2:1 (2:1)
Bramki: Polska – 4' Dziekanowski, 40' Dziekanowski; Grecja – 13' Anastopoulos
Polska: Kazimierski, Pawlak, Król, Ostrowski, Prusik, Karaś, Matysik, Tarasiewicz, Leśniak, Dziekanowski (46' Urban), Smolarek (65' Baran)
Grecja: Minou, Xanthopoulos, Manolas, Michos, Alavantas, Mavridis (74' Batsinilas), Skartados (87' Apostolakis), Antoniou, Kofidis, Anastopoulos, Saravakos
Sędziował: Emilio Soriano Aladrén (Hiszpania)

19 LISTOPADA 1986 R., AMSTERDAM
HOLANDIA – POLSKA 0:0
Polska: Kazimierski, Pawlak, Król, Wójcicki, Wdowczyk, Rudy (46' Tarasiewicz), Karaś, Prusik, Boniek, Dziekanowski (66' Urban), Smolarek
Holandia: van Breukelen, Silooy, Spelbos, Rijkaard, van Tiggelen, Wouters, Gullit, R. Koeman (46' Bosman), van 't Schip, van Basten, Tahamata (73' van der Gijp)
Żółta kartka: Polska – Król
Sędziował: Joël Quiniou (Francja)

12 KWIETNIA 1987 R., GDAŃSK
POLSKA – CYPR 0:0
Polska: Kazimierski, Prusik, Król, Wdowczyk, Wijas, Dziekanowski (66' Iwanicki), Karaś, Okoński, Urban, Smolarek, Furtok (46' Bajer)
Cypr: Charitou, Pittas, N. Pantziaras, Mirzos, Miamiliotis, Tsigis (86' K. Pantziaras), Sawa, Maragos, Yiangoudakis, Nicolau, Savides
Sędziował: Simo Ruokonen (Finlandia)

29 KWIETNIA 1987 R., ATENY
GRECJA – POLSKA 1:0 (0:0)
Bramka: Grecja – 58' Saravakos
Grecja: Papadopoulos, Alavantas, Vamvakoulas, Michos, Manolas, Bosnovas, Skartados (73' Xanthopoulos), Antonion, Kofidis, Anastopoulos, Saravakos (88' Papaioanou)
Polska: Kazimierski, Pawlak, Wójcicki, Król, Wdowczyk, Matysik, Ostrowski (58' Prusik), Tarasiewicz, Dziekanowski, Furtok (66' Leśniak), Smolarek
Żółta kartka: Polska – Ostrowski
Sędziował: Zoran Petrović (Jugosławia)

Droga biało-czerwonych w eliminacjach ME

17 maja 1987 r., Budapeszt
WĘGRY – POLSKA 5:3 (1:1)
Bramki: Węgry – 38' Vincze, 60' Détári, 65' Peter, 75' Détári, 83' Preszeller; Polska –
27' Marciniak, 52' Smolarek, 80' Wójcicki
Węgry: Gáspar, Farkas, Hires, Szalai, Peter (67' Preszeller), Garaba, Détári, Kiprich, Rostas
(46' Kékesi), Szekeres, Vincze
Polska: Wandzik, Pawlak, Wójcicki, Król, Wdowczyk, Prusik, Matysik, Tarasiewicz
(46' Leśniak), Urban (64' Przybyś), Marciniak, Smolarek
Żółte kartki: Węgry – Garaba, Farkas; Polska – Marciniak
Sędziował: Adolf Prokop (NRD)

23 września 1987 r., Warszawa
POLSKA – WĘGRY 3:2 (1:1)
Bramki: Polska – 6' Dziekanowski, 58' Tarasiewicz, 62' Leśniak; Węgry – 10' Bognar,
64' Meszaros
Polska: Wandzik, Grembocki, Dankowski (46' Araszkiewicz), Król, Cisek (66' Jakołcewicz),
Tarasiewicz, Iwan, Prusik, Urban, Dziekanowski, Leśniak
Węgry: Disztl, Toma, Sallai, Garaba, Kovács, Peter, Haredi, Détári, Bognar (81' Fitos),
Meszaros, Szekeres (81' Handel)
Żółte kartki: Polska – Cisek; Węgry – Haredi, Peter
Sędziował: Ihsan Türe (Turcja)

14 października 1987 r., Zabrze
POLSKA – HOLANDIA: 0:2 (0:2)
Bramki: Holandia – 31' Gullit, 39' Gullit
Polska: Szczech, Przybyś, Król, Prusik, Kostrzewa, Karaś (46' Jakołcewicz), Iwan,
Tarasiewicz, Urban, Dziekanowski, Araszkiewicz (68' Robakiewicz)
Holandia: van Breukelen, van Tiggelen, Spelbos, R. Koeman, Silooy, Vanenburg, van Aerle,
Mühren, van 't Schip, van Basten (79' Winter), Gullit
Sędziował: Robert Valentine (Szkocja)

11 listopada 1987 r., Limassol
CYPR – POLSKA 0:1 (0:0)
Bramka: Polska – 73' Leśniak
Cypr: Charitou, Miamiliotis, Socratous, Christoforou, Pittas, Savva, Yiangoudakis, Nicolaou
(74' Tsigis), Savvides, L. Mavroudis, Xiourouppas (60' G. Mavroudis)
Polska: Wandzik, Prusik, Król, Wenclewski, Wdowczyk, Tarasiewicz, Rudy, Dziekanowski,
Urban (59' K. Warzycha), Leśniak, Araszkiewicz (46' R. Warzycha)
Sędziował: Dimityr Szarłaczki (Bułgaria)

MISTRZOSTWA EUROPY 1990–1992
17 października 1990 r., Londyn
ANGLIA – POLSKA 2:0 (1:0)
Bramki: Anglia – 39' Lineker, 89' Beardsley
Anglia: Woods, Dixon, Wright, Parker, Walker, Pearce, Platt, Gascoigne, Barnes, Bull
(58' Waddle), Lineker (58' Beardsley)
Polska: Wandzik, Czachowski, Kaczmarek, Wdowczyk, R. Warzycha, Tarasiewicz,
Nawrocki, Szewczyk, Ziober, Furtok (76' K. Warzycha), Kosecki (86' Kubicki)
Sędziował: Tullio Lanese (Włochy)

Droga biało-czerwonych w eliminacjach ME

14 LISTOPADA 1991 R., STAMBUŁ
TURCJA – POLSKA 0:1 (0:1)
Bramka: Polska – 37' Dziekanowski
Turcja: Engin, Riza, Göghan, Bülend, Ülgen (67' Mehmet), Yusuf, Oğuz, Muhammet (67' Sercan), Unal, Tanju Çolak, Hami
Polska: Wandzik, Kubicki, Jakołcewicz, Kaczmarek, Wdowczyk, R. Warzycha, Nawrocki, Prusik, K. Warzycha, Dziekanowski (73' Ziober), Kosecki
Żółte kartki: Turcja – Göghan; Polska – R. Warzycha
Sędziował: Aleksiej Spirin (ZSRR)

17 KWIETNIA 1991 R., WARSZAWA
POLSKA – TURCJA 3:0 (0:0)
Bramki: Polska – 73' Tarasiewicz, 80' Urban, 87' Kosecki
Polska: Wandzik, Kubicki, Jakołcewicz, Kaczmarek (63' Czachowski), Wdowczyk, R. Warzycha, K. Warzycha, Urban, Tarasiewicz, Kosecki, Ziober (69' Soczyński)
Turcja: Engin, Riza, Tayfun Hut, Serdar, Keskin, Korkmaz, Uçar (73' Yiğit), Altintas, Özdilek, Tanju Çolak, Duran (60' Yildrim)
Żółte kartki: Turcja – Çolak, Korkmaz
Sędziował: Salomir Marian[14] (Rumunia)

1 MAJA 1991 R., DUBLIN
IRLANDIA – POLSKA 0:0
Irlandia: Bonner, Irwin, Moran, O'Leary, Staunton, Houghton, Sheedy, McGrath, Townsend, Quinn (72' Cascarino), Aldridge (69' Slaven)
Polska: Wandzik, Kubicki, Jakołcewicz, Soczyński, Wdowczyk, R. Warzycha, Tarasiewicz, Czachowski, Szewczyk, Urban (87' Gębura), Furtok, (89' Kosecki)
Żółte kartki: Polska – Soczyński, Tarasiewicz, R. Warzycha
Sędziował: John Blankenstein (Holandia)

16 PAŹDZIERNIKA 1991 R., POZNAŃ
POLSKA – IRLANDIA 3:3 (0:1)
Bramki: Polska – 54' Czachowski, 76' Furtok, 86' Urban; Irlandia – 11' McGrath, 62' Townsend, 69' Cascarino
Polska: Wandzik, Kubicki (33' Lesiak), Soczyński, Wdowczyk, Kosecki, Czachowski, Tarasiewicz, Nawrocki (80' Skrzypczak), Ziober, Urban, Furtok
Irlandia: Bonner, Irwin, O'Leary, Moran, Staunton (58' Phelan), McGrath, Townsend, Morris, Keane, Cascarino, Sheedy
Żółte kartki: Polska – Furtok; Irlandia – Staunton
Sędziował: Guy Goethals (Belgia)

13 LISTOPADA 1991 R., POZNAŃ
POLSKA – ANGLIA 1:1 (1:0)
Bramki: Polska – 32' Szewczyk; Anglia – 77' Lineker
Polska: Bako, Soczyński, Szewczyk (77' Fedoruk), Wałdoch, Warzycha, Czachowski, Skrzypczak (79' Kowalczyk), Ziober, Kosecki, Urban, Furtok
Anglia: Woods, Dixon, Walker, Mabbutt, Pearce, Rocastle, Platt, Gray (46' Smith), Sinton (71' Daley), Thomas, Lineker
Żółte kartki: Polska – Ziober; Anglia – Rocastle
Sędziował: Hubert Forstinger (Austria)

---

[14] Według źródeł UEFA: Mircea Lucian Salomir (przyp. red.).

Droga biało-czerwonych w eliminacjach ME

MISTRZOSTWA EUROPY 1994–1996

4 WRZEŚNIA 1994 R., TEL AWIW
IZRAEL – POLSKA 2:1 (1:0)
Bramki: Izrael – 44' R. Harazi, 59' R. Harazi; Polska – 80' Kosecki
Izrael: Ginzburg, Balbul, A. Harazi, Hazan, Glam, Klinger, Berkovitz (87' Levi), Revivo, Banin, R. Harazi, Rosenthal (88' Atar)
Polska: Wandzik, Bąk, Szewczyk, Wałdoch, Łapiński, Maciejewski, Jałocha (46' Czerwiec), Brzęczek, Kosecki, Kowalczyk, Mielcarski (60' Gęsior)
Żółte kartki: Izrael – Banin, Balbul; Polska – Brzęczek, Łapiński
Sędziował: Frans van der Wijngaert (Belgia)

12 PAŹDZIERNIKA 1994 R., MIELEC
POLSKA – AZERBEJDŻAN 1:0 (0:0)
Bramka: Polska – 46' Juskowiak
Polska: Wandzik, Jaskulski, Łapiński (80' Maciejewski), Wałdoch, Świerczewski, Czereszewski, Brzęczek, Koźmiński (69' Fedoruk), Kosecki, Juskowiak, Jakołcewicz[15], Warzycha
Azerbejdżan: Żydkow, Ałłachwerdijew, Kerimow, Achmedow, Asadow, Abuszew (90' Gurbanow), Husejnow, Dinijew, Mardanow, Kasumow, Alekperow
Żółte kartki: Azerbejdżan – Ałłachwerdijew, Abuszew, Achmedow
Sędziował: Ilka Koho (Finlandia)

16 LISTOPADA 1994 R., ZABRZE
POLSKA – FRANCJA 0:0
Polska: Wandzik, Jaskulski, M. Świerczewski, Wałdoch, Koźmiński (30' Bąk), P. Świerczewski, Czereszewski, Kosecki, Bałuszyński (81' Gęsior), Warzycha, Juskowiak
Francja: Lama, Di Meco, Roche, Blanc, Angloma, Le Guen, Desailly, Cantona, Karembeu, Pedros (26' Djorkaeff), Ouédec (77' Dugarry)
Żółte kartki: Francja – Karembeu, Angloma
Czerwona kartka: Francja – 50' Karembeu
Sędziował: Angelo Amendolia (Włochy)

29 MARCA 1995 R., BUKARESZT
RUMUNIA – POLSKA 2:1 (1:1)
Bramki: Rumunia – 44' Răduciou, 54' Wandzik (samobójcza); Polska – 41' Juskowiak
Rumunia: Stelea, Petrescu, Prodan, Belodedici, Selymes, Popescu, Lăcătuș (46' Lupu), Hagi (87' Vlădoiu), Munteanu, Răducioiu, Dumitrescu
Polska: Wandzik, Jaskulski, M. Świerczewski, Wałdoch, P. Świerczewski, Kosecki, Nowak (57' Wieszczycki), Czereszewski (72' Sokołowski), Bałuszyński, Juskowiak, Warzycha
Żółte kartki: Rumunia – Lupu; Polska – Jaskulski, Kosecki
Czerwona kartka: Polska – 73' Jaskulski
Sędziował: Kurt Röthlisberger (Szwajcaria)

26 KWIETNIA 1995 R., ZABRZE
POLSKA – IZRAEL 4:3 (1:2)
Bramki: Polska – 1' Nowak, 49' Juskowiak, 54' Kowalczyk, 61' Kosecki; Izrael – 38' Rosenthal, 43' Revivo, 78' Zohar

---

[15] Według źródeł UEFA Jakołcewicz nie występował w tym meczu (Polacy grali w składzie 11-osobowym) – przyp. red.

Droga biało-czerwonych w eliminacjach ME

Polska: Wandzik, Łapiński, M. Świerczewski, Wałdoch, Nowak (46' Bałuszyński), P. Świerczewski, Kosecki, Koźmiński, Juskowiak, Kowalczyk, Bukalski (81' Wieszczycki)
Izrael: Ginzburg, Halfon, Glam, Hazan, A. Harazi, Rosenthal, Klinger, Banin, Berkovitz, Revivo, Mizrachi (73' Zohar)
Sędziował: Anders Frisk (Szwecja)

7 CZERWCA 1995 R., ZABRZE
POLSKA – SŁOWACJA 5:0 (1:0)
Bramki: Polska – 10' Juskowiak, 58' Wieszczycki, 63' Kosecki, 70' Nowak, 72' Juskowiak
Polska: Szczęsny, Jaskulski (74' Czereszewski), Zieliński, Wałdoch, Bukalski, Nowak, Kosecki, Świerczewski, Koźmiński, Juskowiak, Kowalczyk (46' Wieszczycki)
Słowacja: Vencel, Kozák (59' Penksa), Glonek, Praženica, Zeman, Tomaschek, Krištofík (71' Weiss), Moravčik, Solar, Timko, Dubovský
Żółte kartki: Polska – Jaskulski, Koźmiński, Wieszczycki; Słowacja – Glonek, Tomaschek, Timko
Sędziował: Robert Sedlacek (Austria)

Mecz Polska – Słowacja, 7 czerwca 1995 r.

16 SIERPNIA 1995 R., PARYŻ
FRANCJA – POLSKA 1:1 (0:1)
Bramki: Francja – 86' Djorkaeff; Polska – 34' Juskowiak
Francja: Lama, Angloma (66' Karembeu), Thuram, Lebeouf (70' Djorkaeff), Lizarazu, Deschamps, Desailly, Zidane, Guerin, Dugarry, Ginola (64' Pedros)
Polska: Woźniak, Łapiński, Zieliński, Wałdoch, Koźmiński, Iwan, Świerczewski, Nowak (57' Czerwiec), Kosecki (72' Wojtala), Kowalczyk (60' Bukalski), Juskowiak
Żółte kartki: Francja – Guerin, Zidane; Polska – Zieliński, Iwan
Czerwona kartka: Polska – 57' Łapiński
Sędziował: Manuel Díaz Vega (Hiszpania)

Droga biało-czerwonych w eliminacjach ME

6 września 1995 r., Zabrze
POLSKA – RUMUNIA 0:0
Polska: Woźniak, Jaskulski, Zieliński, Koźmiński, Iwan (76' Czerwiec), Świerczewski, Wałdoch, Wieszczycki (67' Podbrożny), Bednarz (62' Bukalski), Kosecki, Juskowiak
Rumunia: Stelea, Prodan, Popescu, Mihali, Petrescu, Lăcătuş (84' Timofte), Lupescu, Sabău, Munteanu (74' Gâlcă), Selymes, Vlădoiu (64' Panduru)
Żółte kartki: Polska – Świerczewski, Bukalski; Rumunia – Sabău, Lăcătuş, Mihali, Gâlcă
Sędziował: Dermot Gallagher (Anglia)

11 października 1995 r., Bratysława
SŁOWACJA – POLSKA 4:1 (1:1)
Bramki: Słowacja – 31' Dubovský, 67' Jančula, 76' Ujlaky, 81' Simon; Polska – 19' Juskowiak
Słowacja: Molnár, Tittel, Kinder, Zeman, Karhan, Juriga (70' Ujlaky), Bališ, Simon, Moravčík, Jančula (86' Bochnovič), Dubovský
Polska: Woźniak, Wałdoch, Zieliński, Łapiński, Koźmiński (58' Bednarz), Świerczewski, Bukalski, Iwan, Bałuszyński (79' Czereszewski), Kosecki, Juskowiak
Sędziował: Jorge Coroado (Portugalia)

15 listopada 1995 r., Trabzon (Turcja)
AZERBEJDŻAN – POLSKA 0:0
Azerbejdżan: Żydkow, Getman, Gajsumow, Achmiedow, Wagabzade, Abuszew, Agajew, Rzajew (72' K. Gurbanow), Nosenko[16] (68' M. Gurbanow), Sulejmanow (85' Łyczkin), Kasumow
Polska: Woźniak, Jaskulski, Świerczewski, Wałdoch, Bukalski (71' Lenart), Czerwiec, Czereszewski, Wojtala, Sokołowski, Majak (46' Siadaczka), Bałuszyński (66' Kuźba)
Żółta kartka: Azerbejdżan – Achmiedow
Sędziował: Leslie Mottram (Szkocja)

MISTRZOSTWA EUROPY 1998–2000

6 września 1998 r., Burgas
BUŁGARIA – POLSKA 0:3 (0:2)
Bramki: Polska – 19' Czereszewski, 45' Czereszewski, 48' Iwan
Bułgaria: Zdrawkow, Kiszyszew, Zagorčić (50' I. Petkow), Ginczew, M. Petkow (46' Gruew), Jordanow, Borimirow (46' Trendafiłow[17]), Stoiczkow, Sirakow, Donew, Baczew
Polska: Sidorczuk, Hajto (69' Kłos), Łapiński, Zieliński, Bąk, Siadaczka, Iwan, Brzęczek, Czereszewski, Świerczewski (77' Michalski), Trzeciak (84' Juskowiak)
Żółte kartki: Bułgaria – Zagorčić, Kiszyszew; Polska – Bąk, Świerczewski, Hajto, Brzęczek, Iwan
Sędziował: Marc Batta (Francja)

10 października 1998 r., Warszawa
POLSKA – LUKSEMBURG 3:0 (2:0)
Bramki: Polska – 18' Brzęczek, 33' Juskowiak, 63' Trzeciak
Polska: Matysek, Zieliński, Łapiński, Hajto (59' Majak), Czereszewski (74' Bąk), Brzęczek, Świerczewski, Ratajczyk (70' Siadaczka), Juskowiak, Iwan, Trzeciak
Luksemburg: Koch, Ferron, Birsens, Funck, Strasser, Holtz (71' Afrika), Theis (46' F. Deville), Saibene, Cardoni, L. Deville, Marcel (75' Thill)

---
[16] Według źródeł UEFA: Władysław Kadyrow (przyp. red.).
[17] Według źródeł UEFA: Mitko Iwanow (przyp. red.).

Droga biało-czerwonych w eliminacjach ME

Żółte kartki: Polska – Zieliński; Luksemburg – Ferron, L. Deville
Czerwona kartka: Luksemburg – 29' Brisens
Sędziował: Bujar Pregja (Albania)

27 marca 1999 r., Londyn
ANGLIA – POLSKA 3:1 (2:1)
Bramki: Anglia – 11' Scholes, 22' Scholes, 71' Scholes; Polska – 28' Brzęczek
Anglia: Seaman, G. Neville, Keown, Campbell, Le Saux, Beckham (78' P. Neville), Sherwood, Scholes (85' Redknapp), McManaman (70' Parlour), Shearer, Cole
Polska: Matysek, Hajto, Łapiński, Zieliński, Ratajczyk, Świerczewski (46' Kłos), Bąk, Brzęczek, Iwan, Siadaczka (68' Kowalczyk), Trzeciak (85' Juskowiak)
Żółte kartki: Anglia – Scholes, Sherwood; Polska – Ratajczyk, Hajto
Sędziował: Vítor Mello Perreira (Portugalia)

31 marca 1999 r., Chorzów
POLSKA – SZWECJA 0:1 (0:1)
Bramka: Szwecja – 36' Ljungberg
Polska: Sidorczuk, Wałdoch, Łapiński, Zieliński, Siadaczka (83' Adamczuk), Iwan, Michalski (88' Bąk), Brzęczek, Majak, Juskowiak (69' Kowalczyk), Trzeciak
Szwecja: Hedman, Kåmark, P. Andersson, Björklund, Lucic, Mild, Schwarz, Mjälby (74' Alexandersson), Ljungberg, Larsson (87' Pettersson), K. Andersson
Sędziował: Markus Merk (Niemcy)

5 czerwca 1999 r., Warszawa
POLSKA – BUŁGARIA 2:0 (1:0)
Bramki: Polska – 16' Hajto, 62' Iwan
Polska: Matysek, Wałdoch, Łapiński, Zieliński, Hajto (80' Majak), Michalski, Iwan, Nowak (74' Brzęczek), Siadaczka, Wichniarek (59' Frankowski), Trzeciak
Bułgaria: Iwankow, Kiszyszew, Zagorčić, I. Petkow (80' Iliew), Markow, Kiriłow, Petrow, M. Petkow, Stoiłow, Stoiczkow (63' Iwanow), Jowow (46' Baczew)
Żółte kartki: Polska – Zieliński; Bułgaria – Jowow
Sędziował: Stefano Braschi (Włochy)

9 czerwca 1999 r., Luksemburg
LUKSEMBURG – POLSKA 2:3 (0:2)
Bramki: Luksemburg – 75' Birsens, 83' Vanek; Polska – 22' Siadaczka, 45' Wichniarek, 68' Iwan
Luksemburg: Felgan, Vanek, Funck, Birsens, Strasser, Saibene (84' Alverdi), Theis (46' Schneider), Deville, Cardoni, Christophe, Zaritski (65' Posing)
Polska: Matysek, Wałdoch, Łapiński, Kłos, Hajto (63' Brzęczek), Michalski, Nowak, Iwan, Siadaczka, Wichniarek (87' Majak), Trzeciak
Żółte kartki: Luksemburg – Deville, Cardoni; Polska – Kłos, Wichniarek
Sędziował: Walentin Iwanow (Rosja)

8 września 1999 r., Warszawa
POLSKA – ANGLIA 0:0
Polska: Matysek, Kłos (89' Bąk), Zieliński, Wałdoch, Hajto, Nowak, Iwan, Michalski, Siadaczka, Gilewicz (64' Juskowiak), Trzeciak (59' Świerczewski)
Anglia: Martyn, G. Neville (11' P. Neville), Adams, Keown, Pearce, Beckham, Batty, Scholes, McManaman (88' Dyer), Shearer, Fowler (66' Owen)
Żółte kartki: Polska – Matysek, Hajto, Siadaczka, Iwan; Anglia – Beckham

Czerwona kartka: Anglia – 84' Batty
Sędziował: Günther Benkö (Austria)

9 PAŹDZIERNIKA 1999 R., SZTOKHOLM
SZWECJA – POLSKA 2:0 (0:0)
Bramki: Szwecja – 64' K. Andersson, 90' Larsson
Szwecja: Hedman, Nilsson (46' Sundgren), P. Andersson, Björklund, Kåmark, Alexandersson, Mjälby, Schwarz, Ljungberg (83' Mild), K. Andersson, Larsson
Polska: Matysek, Kłos, Zieliński, Wałdoch, Hajto, Michalski, Świerczewski (88' Wichniarek), Czereszewski (73' Nowak), Siadaczka, Trzeciak, Juskowiak (81' Kryszałowicz)
Żółte kartki: Szwecja – Sundgren; Polska – Kłos, Hajto, Wałdoch, Trzeciak
Sędziował: Urs Meier (Szwajcaria)

MISTRZOSTWA EUROPY 2002–2004
7 WRZEŚNIA 2002 R., SERRAVALLE
SAN MARINO – POLSKA 0:2 (0:0)
Bramki: Polska – 76' Kaczorowski, 89' Kukiełka
San Marino: Gasperoni, Marani, Gennari, Bacciocchi, Matteoni, Moretti (70' Zonzini), Albani, Marani, Ugolini (78' de Luigi), Vanucci (83' R. Selva), A. Selva
Polska: Kowalewski, Głowacki, Bąk, Kłos, Kukiełka, Kałużny (62' Żewłakow), Kaczorowski, Kosowski, Wichniarek (46' Dawidowski), Żurawski, Olisadebe (81' Lewandowski)
Żółte kartki: San Marino – Marani; Polska – Głowacki
Sędziował: Paul McKeon (Irlandia)

12 PAŹDZIERNIKA 2002 R., WARSZAWA
POLSKA – ŁOTWA 0:1 (0:1)
Bramka: Łotwa – 30' Laizāns
Polska: Dudek, Hajto, Zieliński, Ratajczyk, Michał Żewłakow (46' Surma), Dawidowski, Lewandowski, Kukiełka, Kosowski (63' Mięciel), Wichniarek (46' Marcin Żewłakow), Żurawski
Łotwa: Koļinko, Isakovs, Zemļinskis, Stepanovs, Blagonadeždins, Bleidelis, Laizāns, Astafjevs, Rubins, Pahars (53' Prohorenkovs), Verpakovskis (89' Štolcers)
Żółte kartki: Łotwa – Astafjevs
Sędziował: Massimo Busacca (Szwajcaria)

29 MARCA 2003 R., CHORZÓW
POLSKA – WĘGRY 0:0
Polska: Dudek, Szymkowiak, Bąk, Hajto, Stolarczyk, Zając (72' Dawidowski), Kałużny, Świerczewski, Kosowski, Olisadebe, Kuźba
Węgry: Király, Fehér, Urbán, Dragóner, Juhár, Lipcsei, Lisztes, Dárdai, Löw, Tököli (85' Böőr), Kenesei (70' Sebők)
Żółta kartka: Polska – Stolarczyk, Bąk; Węgry – Dragóner, Lipcsei
Sędziował: Massimo De Sanctis (Włochy)

2 KWIETNIA 2003 R., OSTROWIEC ŚWIĘTOKRZYSKI
POLSKA – SAN MARINO 5:0 (2:0)
Bramki: Polska – 4' Szymkowiak, 26' Kosowski, 55' Kuźba, 82' Karwan, 90' Kuźba
Polska: Dudek, Bąk (64' Wasilewski), Zieliński, Sznaucner, Zając (46' Karwan), Szymkowiak, Burkhardt, Kosowski, Żurawski, Olisadebe (40' Krzynówek), Kuźba

Droga biało-czerwonych w eliminacjach ME

San Marino: F. Gasperoni, Albani, Bacciocchi, Matteoni, Zonzini (68' B. Gasperoni), Moretti, Marani, Muccioli, Vannucci, Montagna, Selva[18]
Sędziował: Loizos Loizou (Cypr)

Mecz Polska – San Marino, 2 kwietnia 2003 r.; pierwszy z lewej – Marcin Burkhardt, drugi – Emmanuel Olisadebe.

11 czerwca 2003 r., Sztokholm
SZWECJA – POLSKA 3:0 (2:0)
Bramki: Szwecja: 15' A. Svensson, 43' Allbäck, 71' A. Svensson
Szwecja: Isaksson, Lucic (87' Michael Svensson), Mellberg, Jakobsson, Edman, Mjälby, Nilsson, A. Svensson, Ljungberg, Allbäck, Jonson (72' Magnus Svensson)
Polska: Dudek, Baszczyński (46' Kłos), Hajto, Bąk, Stolarczyk, Zdebel, Krzynówek, Szymkowiak (76' Burkhardt), Dawidowski, Kosowski (64' Zając), Wichniarek
Żółte kartki: Szwecja – Jakobsson; Polska – Dawidowski, Baszczyński, Zdebel
Sędziował: Gilles Veissière (Francja)

6 września 2003 r., Ryga
ŁOTWA – POLSKA 0:2 (0:2)
Bramki: Polska – 35' Szymkowiak, 38' Kłos
Łotwa: Kolinko, Stepanovs, Lobaņovs, Zemļinskis, Laizāns, Blagonadeždins, Isakovs, Bleidelis, Verpakovskis (82' Štolcers), Rubins (76' Semionovs), Prohorenkovs (79' Rimkus)
Polska: Dudek, Kłos, Hajto, Bąk, Ratajczyk, Lewandowski (68' Kosowski), Sobolewski, Szymkowiak (89' Zdebel), Krzynówek, Kryszałowicz (46' Saganowski), Żurawski
Żółte kartki: Łotwa – Lobaņovs, Blagonadeždins, Rubins; Polska – Lewandowski, Żurawski, Hajto
Czerwona kartka: Łotwa – 60' Laizāns
Sędziował: Kyros Vassaras (Grecja)

---

[18] Według źródeł UEFA w drużynie San Marino w tym meczu dokonano jeszcze dwóch zmian: 75' De Luigi wszedł za Montagnę, 90+1' Ugolini za Selvę (przyp. red.).

Droga biało-czerwonych w eliminacjach ME

10 WRZEŚNIA 2003 R., CHORZÓW
POLSKA – SZWECJA 0:2 (0:2)
Bramki: Szwecja – 3' Nilsson, 37' Mellberg
Polska: Dudek, Kłos, Bąk, Hajto, Żewłakow, Lewandowski (68' Kosowski), Szymkowiak, Sobolewski, Krzynówek, Saganowski (65' Rasiak), Żurawski (74' Kryszałowicz)
Szwecja: Isaksson, Lucic, Mellberg, M. Svensson, Edman, Nilsson, Jakobsson, A. Svensson, Ljungberg, Allbäck (88' Ibrahimović), Jonson (86' Andersson)
Żółte kartki: Polska – Hajto, Kłos, Saganowski; Szwecja – M. Svensson
Czerwona kartka: Polska – 64' Hajto
Sędziował: Michael Riley (Anglia)

11 PAŹDZIERNIKA 2003 R., BUDAPESZT
WĘGRY – POLSKA 1:2 (0:1)
Bramki: Węgry 48' – Szabics; Polska – 11' Niedzielan, 62' Niedzielan
Węgry: Király, Bódog, Dragóner, Juhár, Böőr, Lipcsei (46' Gera), Lisztes, Dárdai, Füzi, Szabics, Fehér (64' Kenesei)
Polska: Dudek, Kłos, Bąk, Rząsa, Żewłakow, Mila (53' Kosowski), Sobolewski, Szymkowiak (85' Lewandowski), Krzynówek, Niedzielan (88' Saganowski), Rasiak
Żółte kartki: Węgry – Lisztes, Juhár, Bódog; Polska – Sobolewski
Sędziował: Manuel Mejuto Gonzáles (Hiszpania)

MISTRZOSTWA EUROPY 2006–2008

2 WRZEŚNIA 2006 R., BYDGOSZCZ
POLSKA – FINLANDIA 1:3 (0:0)
Bramki: Polska – 89' Garguła; Finlandia – 54' Litmanen, 76' Litmanen, 84' Väyrynen
Polska: Dudek, Bąk, Głowacki, Żewłakow, Wasilewski, Błaszczykowski (46' Jeleń), Radomski, Krzynówek, Szymkowiak (46' Smolarek), Żurawski, Frankowski (74' Garguła)
Finlandia: Jääskeläinen, Hyypiä, Tihinen, Pasanen, Kallio, Tainio, Heikkinen, Litmanen (86' Forssell), Kolkka (78' Nurmela), Väyrynen, Johansson (66' Eremenko)
Żółte kartki: Polska – Głowacki; Finlandia – Väyrynen
Sędziował: Laurent Duhamel (Francja)

6 WRZEŚNIA 2006 R., WARSZAWA
POLSKA – SERBIA 1:1 (1:0)
Bramki: Polska – 30' Matusiak; Serbia – 71' Lazović
Polska: Kowalewski, Golański (70' Wasilewski), Jop, Bąk, Żewłakow, Krzynówek, Radomski, Lewandowski, Jeleń (73' Błaszczykowski), Matusiak, Żurawski
Serbia: Stojković, Marković, Stepanov, Biševac, Krstajić, Duljaj (67' Ergić), Kovačević, Stanković, Trišović (60' Lazović), Pantelić (82' Koroman), Žigić
Żółte kartki: Polska – Golański, Błaszczykowski, Kowalewski; Serbia – Marković, Stepanov, Stanković
Sędziował: Graham Poll (Anglia)

7 PAŹDZIERNIKA 2006 R., AŁMATY
KAZACHSTAN – POLSKA 0:1 (0:0)
Bramka: Polska – 52' Smolarek
Kazachstan: Łorija, Azowski, Smakow, Kuczma, Żałmagambetow, Chochłow, Utabajew (68' Aszyrbiekow), Karpowicz (59' Trawin), Siergijenko (81' Łarin), Żumaskalijew, Biakow

Droga biało-czerwonych w eliminacjach ME

Polska: Kowalewski, Bąk, Bronowicki, Golański, Radomski, Lewandowski (31' Kaźmierczak), Sobolewski, Błaszczykowski (87' Grzelak), Smolarek, Rasiak, Żurawski (72' Matusiak)
Żółte kartki: Kazachstan – Utabajew, Biakow, Aszyrbiekow
Sędziował: Edo Trivković (Chorwacja)

11 PAŹDZIERNIKA 2006 R., CHORZÓW
POLSKA – PORTUGALIA 2:1 (2:0)
Bramki: Polska – 9' Smolarek, 18' Smolarek; Portugalia – 90' Nuno Gomes
Polska: Kowalewski, Golański, Bąk, Radomski, Bronowicki, Błaszczykowski (65' Krzynówek), Lewandowski, Sobolewski, Smolarek, Żurawski, Rasiak (74' Matusiak)
Portugalia: Ricardo, Valente, Rocha, Carvalho, Miguel, Costinha (46' Tiago), Petit (68' Nani), Deco (83' Maniche), Ronaldo, Simão, Gomes
Żółte kartki: Polska – Lewandowski, Kowalewski; Portugalia – Simão, Rocha
Sędziował: Wolfgang Stark (Niemcy)

15 LISTOPADA 2006 R., BRUKSELA
BELGIA – POLSKA 0:1(0:1)
Bramka: Polska – 19' Matusiak
Belgia: Stijnen, Hoefkens, van Buyten, Léonard (80' Mudingayi), Vermaelen, Vanden Borre (46' Huysegems), Simons, Geraerts, Mpenza, Goor, Vandenbergh (62' Pieroni)
Polska: Boruc, Bronowicki, Żewłaków, Bąk, Wasilewski, Dudka (79' Murawski), Sobolewski, Błaszczykowski, Smolarek, Żurawski (62' Garguła), Matusiak (89' Kaźmierczak)
Żółte kartki: Belgia – Gearerts, Vermaelen, Léonard, Simons, Goor; Polska – Sobolewski, Błaszczykowski
Sędziował: Stuart Dougal (Szkocja)

24 MARCA 2007 R., WARSZAWA
POLSKA – AZERBEJDŻAN 5:0 (3:0)
Bramki: Polska – 2' Bąk, 5' Dudka, 33' Łobodziński, 58' Krzynówek, 84' Kaźmierczak
Polska: Boruc, Wasilewski, Bąk, Dudka, Żewłaków, Łobodziński, Garguła, Lewandowski, Krzynówek (77' Jeleń), Żurawski, Matusiak (66' Kaźmierczak)
Azerbejdżan: Gasanzade, A. Kerimow, Czertoganow, Bachszijew, Pereira, Abbasow, Subašić, Gurbanow, Imamalijew (65' Agakiszijew), Gomes (61' Ładaga), K. Kerimow (67' Dżawadow)
Żółte kartki: Azerbejdżan – K. Kerimow, Gurbanow, Dżawadow
Sędziował: Kristinn Jakobsson (Dania)

28 MARCA 2007 R., KIELCE
POLSKA – ARMENIA 1:0 (1:0)
Bramka: Polska – 26' Żurawski
Polska: Boruc, Bąk, Dudka, Wasilewski, Żewłaków, Lewandowski, Kaźmierczak (61' Sobolewski), Garguła, Błaszczykowski, Krzynówek (83' Jeleń), Żurawski
Armenia: Berezowski, Melikjan, Dochojan, Howsepjan, Arzumanjan, Karamjan (69' Melkonjan), Nazarjan (46' Manuczarjan), Chaczatrjam (69' Melkonjan)[19], Paczadżjan, Zebeljan, Szachgeldjan (75' Mchitarjan)
Żółte kartki: Armenia – Melikjan, Paczadżjan, Dochojan, Karamjan
Sędziował: Alberto Undiano Mallenco (Hiszpania)

---

[19] Według źródeł UEFA takiej zmiany w tym meczu nie było (przyp. red.).

Droga biało-czerwonych w eliminacjach ME

2 CZERWCA 2007 R., BAKU
AZERBEJDŻAN – POLSKA 1:3 (1:0)
Bramki: Azerbejdżan – 6' Subašić; Polska – 63' Smolarek, 66' Krzynówek, 90' Krzynówek
Azerbejdżan: Welijew, Kerimow, S. Abbasow, R. Gulijew, Czertoganow, R. Abbasow, A. Gurbanow (65' I. Gurbanow), E. Gulijew, Imamalijew (70' Gaszimow), Subašić, Mammadow (53' Dżawadow)
Polska: Boruc, Wasilewski, Dudka, Bąk, Żewłakow, Błaszczykowski (57' Łobodziński), Lewandowski, Krzynówek, Smolarek, Rasiak (81' Sobolewski), Żurawski (57' Saganowski)
Żółte kartki: Azerbejdżan – Welijew, I. Gurbanow, Dżawadow, Subašić
Sędziował: Costas Kapitanis (Grecja)

6 CZERWCA 2007 R., ERYWAŃ
ARMENIA – POLSKA 1:0 (0:0)
Bramka: Armenia – 66' Mchitarjan
Armenia: Kasparow, Howsepjan, Arzumanjan (83' Paczadżjan), Tadewosjan, Mkrtczjan, W. Minasjan, Woskanjan, Arakeljan, Melikjan, Mchitarjan (74' Karamjan), Szachgeldjan (46' Hakobjan)
Polska: Boruc, Wasilewski, Bąk (65' Sobolewski), Żewłakow, Bronowicki, Łobodziński (60' Błaszczykowski), Dudka, Lewandowski, Krzynówek, Smolarek (60' Żurawski), Saganowski
Żółte kartki: Armenia – Mchitarjan; Polska – Bronowicki
Sędziował: Pavel Cristian Balaj (Rumunia)

8 WRZEŚNIA 2007 R., LIZBONA
PORTUGALIA – POLSKA 2:2 (0:1)
Bramki: Portugalia – 50' Maniche, 73' Ronaldo; Polska – 44' Lewandowski, 87' Krzynówek
Portugalia: Ricardo, Bosingwa, Alves, Meira, Caneira (20' Miquel), Maniche, Petit, Simão (81' Moutinho), Deco, Ronaldo, Gomes (69' Quaresma)
Polska: Boruc, Wasilewski, Jop, Żewłakow, Bronowicki (55' Golański), Błaszczykowski, Lewandowski, Dudka, Smolarek (74' Łobodziński), Krzynówek, Żurawski (56' Matusiak)
Żółte kartki: Polska – Boruc, Wasilewski, Bronowicki
Sędziował: Roberto Rosetti (Włochy)

12 WRZEŚNIA 2007 R., HELSINKI
FINLANDIA – POLSKA 0:0
Finlandia: Jääskeläinen, Pasanen, Hyypiä, Tihinen, Kuivasto, Heikkinen (90' Wiss), Tainio, Kolkka, Johansson (72' Forssell), Eremenko
Polska: Boruc, Golański, Jop, Żewłakow, Błaszczykowski, Dudka, Sobolewski, Lewandowski, Smolarek (80' Żurawski), Krzynówek, Rasiak (66' Saganowski)
Żółte kartki: Finlandia – Eremenko; Polska – Jop, Błaszczykowski
Sędziował: Herbert Fandel (Niemcy)

13 PAŹDZIERNIKA 2007 R., WARSZAWA
POLSKA – KAZACHSTAN 3:1 (0:1)
Bramki: Polska – 55' Smolarek, 63' Smolarek, 65' Smolarek; Kazachstan – 20' Biakow
Polska: Boruc, Jop, Bronowicki, Bąk, Żewłakow (45' Wasilewski), Lewandowski, Dudka, Krzynówek, Łobodziński (79' Kosowski), Smolarek, Saganowski (46' Żurawski)

Droga biało-czerwonych w eliminacjach ME

Kazachstan: Łorija, Ljapkin, Kuczma, Smakow, Nurdauletow, Skorych (79' Karpowicz), Bałtijew, Żumaskalijew, Łarin (72' Sujumagambetow), Ostapienko, Biakow (85' Aszyrbiekow)
Żółta kartka: Kazachstan – Ljapkin
Sędziował: Espen Berntsen (Norwegia)

17 LISTOPADA 2007 R., CHORZÓW
POLSKA – BELGIA 2:0 (1:0)
Bramki: Polska – 45' Smolarek, 50' Smolarek
Polska: Boruc, Wasilewski, Żewłakow, Bronowicki, Bąk, Sobolewski, Krzynówek, Lewandowski, Łobodziński (46' Błaszczykowski), Smolarek (85' Kosowski), Żurawski (82' Murawski)
Belgia: Stijnen, Vertonghen, van Buyten, Kompany, Gillet, Goor, Haroun (84' Geraerts), Fellaini, Defour (61' Pieroni), Dembélé, Mirallas (77' Huysegems)
Żółte kartki: Polska – Bąk, Błaszczykowski
Sędziował: Clars Bo Larsen (Dania)

Mecz Polska – Belgia, 17 listopada 2007 r.; pośrodku – Ebi Smolarek, z prawej – Jakub Błaszczykowski.

21 LISTOPADA 2007 R., BELGRAD
SERBIA – POLSKA 2:2 (0:1)
Bramki: Serbia – 69' Žigić, 71' Lazović; Polska – 29' Murawski, 47' Matusiak
Serbia: Avramov, Rukavina, Ivanović, Krstajić (64' Tošić), Dragutinović, Kovačević, Duljaj (46' Lazović), Krasić (76' Janković), Jovanović, Kuzmanović, Žigić
Polska: Fabiański, Wasilewski, Bąk (77' Żewłakow), Jop, Wawrzyniak, Łobodziński, Lewandowski, Bronowicki, Murawski, Kosowski (19' Zahorski), Rasiak (45' Matusiak)
Żółte kartki: Serbia – Rukavina, Lazović; Polska – Wawrzyniak, Bąk
Sędziował: Massimo Busacca (Szwajcaria)

BIBLIOGRAFIA

Aleksandrowicz B., *12 razy o prymat na świecie*, Warszawa 1985
Fernández Florez V., *Historia del fútbol español*, Madryt 1977
Fiesunienko I., *Pelé, Garrincha, piłka...*, Warszawa 1974
Glanville B., *The History of the World Cup*, Londyn 1973
Glinka S., *ABC piłkarza*, Warszawa 1959
Gmoch J., *Alchemia futbolu*, Warszawa 1978
Godek A., *Mistrzostwa Europy w piłce nożnej*, Poznań 2003
Gottschalk Pit, *FUSSBALL-EM 2008*, Hamburg 2008
Gowarzewski A., *Encyklopedia piłkarska Fuji*, tom 3, Katowice 1992
Gowarzewski A., Gryszczyk B., Konieczny A., *Od Realu do Ajaxu*, Katowice 1977
Gowarzewski A., Stański G., *Wielcy piłkarze, sławne kluby*, Warszawa 1979
Grzegorczyk S., Lechowski J., Szymkowiak M., *Piłka nożna 1919–1979*, Warszawa 1981
Gwiazdy sportu, Warszawa 1971
Heatley M., *A pictorial history of football*, Londyn 1981
Hoffmann-Campe, *Das Goldene Fussballbuch*, Hamburg 1974
Jeřábek L., *Fakta z historie československého futbalu*, Praga 1982
Kukulski J., *Światowa piłka nożna*, Warszawa 1979
Mała encyklopedia sportu, tomy 1 i 2, Warszawa 1985
Novák Jaromír, XII. Mistrovstí Evropy v Kopane EURO 2004 Portugalsko, 2004
„Przegląd Sportowy": VI 1980; VI 1984; VI 1988; VI 1992; VI 1996; VI 2000; IX, X, XI 2006; III, VI, IX, X, XI 2007; VI 2008; XII 2011
Wyrzykowski K., *Platini. Moje życie jak mecz*, Szczecin 1990

SPIS ILUSTRACJI

s. 8: mecz piłki nożnej pomiędzy Cambridge a Oxford w 1910 r., repr. BE&W
s. 9: Henri Delaunay, fot. East News
s. 10: stary puchar mistrzostw Europy w piłce nożnej, fot. BE&W
s. 11: obecny puchar mistrzostw Europy w piłce nożnej, fot. BE&W
s. 20: Lew Jaszyn, fot. BE&W
s. 23: powtórzony mecz finałowy Jugosławia – Włochy podczas mistrzostw Europy w 1968 r., fot. topFoto/FORUM
s. 29: Bobby Charlton, fot. MJS
s. 31: mecz finałowy Niemcy – ZSRR podczas mistrzostw Europy w 1972 r., fot. BE&W
s. 37: Franz Beckenbauer odbiera trofeum po meczu finałowym Niemcy – ZSRR podczas mistrzostw Europy w 1972 r., fot. BE&W
s. 39: mecz Czechy – Niemcy podczas mistrzostw Europy w 1976 r., fot. BE&W
s. 47: mecz Belgia – Niemcy podczas mistrzostw Europy w 1980 r., fot. BE&W
s. 56: Kevin Keegan, fot. BE&W
s. 58: mecz półfinałowy Dania – Hiszpania podczas mistrzostw Europy w 1984 r., fot. BE&W
s. 66: mecz finałowy Francja – Hiszpania podczas mistrzostw Europy w 1984 r., fot. Gilbert Lundt/TempSport/Corbis/FotoChannels
s. 67: Michel Platini, fot. Gerard Rancinan, Pierre Perrin/Sygma/Corbis/FotoChannels
s. 69: mecz Anglia – Holandia podczas mistrzostw Europy w 1988 r., fot. BE&W
s. 77: mecz ZSRR – Holandia podczas mistrzostw Europy w 1988 r., fot. BE&W
s. 78: Marco van Basten, fot. BE&W
s. 79: Ruud Gullit, fot. BE&W
s. 81: Peter Schmeichel broni rzutu karnego Marca van Bastena w meczu Holandia – Dania podczas mistrzostw Europy w 1992 r., fot. BE&W
s. 90: triumfująca drużyna Danii po finale z Niemcami podczas mistrzostw Europy w 1992 r., fot. BE&W
s. 91: Peter Schmeichel, bramkarz reprezentacji Danii, fot. BE&W
s. 93: Alan Shearer w meczu Anglia – Holandia podczas mistrzostw Europy w 1996 r., fot. BE&W
s. 95: jeden z rzutów karnych w meczu Niemcy – Anglia podczas mistrzostw Europy w 1996 r., fot. BE&W
s. 110: finał Czechy – Niemcy podczas mistrzostw Europy w 1996 r., fot. BE&W
s. 111: Alan Shearer, fot. MJS
s. 113: David Beckham w meczu Portugalia – Anglia podczas mistrzostw Europy w 2000 r., fot. MJS
s. 114: Rui Costa w meczu Portugalia – Turcja podczas mistrzostw Europy w 2000 r., fot. MJS
s. 115: Zinedine Zidane strzela karnego w meczu z Portugalią podczas mistrzostw Europy w 2000 r., fot. BE&W
s. 131: reprezentacja Francji po zdobyciu tytułu mistrza Europy w 2000 r., fot. MJS
s. 132: Youri Djorkaeff, fot. BE&W
s. 132: Francesco Toldo, fot. BE&W
s. 134: mecz Grecja – Irlandia Północna podczas mistrzostw Europy w 2004 r., fot. BE&W
s. 135: Milan Baroš i Jaap Stam w meczu Holandia – Czechy podczas mistrzostw Europy w 2004 r., fot. MJS
s. 135: jeden z rzutów karnych w meczu Szwecja – Holandia podczas mistrzostw Europy w 2004 r., fot. MJS
s. 136: Petr Čech w meczu Czechy – Grecja podczas mistrzostw Europy w 2004 r., fot. BE&W
s. 151: mecz Portugalia – Grecja podczas mistrzostw Europy w 2004 r., fot. BE&W
s. 154: mecz Czechy – Turcja podczas mistrzostw Europy w 2008 r., fot. BE&W
s. 155:, mecz Holandia – Rosja podczas mistrzostw Europy w 2008 r., fot. BE&W
s. 156: David Villa w meczu Włochy – Hiszpania podczas mistrzostw Europy w 2008 r., fot. MJS
s. 172: Philipp Lahm i Fernando Torres w meczu Niemcy – Hiszpania podczas mistrzostw Europy w 2008 r., fot. BE&W
s. 190: mecz Polska – Holandia w Chorzowie w 1975 r., fot. East News
s. 193: Włodzimierz Smolarek w meczu Polska – ZSRR w Chorzowie w 1983 r., fot. Jan Rozmarynowski/FORUM
s. 198: mecz Polska – Słowacja w 1995 r., fot. Roman Koszowski/PAP
s. 202: eliminacje do Euro 2004, mecz Polska – San Marino, fot. Maciej Macierzyński/REPORTER
s. 206: mecz eliminacji Euro 2008 Polska – Belgia, fot. Michał Szalast/SE/East News